清代华南帆船航运与经济交流

[日]松浦章 著
杨蕾 等 译

国家出版基金项目

厦门大学出版社
国家一级出版社
全国百佳图书出版单位

图书在版编目(CIP)数据

清代华南帆船航运与经济交流/(日)松浦章著;杨蕾等译. —厦门:厦门大学出版社,2017.11

(海上丝绸之路研究丛书)

ISBN 978-7-5615-6846-0

Ⅰ.①清… Ⅱ.①松…②杨… Ⅲ.①国际航运-交通运输史-中国-清代 Ⅳ.①F552.9

中国版本图书馆 CIP 数据核字(2017)第 320655 号

出 版 人	蒋东明
责任编辑	薛鹏志
封面设计	夏　林
技术编辑	朱　楷

出版发行　**厦门大学出版社**

社　　址　厦门市软件园二期望海路 39 号
邮政编码　361008
总 编 办　0592-2182177　0592-2181406(传真)
营销中心　0592-2184458　0592-2181365
网　　址　http://www.xmupress.com
邮　　箱　xmup@xmupress.com
印　　刷　厦门集大印刷厂

开本　720mm×1000mm　1/16
印张　15
插页　2
字数　250 千字
印数　1~3 000 册
版次　2017 年 11 月第 1 版
印次　2017 年 11 月第 1 次印刷
定价　48.00 元

本书如有印装质量问题请直接寄承印厂调换

厦门大学出版社
微信二维码

厦门大学出版社
微博二维码

海上丝绸之路研究丛书

总　　序

海上丝绸之路是自汉代起直至鸦片战争前中国与世界进行政治、经济、文化联络的海上通道，主要包括由中国通往朝鲜半岛及日本列岛的东海航线和由中国通往东南亚及印度洋地区的南海航线。海上丝绸之路涉及港口、造船、航海技术、航线、货品贸易、外贸管理体制、人员往来、民俗信仰等诸多内容，成为以往中外关系史、航运史、华侨史乃至社会史研究的热点领域。

当然所谓"热点"，也随时代的变化而呈现出冷热变化。鸦片战争前后，林则徐、姚莹、魏源、徐继畬、梁廷枬、夏燮等已开始思索有关中国与世界的海上关系问题，力图从历史的梳理中寻找走向未来的路。此时，中国开辟的和平、平等的海上丝绸之路何以被西方殖民、霸权的大航海之路所取代？中国是否应该建立起代表官方意志的海军力量，用于捍卫自己的国家利益，保证中国海商贸易的利益？

随着20世纪中外海上交通史学科的建立，张星烺、冯承钧、向达等对海上丝绸之路进行了诸多开拓性的研究。泉州后渚港宋代沉船的出土再度掀起了海上丝绸之路的又一股研究热潮，庄为玑、韩振华、吴文良等学者在这方面表现显著。20世纪80年代之后，海上丝绸之路研究又获得了国家改革开放的政策支持，呈现出"百花齐放，百家争鸣"的活跃局面。学者们对中国古代海外贸易制度演变、私人海上贸易、中国与东南亚海上交通路线、贸易商品和贸易范围等问题进行了更加深入的探讨。

进入21世纪，海上丝绸之路建设与研究逐渐明显地被纳入到"海洋强国"战略之中，先是有包括广州、漳州、泉州、福州、宁波、扬州、南京、登州、北海在内的诸多沿海港口的联合申请世界文化遗产项目的启动，继而有海洋考古内容丰富的挖掘成果,接着是建设海洋大国、海洋强国的政策引导,建设21世纪海上丝绸之路成为该领域研究更强劲的动员令。

从海上丝绸之路百年研究史中,我们能清晰地体会到其间反复经历着认同中华文明与认同西方文明的历史转换,亦反复经历着接受中国与孤立中国的话语变迁。

从经济贸易角度看,海上丝绸之路打通了中国与沿线国家之间的物资交流通道,中国的丝绸、陶瓷、茶叶和铜铁器纷纷输出到海外各国,海外各国的珍奇异兽等亦纷纷输入中国。在海上丝绸之路上活跃的人群频有变幻,阿拉伯人、波斯商人是截至南宋为止海上丝绸之路上的主角,时至明代,中国的大商帮如徽商、晋商、闽商、粤商乃至宁波商人、山东商人等等都纷纷走进利厚的海贸领域,他们不仅主导着中外货品的贸易,而且还多次与早先进入东亚海域的西班牙、葡萄牙、荷兰直至日本的海上拓殖势力展开了针锋相对的斗争,或收复台湾,或主导着澳门的早期开发。时至清代,中西海上力量在亚洲海域互有竞争与合作,冲突有时也会特别地激烈。中国的海上贸易力量在西方先进的轮船面前日益失去优势,走向了被动挨打的境地,但民间小股的海商、海盗乃至渔民仍然延续着哪怕是处于地下状态的海洋贸易,推动着世界范围内的物资交流与汇通。从文化交流角度看,货物的流动本身已是文化交流的重要载体,东亚邻国日本对"唐物"充满敬佩与崇拜,走出中世纪的欧洲亦痴迷中国历代的书画及各种工艺,因此,伴随着丝绸、陶瓷等的向外输出,优秀的中华文化亦反复掀起一波又一波的中国热。

在既往的海上丝绸之路研究中,或着眼于国际间的经贸往来,或着眼于港口地名的考辨、航海技术的使用与进步,或着眼于各朝海疆疆域、海洋主权的维护等内容,这些或被纳入中外关系史学科,或被定义为边疆史地研究,缺乏整体系统的全面把握。

重建21世纪海上丝绸之路战略的提出是在建设海洋强国的国策下的具体而微,这标志着中国将重启与海上丝绸之路沿线各国之间业已悠久存在的平等的国与国之间的政治关系、和谐的文化交流与融合互摄关系以及国与国之间友好的民间交往等等,历史的梳理便于唤起人们对共同文化理念的笃信,便于彼此重温既往共同精神纽带之缔结的机理,历史传统可以历经岁月的淘洗而显得清晰,亦势必将主宰人们的心理倾向和处世态度。

因此抓住重建21世纪海上丝绸之路的时代契机,认真开展历史上海上丝绸之路的人文思索和挖掘，其学术意义与社会意义都是不可小视的。借着国家"一带一路"策略的东风，海上丝绸之路研究进入了新的再出发阶段。与中国综合国力的迅速提升相比，中国当下的文化建设似未得到足够的重视。我们理应回归到更加理性的层面，思索在海上丝绸之路早期阶段中国话语权的树立，思索海上丝绸之路顿挫时期中国海洋话语权的失落，思索当今建设海上丝绸之路时我们在文化上、历史中可以寻找到的本土资源，形成具有中国风格、中国气派、中国特色的话语体系，弘扬儒家"仁"、"和"、"协同万方"思想，为新时期人类和谐、和平、合作开发利用和开发海洋做出我们自己的理论贡献。

如今，包括广州、漳州、泉州、福州、宁波、扬州、南京、登州、北海在内的九个港口城市联合申请世界文化遗产，这些城市的港口史研究均能被称为申遗的重要佐证。

如今，海洋考古取得了长足的发展，诸多的沉船考古新发现为我们拓展海上丝绸之路的研究提供了丰赡翔实的资料来源。

如今，若干新理论、新方法和新史料的调查、汇集与整理为我们开展专题性的研究提供了更好的平台。

我们有充分的理由相信，海上丝绸之路系列丛书的面世将能够向世人充分展示海上丝绸之路更加丰富的历史面貌，揭示以中国为主导的海上丝绸之路时代贸易的实态、参与人群及其生活方式、海洋贸易及其制度管理状况等，从而使中国海上丝绸之路文化有更进一步的呈现，为新时期海上丝绸之路建设提供一份资鉴。

王日根

2016 年 12 月

目 录

绪　论　中国海商与中国帆船 …………………………………… 1
　一、前　言 ……………………………………………………… 1
　二、有关中国海船的诸问题 …………………………………… 3
　三、唐宋元时代的海商 ………………………………………… 7
　四、明代的海上贸易 …………………………………………… 13
　五、清代以后的海商 …………………………………………… 17
　六、小　结 ……………………………………………………… 20

上编　　清代帆船东亚海域交流

第一章　中国帆船与东亚海域交流 ……………………………… 24
　一、前　言 ……………………………………………………… 24
　二、中国帆船活动的相关史料 ………………………………… 25
　三、明清时代东亚文化交流中的中国帆船 …………………… 28
　四、小　结 ……………………………………………………… 44

第二章　清代福建帆船与文化交流 ……………………………… 48
　一、前　言 ……………………………………………………… 48
　二、清代帆船的史料 …………………………………………… 49
　三、从清代福建沿海看文化交流 ……………………………… 51
　四、小　结 ……………………………………………………… 62

第三章　近世东亚海域中国船的漂着笔谈记录 …… 63
一、前　言 …… 63
二、清代中国帆船的漂流笔谈记录 …… 64
三、清代中国帆船漂流到朝鲜的笔谈记录 …… 70
四、小　结 …… 87

第四章　救助漂流民回国的中国帆船 …… 89
一、前　言 …… 89
二、近世东亚海域的交流情况 …… 90
三、被中国帆船送回本国的人们 …… 97
四、小　结 …… 107

第五章　清代跨越海域的船神 …… 108
一、前　言 …… 108
二、江户时代长崎唐寺之妈祖祭祀 …… 108
三、清代帆船的船内祭祀 …… 113
四、福建石狮市祥芝的船舶祭祀 …… 122
五、小　结 …… 123

下编　清代华南帆船与经济交流

第六章　清代福建沙埕船的长崎来航 …… 126
一、前　言 …… 126
二、来航长崎的沙埕船 …… 127
三、有关福建省福宁府福鼎县沙埕的记载 …… 130
四、小　结 …… 139

第七章　清代帆船航运与金门船员 …… 141
一、前　言 …… 141
二、金门与海洋 …… 142
三、清代帆船航运与金门船员 …… 148
四、小　结 …… 162

第八章 清代帆船于海外移民 …… 163
　　一、前　言 …… 163
　　二、漂洋过海的华人 …… 165
　　三、清代帆船与海外移民 …… 167
　　四、小　结 …… 177

第九章 日据时期台湾与福建的帆船航运 …… 179
　　一、前　言 …… 179
　　二、台湾海峡的帆船航运 …… 179
　　三、日据时期台湾与福建的帆船航运 …… 184
　　四、小　结 …… 191

第十章 清国上海钱庄与日据时期台湾经济 …… 192
　　一、前　言 …… 192
　　二、1910 年上海钱庄的破产 …… 193
　　三、上海钱庄破产对台湾经济的影响 …… 199
　　四、小　结 …… 207

第十一章 1910—1912 年福州与台湾间的帆船航运 …… 208
　　一、前　言 …… 208
　　二、《通商汇纂》所见福州、台湾间戎克船贸易资料 …… 210
　　三、《通商汇纂》所登载的"台湾福州间戎克贸易"的史料价值 …… 215
　　四、小　结 …… 223

结　论　清代华南帆船航运与经济交流的意义 …… 224

后　记 …… 231

绪 论

中国海商与中国帆船

一、前 言

有关世界海洋史的研究,多以西欧的海洋历史为中心,地中海、大西洋为舞台的问题常常被涉及。可是,有关东亚海洋历史的相关议题讨论的却并不多。渤海、黄海、东海、南海位于中国大陆和朝鲜半岛、日本列岛、菲律宾群岛、印度尼西亚群岛、马来半岛、印度支那半岛之间,被当作内海。将这些海洋放进视野的历史研究,迄今为止可谓进展极慢。川胜平太指出:"战后的日本人缺乏对海洋史研究投入的历史观。"[1]川胜平太更认为以往的历史研究是以"陆地史观"为中心进行的。

中国的历史一般都被认为是起源于黄河流域,但是最近有些学者指出长江流域文明的重要性亦不容忽视。拥有广大海岸线的中国沿海地区之文化活动,长久以来未受到关注,然而随着沿海地区考古学调查的进展,及20世纪80年代中国对外开放政策的实施,人们对沿海地区历史的评价开始发生改变,特别是对经济特区的历史研究转变最大,其中又以沿海港口城市的研究最盛,有名的如天津、上海、宁波、温州、福州、厦门、广州等港口的一系列历史研究书已陆续得到出版。

以港口城市为中心,对其周围及腹地经济活动的研究,使得目前渐由以国家为中心的王朝史逐渐发展为区域史的研究。与区域史的研究相对应,从来以陆地为中心的中国史,如果从海洋的角度来看,又能了解到什么?首

---

[1] 川胜平太:《海洋史観への船出》,《海から見た歴史 ブローデル『地中海』を読む》,藤原書店,1996年。

先是在海上活动中承担重要角色的中国海商。

中国海商是指从事海上贸易的中国商人。就至今在日本有关中国海商的研究当中取得的较大成果而言，必须要提到桑原骘藏①的《宋末提举市舶西域人蒲寿庚的事迹》。桑原氏最早发表有关蒲寿庚②的报告是在1915年，同年的10月至翌年的10月在《史学杂志》上分五期③将成果发表。并且在该成果的基础上，《宋末提举市舶西域人蒲寿庚的事迹》④作为专著于1923年出版。虽然从书名来看，此书与中国海商并没有直接的关联，但因在该书所记述的内容中多处涉及复杂的中国海商活动，可以说是在世界东洋学史研究中，该书是最引以为傲的，且是必须要参考的成果之一。此外还必须要引起注目的成果是同作者的《东西交通史论丛》和藤田丰八⑤的《东西交涉史研究·南海编》和石田干之助⑥的《与南海有关支那史料》等。在上述研究成果的基础上，东西交涉史方面主要依据中国史料开展研究，且主要延续了沿海各国史及地域史的研究角度，而并未在海洋史的视角方面拓展。

---

① 桑原骘藏(1870—1931)，日本的东洋史学者。京都帝国大学文科大学教授，在东西交通史、文明史、法制史等领域做出过巨大贡献，确立了东洋史教育的基础。其研究成果主要收录于《桑原骘藏全集》全五卷、别册一卷(岩波书店)。

② 蒲寿庚(生卒年不明)，中国学者，南宋末至元初的阿拉伯或波斯出身的伊斯兰教徒，南海贸易家，13世纪中期出任福建泉州的贸易官。

③ 在《史学杂志》第26编第10号(1915年10月)，《史学杂志》第27编第2号(1916年2月)、第5号(1916年5月)，《史学杂志》第28编第9号(1917年9月)，《史学杂志》第29编第10号(1918年10月)中刊登。

④ 《宋末の提挙市舶西域人蒲壽庚の事蹟》，东亚考究会，1923年11月、第310、23页。中译本为陈裕菁译《蒲寿庚考》，中华书局，1954年，第224页。

⑤ 藤田丰八(1869—1929年)，日本的东洋学者。东京帝国大学文科大学毕业，从事与清国教育相关的职业，对中国学的学术发展做出过贡献，此后任早稻田大学、东京帝国大学教授，1928年就任新设的台湾台北帝国大学文政学部长，不久逝世。其研究成果收录于《东西交涉史的研究》。

⑥ 石田干之助(1891—1974年)，日本的东洋学者。东京帝国大学文科大学毕业后，长期致力于以收藏东洋学图书而闻名于世的东洋文库(东京文京区驹込)的运营。其成果共有400余编，较为有名的是《长安的春天》(讲谈社学术文库)、《东亚文化史丛考》(东洋文库)、《石田干之助著作集》全4卷(六兴出版)等书，收录有其部分研究成果。

二、有关中国海船的诸问题

(一)中国海商之经营形态

有关中国海商从事经济活动的具体事例可以说是非常少,其中详细可知的事例试举如下:

明朝王在晋的《越镌》卷二一中见到的海外贸易情景。据该书记载,万历年间(1573—1619)福建省福清人林清和船主长乐县王厚共同出资建造大型海船,雇郑松、王一为把头,郑七、林成等为水手,金士山和黄承灿为银匠,熟悉海道者李明为向导,通倭语(日本语)的陈华为通事。满载着纱罗①、绸、绢、布匹、白砂糖、瓷器、果物类、香木扇子、梳子、针、纸等货赴日贸易,所得的日本银在船上熔化并带回。此记载显示出当时海外贸易获利丰厚及船舶营运的具体实态。

乘坐海船的人员并不只限于一个国家的人。以下来看一下万历三十二年(1604年)漂至朝鲜半岛的朱印船的情况。万历三十一年(1603年)二月福建省漳州府海澄县的温进,乘黄文泉的船前往安南的交趾贸易,出发不久遭到倭船袭击,100余人被杀,生存者仅28人。侥幸得以生存下来的温进等随倭船前往柬埔寨,购入皮类、蜂蜡、胡椒、苏木、象牙、犀角、玳瑁、金银等物回航日本。从事澳门和柬埔寨间贸易的葡萄牙人,也和日本人同船前往日本贸易。万历三十年(1602年)二月,日本人与居住在长崎和萨摩的中国人同船前往柬埔寨贸易。这些人在回航日本的途中遭遇暴风漂至朝鲜半岛。同船的有温进等中国人、日本人和葡萄牙人。该船持有德川家康授予的海外渡航证明书(朱印状),即朱印船②。同船的一个日本人除持有家康的朱印状,还得到了银五百两作为贸易资本。

---

① 纱罗是质地很薄的丝织物,因制造方法复杂而被认为是高级的丝织物。

② 朱印船,是日本桃山时代至德川时代初期持有海外渡航许可的朱印状,从事东南亚贸易的船。能得到朱印状从事朱印船贸易的人,是岛津、细川等西国大名和京都、大阪、堺、长崎等地的商人。输出品为银、铜、漆器等,输入品为生丝、绢织物、鹿皮、苏木、砂糖等。1604年至1635年间共向现在的越南、泰国、柬埔寨、菲律宾等地派遣过350只左右的朱印船。

当时的海外贸易究竟有多大的利润？崇祯十二年（1639年）三月给事中傅元初在《请开洋禁疏》中指出，中国商人运往菲律宾的中国产的湖丝，100斤值银300两，而在产地的价格只有100两。不考虑风险因素，如果成功则可获得丰厚的利润。

与这类一攫千金为目的的海上贸易相对照，至清代利用海船从事运输的行业也十分兴旺。试以乾隆五十一年（1786年）正月漂至琉球的江南省苏州府元和县蒋隆顺船的情况为例来看一下。该船有船员20名，他们于乾隆四十九年（1784年）闰三月受雇于镇江府黄氏往天津运送生姜。然后从天津至东北的牛庄港，受雇于赫氏从牛庄港运送大米至天津。随后，受雇于山东省的石氏从天津运送香料至黄县。在黄县未能找到雇主，从黄县开往东北的某港口，在那受雇于霍氏再运大米至黄县。然后又驶往东北的某港口，受雇于霍氏运送大米至山东省利津县。结束后又开往东北的某港口，受雇于霍氏向天津运送大米。在天津受雇于福建商人游华利，在山东省海丰县装载了大枣后驶向宁波，在开赴宁波途中遭遇海难漂到琉球。一条船两年内七次受雇，可见当时海运之盛。

以下是从事运输业的海船运费收入情况。以山东省登州府宁海州徐万生的船为例。乘员20名，同治元年（1862年）七月，受牛庄木材商人的雇佣，从现在烟台市附近的宁海州运送木头1350根往牛庄，得到运费银400两。在牛庄受江南客商雇佣运送油20篓、大豆630石往江南，得到运费银535两。前者是宁海州（现烟台市牟平区）运往牛庄，后者是从牛庄至上海，两者之间的航海距离有4倍之差，而船运费约差1.3倍，可见当时的运费与航行距离和载重量相关。

清朝道光年间，被政府征用的沿海沙船运载规定的米谷占实际载重量的70%，其他货物则是实际载重量的30%，目的地为天津的运费为米谷每石5钱。若载货3000石，其中大米为2100石，输送到天津的运费则是1050两。若载货1500石，其中大米为1050石，运费则是525两。此外还有货物贸易收入。据推算，一艘沙船的运费从七八百两到千两不等，而且返航时也有千两的收入，所以若能安全航行，即可获得高额利润。与此相对，一艘船的建造费用是多少呢？就这些沿海船只而言，建造一艘载重量为3000石的大型船需要花费一万两银，中型船只则需花费数千两。由于单次航行收入颇高，所以只需数次安全航行即可在数年内回本。

由上可知，中国海商以各种形态广泛活动，获取巨大利润。

(二)中国海船运输的货物

这些海船运输的货物依据时代、地域的不同而不同。从南海运往中国的货物主要是胡椒、苏木、丁香等香料,从中国运往各国的则主要是绢织物和陶器。特别是陶器,现在还能不时地在打捞出的沉船中发现。比较著名的沉船是一艘南宋末年的帆船,是 1974 年在福建泉州发掘的、被称为"泉州湾宋代海船"的远洋航船,船上有香料、药剂、铜钱、陶瓷器、铜器、木器、织物、皮革制品等各式货物。另外,在韩国西南部的木浦海域发掘的沉船——"新安船",被认定为元代远洋帆船。船上有两万件以上的青瓷、白瓷等陶瓷器皿,还有多达 28 吨的铜钱和紫檀木材等。

至宋代,众多物品量少价高,地区间价格相差较大。清朝时,特别是沿海船只,单一商品的大量运输较为显著,比如米谷、大豆、砂糖等。一般而言,缺乏米谷的福建通过海运从江苏、浙江、台湾等地输入米谷。江南地区把大豆用作食材和土地肥料。海船把大豆从东北、华北沿海运往上海方向以及浙江、福建。

1824 年 1 月,对比从浙江乍浦运往日本长崎的中国海船和从福建厦门运往新加坡的中国海船,二者在运输货物上有很大不同。运往长崎的中国贸易船所载货物多为绢织物、砂糖、各种药剂。与此相对,运往新加坡的则多数是以当地华侨为消费对象的日用品,货物种类琳琅满目,有陶瓷器具三十二种、多达六十六万件,瓷砖一万块,纸伞一万两千个,还有甜点心、干蘑菇、咸鱼,以及丝质鞋、布鞋、草鞋、香烟、梳子、小楷笔、腌制蔬菜、棉布、线、茶叶等,几乎囊括了当今百货商店能买到的所有商品。显然,虽同为中国贸易船、同时期从中国出发,目的地不同,则运输的货物不同。但是,能够说明该史实的史料却并不多。

(三)中国海船的构造

中国帆船得以如此发展想必是因帆船以风力为动力,只要有风就可在广阔地域间航行。但是,中国海船却并未受到关注。据在日本广为人知的《魏志·倭人传》,即《三国志》卷三十《东夷传》"倭人"条记载,3 世纪时,中国和倭国通过船舶互通往来。纵使是此后的 5 世纪即倭五王时代,中国历代王朝派往倭国的使节以及日本使者赴华,都利用船舶这一交通工具。但是没有像后世那样留下海上活动的具体记载。

6世纪以后即唐代以后,中国人利用船舶出海航行才广为人知。特别是海外各国表述中国人来航的记录要多于中国,其显著例证就是日本渡往唐代的入唐僧留传于世的记录。该记录主要描述了众多中国商人东渡日本九州等地归帆之际上船的情景。10世纪即五代时期,江南沿海地区的吴越国与日本往来,到了10世纪后叶的宋朝时中国人与日本人往来更加活跃。13世纪后叶的元代,民间的海上往来也较为活跃,无法想象众所周知的元寇若是没有船舶会是何种情形。15世纪前叶,明朝永乐帝派遣郑和下西洋也运用了巨型船舶。同样在18世纪以后日益繁盛的清朝,中国船舶在中国沿海、海外活动中扮演了重要角色。可以说如果没有船舶,沿海地区经济活动几近瘫痪。可以说,3世纪三国时期吴国建国以后,中国人的沿海活动在中国史上占据了极为重要的位置。

1970年以后,随着考古学的调查,沉船被陆续发掘并引发关注。1974年末,在广州发掘出秦汉时期的造船遗址,估计当时建造的船舶全长约为20米,载重量为25吨到30吨。同年8月,从福建省泉州市东南部后渚港的砂土中发掘出后被称为"泉州湾宋代海船"的远洋航行木制帆船的船体部分。残存船身的最长部分为24.2米。该船船底部分有从船头到船尾起脊柱作用的木材构造,可见当时已有相当于龙骨的构造,而且船舱用隔板间隔成几间。该船设计巧妙,遭遇海难时即使部分船身破损进水也可转危为安。依据调查结果,推断这条船是13世纪后叶,即南宋末年的船,此船船身全长约34米,载重量约为400吨。上文提到的新安船调查结果显示,该船船身全长约34米,载重量约有200吨,有三根桅杆,是元朝远洋航行的帆船。

中国沉没海船的发掘不仅充分补充了船舶相关文献史料的不足,还提供了远胜于文献史料的船舶相关的具体信息。

中国帆船不像现代汽车需要汽油等燃料,是环保型交通工具。但是,从重视速度、时间的时代来看,中国帆船是落后的交通工具。假设公元纪年后的历史有2000年,即使以19世纪初富尔顿发明轮船为分水岭,出海航行的中国海船特别是帆船的历史占据了1800年,这也是一段不容小觑的历史。从这个角度看,可以说中国帆船的历史具有重大意义。

三、唐宋元时代的海商

(一)中国海外贸易的创始

虽然"海商"一词的普遍使用始于唐代之后,但之前的正史中也有相关记录。

中国与西方诸国的交流最初主要是通过陆路。最初想到派人前往大秦国的是西域都护班超。东汉和帝永元九年(97年)西域都护班超派部下甘英出使大秦国。甘英穿过西域至条支国(叙利亚),在那里到达了"大海"。在准备渡海之时,听说乘坐安息国船,如是顺风的话都要三个月时间才能抵达大秦,考虑风向变化最少需预备两年甚至三年的食品才能出航,于是他放弃了渡海去大秦国的念头。① 但是,在此之后约经过70年,大秦国自海路派来使者。东汉桓帝延熹九年(166年)大秦王安敦的使者自日南方面来航,并献上象牙、犀角、玳瑁,开始了与中国的交往。② 此后,大秦国的人来到扶南和日南、交趾等国的人也远赴大秦国。三国时期吴国孙权的黄武五年(226年)大秦国商人秦论由交趾来航,在交趾太守吴邈的引见下见到孙权,孙权向秦论询问了大秦国的风土和习俗,秦论给予了详细回答。③ 据《梁书》卷五四"中天竺国"条记载,此后交趾太守吴邈欲送秦论回国,因吴邈途中身亡,于是秦论自行回国。

像这样,从东汉开始,中国自海路与海外诸国的交往活跃起来,外国海商也开始来航中国。于是有关中国海商的记录也经常见诸正史。

(二)唐代的海商

唐代向海外发展的中国海商的事例,屡屡见诸日本的记录中。从894年日本停止向中国派遣遣唐使起,有很多中国的海商开始来航日本,日本僧侣则通过这些中国海商的船舶来到中国,要从日本僧侣的记录中查找这类记载似乎并不是件困难的事。

---

① 《后汉书》卷八八《西域传·安息国》。
② 《后汉书》卷八八《西域传·大秦国》。
③ 《梁书》卷五四"中天竺国"条。

例如,日本平安朝前期的著名僧侣圆仁,在其日记《入唐求法巡礼行记》一书中就可以看到中国海商的姓名。如书中记有唐人张觉济满载货物出帆,遭遇风暴漂流三个月至出羽国。另外,日本僧侣惠萼参诣五台山,其归国时可能搭乘的就是中国海商李驎德的船。

从以上事例可以知道,从 8 世纪前半期开始,中国海商的海外活动就已非常活跃。自日本承和十四年(847 年)至唐灭亡(907 年),已判明去日本的中国海商如下:

日本纪年	海 商
承和十四年(847 年)	张支信
嘉祥二年(849 年)	唐商 53 人
仁寿二年(852 年)	钦良军
天安二年(858 年)	李延孝
贞观三年(862 年)	李延孝 鸿胪馆(日本福冈所设迎接外交使节等之馆舍)
贞观四年(863 年)	李延孝 40 余人 鸿胪馆(日本福冈所设迎接外交使节等之馆舍)张支信
贞观七年(865 年)	李延孝以下 62 人
贞观八年(866 年)	张 言 41 人 王仲元
元庆元年(877 年)	骆汉仲

唐都长安被誉为"丝绸之路"的起点,这显然是以陆路交通为中心的视点出发。如将视点转换为以海洋交通来考察,伴随着唐朝的国际化,通过海洋来航的国家日益增加。广州成为这个交通中心的起点之一,不仅有来自东南亚的商人,甚至有来自更远的阿拉伯商人。

(三)宋代海商

宋朝于开宝四年(971年)在广州设置了管理海外船舶出入和国内商船的市舶司[①],随后又相继在杭州和明州设置了市舶司。由此,来自大食、占城、三佛齐等海外诸国的商船,满载着当地产物香药、象牙、犀角、苏木等产品来到中国,在归帆时又带回中国产的丝织物、陶瓷器。对此,宋朝政府于端拱二年(989年)年规定,由中国前往海外贸易的海商必须持有两浙市舶司发行的官券。无官券的海商将受到处罚并没收货物。在海商赴海外诸国贸易时所必须持有的官券上,明记有装载货物名、航海目的地、保证人的名字及其他相关事项,并注明没有装载兵器、制造兵器的物品及走私品,否则将不予放行。

有关宋代海商的具体案例,可在宋代来中国参拜浙江省天台山和山西省五台山的成寻[②]所著的《参天台五台山记》中见到。日本延久四年(北宋熙宁五年,1072年)三月成寻搭乘三艘唐船中的一艘从肥前松浦出发渡宋。第一艘船的船头叫曾三郎,字聚,南雄州人;第二艘船船头吴十郎,字铸,福州人;第三艘船船头郑三郎,字庆,泉州人。船头的本籍是现在广东省的南雄和福建省的福州、泉州,他们可能是广东和福建的海商。类似他们这样去日本的中国海商绝不在少数。

据《朝野群载》卷二十,日本长治二年(北宋崇宁四年,1105年)八月二十日记载,宋朝商船来航九州岛的志贺岛,该船船主是福建泉州人李充,他持有明州(宁波)提举两浙市舶司发行的"公凭"(也就是通行证),通行书写有"该船为李充之所有船舶,募集水手希望前往日本贸易,已经在明州的市舶务纳税并取得出港许可书",并记有李充及其以下69名水手的名字,装载的货物是象眼40匹、生绢10匹、白绫20匹。

---

① 市舶司,最初(唐开元二年,714年)在广州设置,作为管理中国海上贸易事务的官吏市舶使,唐代只知市舶使的官名。宋代设置了市舶司作为办事机构的名称,宋代市舶司的主要事务是入港贸易船货物的检查和输入税的征收。元代基本继承了宋代的市舶司制度。但是,由于明代厉行海禁政策,市舶司演变为处理来自外国朝贡船事务的机构。清代没有市舶司,处理贸易船进出相关事务的机构是海关。

② 成寻(1011—1081),日本平安后期天台宗僧侣。7岁入佛门,1072年62岁渡宋,历游浙江省天台山和山西省五台山,在宋都汴京(现在河南省开封)受到官民的礼遇。其渡宋日记《参天台五台山记》托回国的日本人带回,成寻本人病死于中国。

有关宋代海商活动具体记载的史料并不只限于日本的记录。在朝鲜半岛高丽国的记录《高丽史》中也可以看到很多宋朝商人的名字。《高丽史》中"宋商"、"宋都纲"[①]作为宋人的名字频繁地出现。从地理的角度来看,应该是指来航高丽的宋朝海商。

对《高丽史》中可见的宋代海商记载进行调查,将明确记有出生地的海商整理成列表(见表0-1)。从出生地已判明的为数极少的例子来看,如列表中福建的泉州、浙江的明州(宁波)和台州等,可知现在的浙江省和福建省的海商占到大多数。另外也可以知道有数年、数回定期地来往于宋和高丽之间的海商。这些宋代海商数次航至高丽,带来丰富的贸易品,并在归航时带回高丽的物产。从宋朝带到高丽的贸易品中,也包括如《太平御览》[②]之类的最新的文化成果。

表0-1 《高丽史》中所见的宋代海商表

西历	高丽国王年	月日	宋	地名	商/都纲	人名	人数	备注
1017年	显宗八年	七月初五日	宋	泉州		林仁福	40	来献方物
1018年	显宗九年	闰四月十一日	宋	江南		王肃子	100	来献土物
1019年	显宗十年	七月十四日	宋	泉州		陈文轨	100	来献土物
1019年	显宗十年	七月十七日	宋	福州		虞瑄	100余	来献香药
1020年	显宗十一年	二月二十七日	宋	泉州		怀贽		来献方物
1022年	显宗十三年	八月十七日	宋	福州		陈象中		来献土物
1022年	显宗十三年	八月二十四日	宋	广南		陈文遂		来献香药
1026年	显宗十七年	八月初九日	宋	广南		李文通	3	来献方物
1027年	显宗十八年	八月二十日	宋	江南		李文通		来献书册,凡597卷

---

① 特别引人注目的是"都纲"、"纲首"之类头衔的记载,关于"都纲",《高丽史》中作为由宋来航商舶的代表者'都纲某'的名字频频出现"。宋代商业史研究者斯波义信氏认为都纲是船舶代表者,"纲首"是"组头",可能是集团统率者的意思。佐伯富氏通过《雅俗汉语译解》认为"纲主,货主,货物之事称为绳,绳捆扎货物"。

② 《太平御览》全书共1000卷,是宋太宗时期官方编修的大型类书(即百科全书)。在宋仁宗时(1023—1063)即以木版刊行于世,后成为整个东亚世界所渴求之物。本书的特征是引用了近1700种书籍,包括至今已不传于世的书籍。

续表

西历	高丽国王年	月日	宋	地名	商/都纲	人名	人数	备注
1028年	显宗十九年	九月初五日	宋	泉州		李善页	30余	来献方物
1029年	显宗二十年	七月十三日	宋	广南		庄文宝	80	来献土物
1031年	显宗二十一年	七月十八日	宋	泉州		卢遵		来献方物
1031年	德宗即位年	六月十九日	宋	台州	商客	陈惟志	64	
1033年	德宗二年	八月初一日	宋	泉州	商都纲	林蔼	55	来献土物
1038年	靖宗四年	八月二十四日	宋	明州 台州	商	陈亮 陈维绩	147	来献土物
1045年	靖宗十一年	五月十一日	宋	泉州	商	林禧		来献土物
1049年	文宗三年	八月初九日	宋	台州	商	徐赞	71	来献方物
1049年	文宗三年	七月二十一日	宋	泉州	商	王易从	62	来献珍宝
1059年	文宗十三年	八月初六日	宋	泉州	商	黄文景		
1059年	文宗十三年	八月初六日	宋	泉州	商	萧宗明		

注：本表所收录的宋商只限于出生地明确者。

1126年金兵南下北宋灭亡，逃至江南的皇族们在杭州设立陪都临安，史称南宋。南宋支配有长江以南地域，并着手对杭州以南的中国南部地域进行开发，由此浙江省以南的福建省、广东省海商的海上活动开始兴盛。

宋高宗建炎四年(1130年)七月，南宋政府开放对福建、广东、两淮、浙江的海商前往山东贸易。为阻止金军南下的企图，宋廷命令江苏、浙江、福建等地的绅商招募民兵加强防备[①]，这说明即使是在南宋和金两国形成对峙之兵马倥偬之际，海上交易仍是维持异常活跃的状态。

在《夷坚志》丁志卷六《泉州杨客》中有以下逸闻。泉州海商杨客在10余年里，因经商致富，累积资产达200万两。每逢他在海上遭遇海难时必向神仙祈求救助并发愿在各地建庙，但一旦见到陆地，先前的誓言就被他抛到脑后。绍兴十年(1140年)杨客停泊于海上时，梦中见到一神仙显现，历数他的不诚实。梦中的杨客对神仙说："现在就去临安。"之后，是杨客对神仙履行其承诺。从以上记录可知，海商们通过以福建、浙江为中心的海上贸易

---

① 《宋史》卷二十六《高宗本纪》"建炎四年"条。

获取了巨大的利益。

绍兴八年（1138年）福建莆田的碑文资料《莆田祥应庙碑记》中,有泉州纲首朱纺为出航三佛齐国祈祷平安而在祥应庙供奉香火的记载。这可谓是宋商前往印度尼西亚从事贸易的确凿证据。

（四）南宋末元初的市舶官蒲寿康

宋末元初在福建的泉州活跃着一位人物——蒲寿康。蒲寿康的祖先可能由阿拉伯方面渡海来到广州,蒲寿康的父亲从广州移居泉州。南宋末年因与兄弟一起击退南海的海盗而受到朝廷的录用,出任泉州的提举市舶官。提举市舶官处理外国船舶的出入港事务,同时还有在与外国商人相互往来的过程中获得各国珍品的好处,再者,自己也能从海外贸易中积蓄财产。不久宋亡元兴,蒲寿康归顺元朝,他作为福建地方官而受到元朝的礼遇,为此蒲寿康邀请南海诸国前来贸易,借以扩大元朝的对外贸易范围。南宋末年至元朝初期的约30年间,蒲寿康作为管理外国贸易船和对外贸易的市舶官员活跃于历史舞台。①

（五）元代的海商和海盗——草原民族与海洋

元世祖忽必烈在平定南宋之前的至元十四年（1277年）,即在泉州设置了有如今日海关的市舶司。随后,在庆元（宁波）、上海、澉浦（浙江省东部沿海）设置市舶司,后又在温州（浙江）、广东（广州）、杭州也设置市舶司。元朝政府设置市舶司的目的,一方面是扩大与海外诸国的贸易,另一方面也希望增加税收。市舶司将详细记有目的地、装载货物的公文发给出航和归航的船舶,这基本上是延续了宋代的制度。② 元朝法典《元典章》卷二十二中规定,海商从外国贸易归来时必须要到市舶司去纳税,如果不申报其所隐匿的货物,这些东西将被官府没收,还将受到进一步严厉的处罚。

元朝最初设置市舶司的福建省泉州,是当时重要的海外贸易港口。关

---

① 参见桑原骘藏:《宋末の提挙市舶西域人蒲壽庚の事蹟》。
② 《元史》卷九四《食货志》。

于此城,马可·波罗①的《东方见闻录》中有如下的记载:

> 在基督教诸国的贸易港亚历山大港,如果有一艘装有胡椒的船只入港的,那么在泉州港将有相当于百倍的百艘船只入港。从贸易额来说,泉州港确实可以称得上世界上最大的二个海港之一。②

从记述中可以了解到泉州港同埃及的亚历山大港并称为13世纪世界最大的港口。在那时不仅有来自印度和西方的商船,当然也包括很多中国海船的频繁进出。

元朝的建立者蒙古民族是草原民族,但在海上进出方面比历代汉人王朝更为积极。不但远征海外的爪哇和日本,还通过海运向首都大都(北京)运送税粮。并且在海上运粮方面重用了精通海上输送的朱清和张瑄等人。朱清、张瑄曾是海盗,元灭南宋后,元朝政府给予朱清、张瑄金符千户职位,担任海运职务。③ 朱清、张瑄为宋末无赖之徒,使用海船以长江河口的崇明岛为据点横行于海上。朱清杀死雇主杨氏,夺其妻子和家财,辗转于黄海、东海,元朝招聘并利用了他们。任命朱清、张瑄为海运的中心人物,最大的理由是他们对长江口、东海、黄海、渤海方面的海域非常熟悉。④

另外,元代的海盗中还有像拥有六十余艘船投降元朝的海盗贺文达。他们恐怕是属于在日本被称为弘安之役元海军的一部分。

四、明代的海上贸易

明朝实施海禁政策,⑤除允许外国的朝贡船入港外,禁止人民从事海上贸易。因此,民间的海外贸易发展到明代后期才开始兴盛。

---

① 马可·波罗(Marco Polo,1254—1324年),意大利威尼斯商人。随父亲和叔父经由中亚来到元朝,得到皇帝忽必烈的宠爱而在元朝出仕15年。1290年从福建泉州出发,经由海路于1295年抵达意大利。马可·波罗大旅行的口述记录即现在见到的《世界的记述(东方见闻录)》。在日本,因以Zipangu来称呼日本而为大家所熟知。
② 爱宕松男译注:《东方见闻录2》,平凡社,东洋文库183,第114页。
③ 罗洪先:《广舆图》,见《元海运志》。
④ 嘉靖《太仓州志》卷八《杂传》。
⑤ 海禁,是对海上船舶的航行和活动实行限制或禁止的政策,多出于政治的目的而实行,如维持治安、禁止走私贸易、回避与外国的纷争等。该政策的代表是几乎延续整个明朝的海禁政策和清朝为对抗台湾的郑氏势力而发布的迁界令等。

"海禁"一词的经常使用是在 16 世纪嘉靖年间（1522—1566 年）以后。《明史·朱纨传》有云："明祖定制,片板不许入海。"说明洪武帝朱元璋命令即使是一块板也不允许出海以实行海禁政策。但海禁政策的实施并非像政府的规定一样一成不变。

　　1371 年,洪武帝得知福建兴化卫指挥李兴和李春秘密使人从事海外贸易,于是命令大都督府禁止沿海军卫从事海外贸易。① 1381 年更禁止沿海民众秘密来往海外诸国。② 1394 年,再因多次发生海外诸国伪装朝贡事件,除琉球、真腊（柬埔寨）、暹罗（泰国）外,断绝了与其他国家的往来。对沿海民众私自前往国外从事香料贸易,以及引诱外国人入境等事情都严格禁止。③

　　洪武三十年（1397 年）编纂的《大明律》,确定了禁止私自前往国外和违法进行海外贸易的法令,尤其是对违法建造两根桅杆以上的大型船、装载禁止输出的货物前往海外贸易、勾结海盗的行为予以严厉禁止。

　　中国民众被禁止出海的另一方面,为接待外国使节,明朝特别于 1383 年针对暹罗（泰国）、占城、真腊（柬埔寨）三国发予勘合文册以辨别使节的真伪。④ 这些国家都奉中国皇帝为正统,暹罗国王、占城国王、真腊国王都接受洪武帝的分封。明朝接受各国国王所派遣的正式使节,作为各国朝贡品的返礼赐品,是各国接受中国产品唯一的机会。但是,洪武帝所确立的与海外诸国的关系,在随后的永乐帝时代有了很大的变化。永乐帝派遣宦官郑和前往海外诸国,并欢迎更多的海外国家前来朝贡。对永乐帝来说,日本也是海外诸国中的一个,永乐二年（1404 年）永乐帝分封足利义满为日本国王源道义,于是日本派出朝贡船开始了与明朝的朝贡贸易。

　　朝贡船并不是由各国自由派遣,明朝规定了贡期（朝贡的时间）,有一年一贡、二年一贡、十年一贡等不同的规定。一年一贡的是朝鲜国,每年可以前来朝贡一次。琉球国是二年一贡。十年一贡是指每隔十年朝贡一次,日本就是十年一贡。并且作为贡路,朝贡时进入中国的地点也被指定。东南亚诸国是在广州,琉球国最初在福建泉州,后改至福州,此制一直沿袭到清

---

① 《太祖实录》洪武四年十二月乙未。
② 《太祖实录》洪武十四年十月乙巳。
③ 《太祖实录》洪武二十七年正月甲寅。
④ 《太祖实录》洪武十六年四月乙未。

代。日本是在浙江宁波。陆路朝贡国家进入中国的地点也被确定,如明朝迁都北京后朝鲜的贡路,由鸭绿江河口附近入国,经现在辽宁省的辽阳,沿渤海湾过山海关至北京。海外诸国最初的入国事宜由市舶司处理,明朝事前将勘合发给各国,到时由市舶司鉴别勘合符的真伪。

献给明朝皇帝的朝贡品也是被指定的。日本的朝贡品是马、铠、腰刀、硫黄等;琉球国是马、硫黄及木香、丁香、胡椒等东南亚产的香料等;暹罗国的朝贡品是象、象牙、犀角、孔雀尾等特产。接受朝贡品后的明朝皇帝,给各国返礼时的赐品,主要是高级丝织物,另外还有他国的朝贡品中该国没有的物品,书籍也是重要的赐品。永乐年间日本得到的赐品中除丝织物外,还包括金、银、古器、书画等。①

浙江是中国大陆离日本列岛最近的地区,自古以来中日就有往来。其中最大的理由之一便是有着最近的海上航路。离日本较近的浙江省,在被称为"北虏南倭"的时代里受到倭寇袭击的理由,在中国方面特别是浙江省当地的记录中是如何描述的呢?倭寇袭击浙江的理由之一,是与日本来航的航路有关。万历《温州府志》卷六《兵戎志·海防》"入寇海道"条中有如下记述:

> 日本居大海中,东南则琉球、吕宋诸国,西北则月氏、朝鲜诸国,倭夷自本国开船时,遇东北风,则必由萨摩洲或五岛,至大小琉球,而视风之变迁,北风多则犯广东,东风多则犯福建,东北风则至菲山、大陈、积谷、邳山、大鹿,而犯温州,或进乌沙门、普陀,而犯舟山、定海,或经由菲山,而犯象山、昌国、台州……大抵倭船之来,恒在清明之后,以其东北风多,若过五月,风至南来,倭不利矣。重阳后,风亦有东北,若过十月,风多西北,倭也不利矣。②

这段记载指出由日本过来的帆船如遇东北风,从萨摩、长崎县的五岛出发,可直接到达浙江省中部沿海地区。那时的航行目标是位于宁波府象山县东部海上的菲山列岛。从那里如沿海南下可袭击温州,北上则可袭击舟山列岛。袭击的时间是旧历的清明节(阳历的4月上旬)开始到五月的一两个月,以及重阳节(阴历九月初九日)开始后的不到一个月内。这也是浙江

---

① 万历《大明会典》卷一一一《给赐》二。
② 《温州府志》卷六,《兵戎志·海防》。

省在嘉靖三十年(1551年)以后受倭寇袭击显著的原因。

嘉靖三十年(1551年)以后的浙江倭患非常显著。该时期倭寇的人员构成又是如何呢？《松窗梦语》卷三《东倭记》关于倭寇的人员构成有如下记述：

> 自后闽、浙、江、粤之人，皆从倭奴，然大抵多华人，倭奴直仅十之一二。彼贪中国贸易之利，或附贡舶，或因商舶；其在寇舶，率皆贫穷。①

这段记述表明倭寇的构成并非只是日本人。

并且，关于这点在刚才提到的嘉靖《太平县志》卷五中也有明确的记载：

> 吾邑缘海，军备一，守御所三，率以备倭为名。……且昔之为寇一谓倭也。今之为倭二，谓漳贼也，与导漳之贼也。而倭不与焉。凡漳贼与导漳之贼，率闽浙贾人耳。②

说明位于浙江省中部沿海的太平县，作为沿海的防御有军备一处，守御所三处，其防备的主要目的是应对倭寇的袭击。在嘉靖年间以前，沿海遭袭的海盗基本上是倭寇。但是，至嘉靖年间，袭击太平县沿海的为漳州海盗。漳州位于福建南部，毗邻大海，其海港后为厦门。对太平县而言，漳州海盗是最大的敌人，倭寇与之并没有多大关系。对于其构成人员多为福建和浙江的商人这一点有着明确的叙述。

何乔远在崇祯四年(1631年)撰的《闽书》卷六九《武军志》的《俞大猷传》中说："我国人王直，亡命逃入海中，作为倭寇先头引路。"与后叙的海盗有着密切的关系。被称为倭寇的海盗集团在明代后期并不一定由日本人组成，大部分由江苏、浙江、福建、广东沿海的民众组成。

16世纪中叶来航日本的基督教传教士佛罗依斯·刘易斯③的书中，对日本人从事海盗行为有如下记述：

> 萨摩国多山，且向来贫困，食物无法自给，为摆脱困穷，这里就有不

---

① 《松窗梦语》卷三，《东倭记》。
② 《太平县志》。
③ 佛罗依斯·刘易斯(Frois Luis, 1532—1597年)，来日本的葡萄牙人，耶稣会传教士。1563年来日本在有马领等地布教，翌年上洛，与织田信长、丰臣秀吉等关系密切。他文笔较好，从1583年至逝世，写了不少报告和书简，尤其以《日本史》最为有名，数年前终于有日译本。

少人多年从事被称为八幡的职业。也就是到中国沿岸及其他地区进行掠夺,其掠夺目的并不大,据能力而定。①

佛罗依斯说的八幡(Bafan)就是"海盗"的意思。②

让嘉靖时期倭寇终止的一个原因,是因为丰臣秀吉于日本天正十六年(万历十六年,1588年)七月八日发布了"停止贼船"的命令。该布告对禁止日本方面的海盗行为,起到了作用。丰臣秀吉命令诸国的地头、代官、船头、猎人禁止再次从事海盗行为,并命令强制征缴他们不再参与海盗活动的誓纸(誓言书)。

五、清代以后的海商

(一)清代的海上贸易

与明代相比,清代海外贸易的特征,就是贸易对象国趋于固定。中国商人依贸易对象国的需要,装载大量的商品渡海贸易。

道光四年(1824年)一月二十五日,由厦门出港驶抵新加坡的中国商船所载的货物为:32种陶瓷器(约66万件)、地砖1万个、笠石200个、纸伞1.5万支,丝绸制品、烟草、咸菜、木棉、茶叶,以及其他果品类、干物类。与此相对的,同时期赴日本长崎贸易的商船所载货物主要为:绢织物、砂糖类、药材等。输出至新加坡的主要为当地华侨③的生活物资,建筑材料及日常的餐具、食品、个人嗜好品,若停止输入的话,对当地华侨的生活会造成影响;而输出至日本的货物则是以所谓的舶来品及奢侈品为主。

这在明代大都是以不定期的贸易形态为之,清代的海外贸易则是由中国商船定期、持续地进行着。这也是为何遭遇海难而漂流到东南亚各地的日本人能由老远被送回本国的背景。也就是说,到南海各岛贸易的中国船相当多,这些船回国时,搭载漂流到当地的日本人,回到中国后再转送赴日贸易船的港口,顺便搭乘贸易船回日本。由于中国商人有完备的网络,才使

---

① 松田毅一、川崎桃太译:《日本史6 丰后编Ⅰ》,中央公论社,1978年,第72页。
② 松田毅一、川崎桃太译:《日本史6 丰后编Ⅰ》,中央公论社,1978年,第80页。
③ 华侨,是指中国渡航海外并移居的中国人,"华侨"一词19世纪末才开始使用。"侨"是临时居住的意思。最近,包括"华人"的"华人华侨"的称呼也屡见不鲜。

漂流到异域的日本人归国之事变成可能。

这种网络不仅见于海外贸易,一般沿海的贸易网也相当完备。大陆沿海的渤海、黄海、东海、台湾海峡、南海等海上,有北方海面的天津、山东帆船,上海附近的沙船,宁波的宁船,福建的鸟船①等在航行,主要从事着以物资流通为主的活动,其中亦有搭载旅客。

在沿岸诸港中,亦有沿海活动与海外贸易相结合的港口,以中日关系来说,就是浙江省的乍浦港。输往日本的砂糖,主要产于福建南部或广东东南的潮州等地。日本江户时代前期,即明末至清代前期,这些地方的贸易船可直接渡航至长崎,江户中期以后,乍浦成为对日贸易的基地,砂糖由沿海贸易船先运至乍浦,然后再经由赴日贸易船输出。因此,乍浦港是典型的沿海贸易与海外贸易相结合的港口。

(二)海商张元隆船袭击事件

下面举几则清代海商和海盗的事例。

康熙四十九年(1710年)闰七月十九日,据上海县船户张元隆的诉说,他拥有贸易沙船一只,领有上海县发行的"上字七十三号"牌照,同年六月初六日装载各商人出资购置的价值达数万金的布匹和瓷器。在海关②纳税之后驶向辽东。六月十九日在山东半岛东端即山东省文登县马嶋嘴地方遭遇两只海盗的鸟船。海盗船在发现张元隆船后急忙起帆并接近过来。

所幸此时张元隆船携带有两门大炮,向海盗船连发数炮使海盗船无法接近,相互对峙达两昼夜。二十一日,张元隆的船靠近岸边,正在考虑如得到政府巡逻船的救援,就可躲避不用再害怕海盗船之时,海盗的鸟船意外地增加到三只,并且政府的瞭望所里空无一人。客商和水手根本不是海盗的对手,匆忙跳上救生船拼命向岸边逃去。海盗不仅将张元隆船的货物抢夺一空,还掠去两门大炮并一把火将船烧掉,不留下任何东西。当地陆路守备队的冯守备、雷千总、张把总等无计可施,只能任由这些海盗胡作非为。

---

① 鸟船,明末开始建造的以福建沿海为主要航行区域的帆船,至清代渐渐趋向大型化。19世纪后期因长崎贸易来航日本的鸟船除载有较多货物外,还载有乘员100余名。其名称来由是因为这种船在浮在海上时的姿态犹如停卧的鸟。

② 海关,1683年,清朝在平定台湾郑成功势力后不久,即在沿海的江南省、浙江省、福建省、广东省等地分别设置了江海关、浙海关、闽海关、粤海关,管理船舶的出入事宜。

江海关和浙海关主要管辖国内船只;闽海关除国内船只以外,兼管来自琉球国的船舶;粤海关除管理国内船只以外,还兼管欧美船舶,以及来自东南亚的船舶入港事宜。各海关在各地分别下设20~30个口岸,通过这些设置,中国沿海就形成了一个体系。19世纪后期,由外国人担任税务官的海关开始出现,那种海关常称为"洋关",而上面所指的海关称作"常关"以示区别。

以上是上海县贸易船船主兼牙行①商人张元隆,在山东半岛近海遭海盗袭击的申诉情形。张元隆曾造船百只,当时拥有数十只海船。这些船都招募异乡的水手,他们用假名取得户籍、海关牌照和县牌,从事东西二洋和日本关东方面的贸易。张元隆船所雇的异乡舵手和水手多为福建省出身,海盗大多数也是福建人。虽然张元隆申诉货物被抢,船只被烧,可是张元隆大量雇用福建人,并骗取上海近郊华亭县的户籍,其意图为何？其实,张元隆并非普通之人,他在上海县招募了很多人,在东西两洋、南北各省地区,长年从事非法的行为。

（三）厦门富豪林兴

道光八年(1828年)厦门富豪林兴,家财万贯,甚是有名。但是好景不长,因经营的船舶连年遭遇海难,反负债累累。此时收到上海朋友的支援,得以解脱穷境。这位朋友寄来银3000两,林兴以此银赴新加坡购入胡椒、燕窝、豆蔻和丁香等货物,并停留了三个月,贩卖后获利800两。前来祝贺的一梁姓朋友说,赴南洋贸易可获巨利。南洋地广人稀,耕作水田的人很少,民风淳朴,对中国人友善,贸易相对容易。南方木材资源非常丰富,材质比中国的要好,价钱却便宜。较大的木材在当地为10两左右,在中国则为1000两。另外谷物丰富且价格便宜,南海贸易可以得到国内贸易无法得到的巨额利润。如此有关南海贸易的情况,记述在《东西洋考每月统记传》道光十八年(1838年)二月"贸易"中。从该例子可以看到,厦门海商借由南海海外贸易获得巨利。

---

① 牙行,中国古代的商业组织,作为中介促使买卖成交的头脑灵活的商人。司马迁的《史记·平准书》以来有几种不同称呼。后来因交易商品的不同而有不同称呼,如专卖米的称为米行、买卖木材的称为木行等,在广东为欧美贸易商人做中介的广东公行也是牙行的一种。

(四)上海海商郁松年的藏书

清代,上海沙船船主支配了长江口的上海与辽东、华北沿海的航运,各船主拥有数艘至数十艘被称为沙船的帆船。他们利用海路把东北地区、山东的谷物运至江南,把江南产的棉花、日常杂货、茶叶等运到北方。

上海的郁家在清朝道光年间拥有六七十艘沙船,这一时期郁家的船主是郁松年,同时他也是因收藏宋元版书籍而闻名的藏书家。

郁松年嗜好书籍,他收藏有数十万卷的图书,这些藏书中包括将元、明以来散佚书籍复刻刊行的《宜稼堂丛书》。有关郁松年购书的情况,据《清稗类钞·鉴赏类·郁泰峰藏书于宜稼堂》记载,郁松年以巨大的财力,把宋代未能刊行的抄本刊行,并且不惜金钱收集已刊行的散佚典籍。此后,他从扬州盐商处用 600 两购入《玉海》。说到扬州盐商,在清代很多盐商都是富豪。郁松年可以用如此高额的金钱购入书籍,与他的父亲润桂经营数十艘沙船所积累下的巨大财富有关。郁松年本人在咸丰八年(1858 年)时就是 50 余艘船舶的所有者。

咸丰八年(1858 年)因《天津条约》,东北沿海港口牛庄开始对外开放,外国汽船可自由入港。但还是禁止外国汽船把华北、东北产的豆类运送至上海方面,只有营运于长江河口的沙船等允许运送豆类。从同治元年(1862 年)开始解除"豆禁",沙船业遭到巨大打击。郁氏所经营的沙船自然也遭到重创。同治元年(1862 年)郁松年去世,藏书面临着散佚的危机。宋元版书籍移至丁日昌的持静斋,其他的书成为著名藏书家陆心源的藏书,其数量达四万八千余册。此后陆氏的藏书及郁松年藏书的一部分被收藏于东京静嘉堂文库。

六、小　结

如上所述,清代海上活动之盛,为中国历代所无。特别是沿海航运活动与海外航运活动成为一体,中国大陆的各海域形成了一个巨大的网络。航行活跃于这些海域的主要是中国帆船。依当时船舶的构造式样来分,有以北方天津为中心的卫船;有以上海为据点,活跃于北方海域的沙船;有适于浙江宁波以北海域的宁船;有以福建为中心适于外洋航行的鸟船。以上的沿海及外洋船只活跃于中国海域,有一部分亦航行至日本长崎。到访长崎观光的纪念品,除一般纪念照片和风景明信片外,另有一种被印成明信片的《长崎版画》,其中也有中国帆船的图案。随着海上帆船活动的繁盛,无法参与商业活动的人们中,就有些人从事不合法的海上行为,也就是海盗。海盗的根据地主要是在从浙江省舟山群岛到温州的沿海岛屿,以及福建到广东的沿海岛屿,其活动海域遍及中国沿海各地。在整个清代,我们可得知许多海盗的姓名,其中又以嘉庆年间福建同安县人蔡牵最有名。他势力壮大,成为清政府头痛的叛乱分子,曾企图攻占台湾,伪称王号,建立其海上帝国。

(翻译:朱彩虹、王力　校对:杨蕾)

上 编

清代帆船东亚海域交流

第一章

中国帆船与东亚海域交流

一、前　言

　　东亚各国为渤海、黄海、东海等广阔的海洋所悬隔,在古代,这些国家之间主要依靠船舶相互往来。但是,各国之间在造船技术上相差甚远,这导致了彼此之间的航海频度出现了显著的差异。[①] 其中,造船技术最为发达的中国,长期以来航海活动也最为频繁。这些中国船都是木造帆船,它们跨越海洋,频繁往返于朝鲜半岛和日本等东亚各国之间。关于这些帆船的航行情况,在朝鲜半岛多见于高丽时代的各种记录中,当时的宋朝商人每年都自华东、华南沿海地区航行至高丽时代的朝鲜半岛。日本方面在宽平六年(唐乾宁元年,894年)九月因菅原道真的上疏而停行遣使入唐,日本的留学僧于是搭乘中国商人的帆船入唐。这些留学僧在归国之际也多乘坐中国帆船返回日本,将在中国所学到的最新学问、技术以及其他诸多文物、文化带回

[①] 1974年,在中国的泉州港发现了第一艘沉没的中国帆船。之后,东亚海域的沉船记录屡见报道。最近的打捞成果为在山东半岛的东部沿海地区发现的包括明代帆船在内的"蓬莱古船"系列。见山东省文物考古研究所、烟台市博物馆、蓬莱市文物局编:《蓬莱古船》,文物出版社,2006年。另外,被认定是郑和下西洋时的造船厂"宝船厂"遗址的发掘报告也已经出版,见南京市博物馆编:《宝船厂遗址:南京明宝船厂六作塘考古报告》,文物出版社,2006年。

日本。①

　　进入明朝之后，中国长期实施海禁政策，导致中国商船的航海记录急剧下降，这个时代可以说是中国商船的海洋航行活动的剧减时期。当时的东亚海域的航海情况，仅仅局限于曾经盛极一时的郑和下西洋②，以及朝贡体制中的船舶往来，如东南亚各国向明朝派遣的朝贡船、自日本驶入明朝的遣明船、自明朝往返琉球的明朝册封船等等。而到了明代后期，随着海禁的弛懈，伴随而来的是以帆船为媒介的走私贸易的盛行和倭寇活动的猖獗。以往的研究，往往流于对海盗、倭寇的破坏活动的强调，③本文则试图转换视眼，重视考察这些航海活动对当时东亚世界的文化交流所起到的重要作用。

　　清政府收复台湾之后，随着海禁政策的废除，中国商船的海外航海活动得到了许可，越来越多的中国帆船远航外洋。它们不仅仅频繁往返贸易于日本和中国之间，而且进入了东南亚世界。④ 可以说，当时的中国帆船完全控制了东亚世界的制海权。

　　本文就明清时代，特别是清代的中国帆船在东亚各国之间的文化交流⑤上所起到的作用，做些尝试性的考察。

二、中国帆船活动的相关史料

　　近年来，在东亚世界的历史研究中，以渤海、黄海、东海等海域为对象的海洋史研究渐受瞩目。但是，在中国的正史之中，相关海洋史的记录并不多

---

　　① 松浦章：《前近代東アジア海域間の交流——海洋史の視点から》，第 4 回日韩、韩日历史家会议：《歴史研究における新たな潮流：伝統的知識の役割をめぐって》，財団法人日韩文化交流基金，2004 年，第 81～99 页；山内晋次：《奈良平安期の日本とアジア》，吉川弘文館，2003 年，第 167～194 页；榎本涉：《東アジア海域と日中交流——九～一四世紀》，吉川弘文館，2007 年，第 62～104 页。

　　② 松浦章：《鄭和下西洋六百年の研究成果》，《CSAC 環流 inter-action》，关西大学亚洲文化交流研究中心，2006 年，第 6～7 页。

　　③ 松浦章：《明代海商と秀吉「入寇大明」の情報》，《末永先生米壽獻呈論文集》，末永先生米寿献呈论文集纪念会，1985 年。

　　④ 松浦章：《清代海外貿易史の研究》，朋友书店，2002 年。

　　⑤ 藤田高夫：《文化交渉学の意義》，《グローバルCOEプログラムに採択》，《関西大学通信》第 346 号，2007 年，第 8 页。

见。① 虽然可以想见那些以海洋为舞台、纵横捭阖于海上的商人们演绎了波澜壮阔的海上活动史,但是在事实上却鲜有关于他们的历史记录。东亚海域虽然在一方面阻碍了彼此间的直接交流,但是沿海地域的商人们有效地利用了帆船,展开了丰富多彩的交流活动。这些交流活动的主体,既是人,也是船,还是物。关于这些交流活动主体之一的"人",在国家角度来看,是派往彼国的使节及其随从,②以及留学的僧侣们;从私人的角度来看,他们则是梦想着一攫千金的商人们③。

关于另一主体"船",则对速度、灵活度、坚固程度的要求比较高。虽然各种各样的帆船很早就出现在世界各地的海洋上,但是被欧洲人称为jank的中国帆船在东亚海域的人和物的交流上使用甚广、影响很大。

回顾中国帆船的航海史,可以发现,它们的最活跃期出现在清代。不过,研究清代的中国帆船海运史有它自己的困难所在,其中最为困难的问题是史料的缺乏。因为相关史料相当分散,所以很有必要花费大量时间进行持续不断的收集整理工作。④ 另外,中国海上交通和航运的历史研究本身作为一个边缘性的研究,在某种程度上也导致了自身在史料上的缺乏。在这层意义上来说,以往一直未受重视的清代帆船的漂流史料,可以弥补帆船航运史料的欠缺,其意义不可谓不重大。

船舶除了在海上顺利航行之外,遭遇风浪发生海难也在所难免。中国方面的历史资料中,关于遭遇海难的漂流船的记录并不多见。⑤ 但是,转换视野瞩目朝鲜半岛、日本列岛和西南诸岛,这些事例可谓屡见不鲜。在那些地方,因为漂流而来的外国船与本国船大异其趣,甚为难得,所以当地将之

---

① 松浦章:《中国帆船の航海記録》,《関西大学東西学術研究所紀要》第32辑,1999年,第1~16页。

② 松浦章编著:《明清时代中国与朝鲜的交流——朝鲜使节与漂着船》,乐学书局,2002年。

③ 松浦章:《国の海商と海賊》,山川出版社,2003年。

④ 关于清代航运史的文献,参阅《水运技术词典——古代水运与木帆船分册》(人民交通出版社,1980年10月)四《水运史籍》中刊登的相关资料。

⑤ 正史中也有漂流船的史料记载。如清王士祯《香祖笔记》卷十一有"元裕间,明州士人陈生附买舶,泛海遇风,引至一岛"(见《笔记小说大观》,江苏广陵古籍出版社,第16册,1982年,第57页)的记录,这是宋人漂流船的一个例子。《一班录杂述》卷一《漂泊异域》中载有清代漂流事例。见《一班录》,海王邨古籍丛刊,中国书店,1990年。

视为珍奇,对之详加记录。①

悉心搜集这些以海洋为活动舞台的海域交流者的历史资料,我发现,在清代的海域交流上,存在着相当数量的历史记录。例如,关于漂至朝鲜的中国帆船,朝鲜王朝时代的《备边司誊录》②中就有很多当时清代帆船漂流到朝鲜半岛时朝鲜官员和中国船员之间通过问答而留下来的笔谈记录。其中的帆船航运情况,也得到详细记录,可将之视作清代帆船航运的重要史料。

清末自中国往赴日本长崎贸易的丰利号船员所写的《丰利船日记备查》③,可以说是前近代海洋史上相当难得的航海日志。相对于留有众多Log book(航海日志)的欧美,中国航船的航海日志极为少见,据笔者管见所及,这是中国航运史上绝无仅有的日志史料。

从日本将台湾殖民地化的1895年到1945年的整整半个世纪内,以台湾为中心的帆船航运史料多见记载,它们是了解清代东海和台湾海峡帆船

---

① 松浦章:《18—19世紀における南西諸島漂着中国帆船より見た清代航運業の一側面》,《関西大学東西学術研究所紀要》16辑,1983年。该文载有漂至琉球的中国帆船记录。关西大学东西学术研究所多年来收集了众多的漂至日本的中国帆船史料,其成果如下:1.大庭修编著:《宝暦三年八丈島漂着南京船資料》,《関西大学東西学術研究所資料集刊》13-1,关西大学出版部,1985年。2.田中谦二、松浦章编著:《文政九年遠州漂着得泰船資料》,《関西大学東西学術研究所資料集刊》13-2,关西大学出版部,1986年。3.松浦章编著:《寛政元年土佐漂着安利船資料》,《関西大学東西学術研究所資料集刊》13-3,关西大学出版部,1989年。4.松浦章编著:《文化五年土佐漂着江南商船船長発資料》,《関西大学東西学術研究所資料集刊》13-4,关西大学出版部,1989年。5.大庭修编著:《安永九年安房千倉漂着南京船元順号資料》,《関西大学東西学術研究所資料集刊》13-5,关西大学出版部,1991年。6.薮田贯编著:《寛政十二年遠州漂着唐船萬勝號資料》,《関西大学東西学術研究所資料集刊》13-6,关西大学出版部,1997年。7.松浦章编著:《文政十年土佐漂着江南商船蒋元利資料》,《関西大学東西学術研究所資料集刊》13-7,关西大学出版部,2006年。8.松浦章编著:《安政二、三年漂流小唐船資料》,《関西大学東西学術研究所資料集刊》13-8,关西大学出版部,2008年。

② 松浦章编:《海难史料:清代帆船漂到朝鲜国史料——〈备边司誊录〉抄录》,松浦章编著,卞凤奎编译:《清代帆船东亚航运史料汇编》,乐学书局,2007年2月,第5~187页。

③ 《清代帆船的航海日志——咸丰元、二年(1852—1853)》,《丰利船日记备查》,松浦章编著,卞凤奎编译:《清代帆船东亚航运史料汇编》,乐学书局,2007年2月,第192~216页。

活动的重要资料。其中的一部分为日本的领事报告。①清朝在中日甲午战争中的败北,导致了台湾惨遭割让。这个年代恰当清朝末期,在这个时期,成为日本殖民地的台湾和福建省的福州之间进行了很多帆船贸易往来,其具体情况,见于驻福州日本领事馆领事上野专一的记录。这些记录刊登于日本当时发行的《通商汇纂》中,它们是研究台湾海峡帆船贸易的珍贵资料。

三、明清时代东亚文化交流中的中国帆船

明代后期,随着海禁的弛懈,以福建沿海的南部地域为中心,越来越多的中国帆船远航外洋。其中,自现在的厦门一带赴菲律宾的商船数量的增幅相当明显。关于这些帆船带到菲律宾以及从菲律宾带回的物品,万历四十五年(1617年)刊行的张燮《东西洋考》卷七《饷税考》有如下一段记录:

> 东洋吕宋,地无他产,夷人悉用银钱易货,故归船自银钱外,无他携来,即有货亦无几。故商人回澳,征水陆二饷外,属吕宋船者,每船更追银百五十两,谓之加征。②

在明人的世界观中,以中国的华南一带为中心设有一条子午线,其东边的海上各国称为东洋,西边的地域则称为西洋。③菲律宾位于明人意识中的东洋。因为菲律宾的出产物资极为贫乏,所以中国帆船与来航菲律宾的西班牙人之间的贸易,以西班牙人从新大陆带来的银钱为大宗。明朝政府因此对自菲律宾返回福建的每艘中国商船加征150两银子的税收。该种贸易形式为:自中国向菲律宾输入物资,但是菲律宾没有中国所需要的其他物资,所以它只能向中国输回白银货币。这些白银货币对当时明朝经济在质的突变上产生了巨大的影响。

那么,明朝帆船究竟向菲律宾输入了哪些中国物资呢?1585年马尼拉

---

① 《台湾福州间帆船航运史料:1906—1913年在福州日报领事馆报告"戎克贸易"》,松浦章编著,卞凤奎编译:《清代帆船东亚航运史料汇编》,乐学书局,2007年,第224~317页。

② 《西洋朝贡典录校注 东西洋考》,中外交通史籍丛刊5,中华书局,2000年,第132页。《东西洋考》卷七《饷税考》的记述多被福建漳州府崇祯六年(1633年)刻《海澄县志》卷五《服役志》二《饷税考》引用。

③ 宫崎市定:《南洋を東西洋に分つ根拠に就いて》,《東洋史研究》第7卷第4号,1942年。《宫崎市定全集19 東西交涉》,岩波书店,1992年,第257~277页。

刊行的《中国大王国志》中有如下一段描述：

> 中国商人每年都向菲律宾诸岛输入大量的物资。每年有二十艘以上的中国帆船驶入当地。舶载品有各种各样的绢、陶器、瓷器、火药、硝石、铁、钢、大宗的水银、青铜、铜、小麦粉、胡桃、栗子、□□、枣椰果、亚麻织品、各种网盖、□□、□□、锡水壶、饰纽、绢□□等等。还有为基督教国家前所未见的金丝，以及其他的珍奇物品。且这些物品的价格都相当便宜。①

如上所述，每年定期来马尼拉的中国商船，向菲律宾提供了绢织等纤维类、各种食物、矿物和手工艺品，其种类可谓丰富多彩。关于这些中国帆船归航之际的情况，文中写道：

> 可知是一些为价格昂高的物品。有很多黄金制品，还有……白银货币。这些都是中国帆船将物资运输到菲律宾，通过与当地的贸易得到的。②

可见，从菲律宾输入中国的主要是黄金制品和白银货币。

明清时代中国的海外输出品中，陶器和瓷器享誉甚隆。中国的商人们将它们也大量地输往沿海各地和海外各国。③

从这些事例可以清楚地看到，将各种各样的中国制品输入东亚各国，尤其是到菲律宾的中国帆船，带回了大量的白银货币，为中国国内的经济变革做出了很大的贡献。

那些被帆船带回中国的白银货币，后来的情况又是如何的呢？这可以在清代的记录中窥见一斑。据慕天颜《请开海禁疏》：

> ……犹记顺治六七年间，彼时禁令未设，见市井贸易咸有外国货物，民间行使多以外国银钱，因而各省流行所在皆有。自一禁海之后，而此等银钱绝迹不见一文。即此而言，是塞财源之明验也。可知未禁之日，岁进若干之银，既禁之后，岁减若干之利。揆此二十年来，所坐弃

---

① 长南实译、矢泽利彦译注：《シナ大王国誌》，岩波书店，1965年，第521页。
② 长南实译、矢泽利彦译注：《シナ大王国誌》，岩波书店，1965年，第259页。
③ 松浦章：《明清时代中国の海上贸易と陶磁器の流通》，《贸易陶磁研究》No.27，2007年。

之金钱,不可以亿万计,真重可惜也。今则盛京、直隶、山东之海船,固听其行矣。海洲、云台之弃地亦许复业矣。香山、岙门之陆路再准贸贩矣。①

可知,因顺治六年(1649年)、七年(1650年)间清朝未实施海禁政策,使得很多外国白银流入中国,进而在中国国内市场上流通使用。但是,此后因为实施海禁的迁界令,从外国输入白银这一渠道被堵死,白银货币渐见稀少,导致了中国国内经济发展的停滞,并影响到了国家的财政状况。后来海禁政策得以废止,国内的经济重新活跃起来,与贸易相关的经济繁荣不仅仅局限于东北沿海,还出现在江南一带的沿海市镇和广东沿海的陆路贸易中。

如上所述,这些由中国帆船带回国内的外国白银货币被作为流通货币投入使用,为中国国内经济的繁荣做出了很大的贡献。

那么,这些由中国商船带回国内的白银货币有多少数量呢?雍正十一年(1733年)清朝官员的一份报告有如下描述:

> 闽省一年出洋商船,约有三十只,或二十八九只。每船货物价值,或十余万,六七万不等。每年闽省洋船约有番银二三百万载回内地,以利息之盈余,佐耕耘之不足。②

18世纪前半期,每年自福建往赴海外贸易的商船大概有30艘。每艘商船运载的中国商品价值为6万到10万。这样,每年自海外带回中国的外国白银货币的数额为200万至300万两,这些货币在很大程度上弥补了农业收入上的不足。

中国帆船所带来的不仅限于物的交流,它们还对人员的流通贡献甚大。雍正十年(1732年)福建省南部有一份报告,对开往菲律宾的一艘中国帆船的乘员情况有如下记述:

> 于上年(雍正十年,1732年)十二月二十四日,据南澳镇呈报,有商船户姚锦春一船,前往吕宋贸易。配舵水二十四名,又配货客二十名,

---

① 贺长龄:《皇朝经世文编》卷二十六《户政》一《理财》上。
② 郝玉麟:《雍正十一年四月初五日奏折》,《宫中档雍正朝奏折》第21辑,台北故宫博物院,1979年,第353~354页。

另有无照偷渡客民一百五十七名,经云澳汛外委把总杨光标等盘获等语。①

商船船主姚锦春的船上除有船员 25 名,贸易商 20 名外,"另有无照偷渡客民一百五十七名",他们是未获海外航行许可的 175 名偷渡者。他们被抓的地点南澳岛位于广东省最东边的海上,但是在归属上,岛屿的西半部分归广东省,东半部分则纳入福建省的管辖范围。这些偷渡者是在福建省所管辖的南澳岛被捉拿回去的。

图 1-1　南澳鸟(2007 年 8 月摄影)　　图 1-2　南澳岛的闽粤总镇府遗址

图 1-3　闽粤总镇府遗址"闽粤界"碑

---

① 郝玉麟:《雍正十一年四月初五日奏折》,《宫中档雍正朝奏折》第 21 辑,台北故宫博物院,1979 年,第 353 页。

在南岛被抓的这些偷渡者,是准备去菲律宾开创新生活的清朝人。接到这份报告的福建总督郝玉麟向雍正皇帝作了如下的汇报:

> 吕宋地方,系西洋干丝腊泊船之所,自厦门至彼水程七十二更。漳、泉二府人民,向在该处贸易者多。现在住居者,约一二万人,地极繁盛,人多殷富。内地载往货物俱系干丝腊番舶运载番银至此交易。彼地番人住居吕宋者,不过二三千人,内地百姓人势众多……①

吕宋在当时系由西班牙控制,自厦门经水路有72更的距离,福建和漳州、泉州有很多人赴该地贸易,当时已经有一两万人居住在那里,经济上非常繁华。从福建装载货物至马尼拉进行贸易,归航之际运回西班牙船从新大陆带来的白银。而居住在菲律宾的西班牙人不过二三千,在人数上较中国人相差甚远。

这些最初定居菲律宾的中国人,是现在菲律宾华侨、华人的先驱。他们在新的天地里构筑了小中华世界,将自己的文化与当地的社会和文化相融合,产生了不同于本国的新文化。

在清代,中国每年定期地向锁国的日本派遣帆船进行贸易。这些与日本长崎往来不绝的中国帆船维系了当时的中日文化交流。那么,清代的中国帆船究竟将什么东西输入到了日本呢?当时的日本幕府派遣官员至长崎,一边监视这些自清朝来到长崎的商业对手,一边记录下中国商船的货物情况及其装载数据。② 以下就同一时期由中国帆船输入日本长崎和新加坡的物资,以及由琉球帆船承载的东亚海域的物流问题做些考察。

先看一下1823年(文政六年)来到长崎的中国商船未六番船的货物装载情况。文政六年的"未六番船"是在当年十二月十九日夕刻驶入长崎港的,船主为周蔼亭和杨启堂。③

---

① 郝玉麟:《雍正十一年四月初五日奏折》,《宫中档雍正朝奏折》第21辑,台北故宫博物院,1979年,第353页。
② 永积洋子编:《唐船输出入品数量一览 1637—1833年》,创文社,1987年。
③ 大庭修编著:《唐船進港回棹録 島原本唐人風説書 割符留帳——近世日中交涉史料集》,《関西大学東西学術研究所資料集刊》九,关西大学东西学术研究所,1974年,第160页。

1823年(文政六年)长崎来航中国商船六番船的装载货物

大罗纱	47 反
色□□□□	60 反
粗毛织品	10 反
冰糖	39400 斤
白糖	11000 斤
上等白糖	67000 斤
普通白糖	60000 斤
鳖甲・爪	1310 斤
白镴	40930 斤
格子缟绒缎	20 反
绒缎	1200 反
中国纸	400 连
广东人参	500 斤
沉香	570 斤
肉桂	840 斤
大腹皮	2060 斤
药种	67290 斤
□□□□□	15 反
繻子	46 反
黑纱绫	10 反
赤缩缅	30 反
长尺紀	100 反
象牙	1570 斤
黑檀	13270 斤
辰砂	300 斤
甘草	4640 斤
麻黄	4750 斤①

① 永积洋子编:《唐船输出入品数量一览 1637—1833 年》,创文社,1987 年,第 246 页。

以上为荷兰商馆的记录。中国和日本方面目前尚未发现有详细记录，两国关于装载物的详细情况仅留有一些零散的记载。在时间上和上文文政六年（1823年）的记录相接近的，是文政九年（1826年）漂至静冈县后被引航至长崎的文政八年酉八番船"得泰船"的载货目录《通船货数》。该酉八番船于文政九年（1826年）五月七日进入长崎港。船主为留在长崎进行贸易的刘景筠和乘船而来的杨启堂。① 这艘"得泰船"的货物装载情况如下所示。

文政八年（1825年）酉八番船得泰船的货品目录

通船货数	计数
大呢　ラシャ	十箱
哔吱　ヘルヘトワン	三箱
毡毯　ラシャノルイ	六件
蛮绸　ケンチウ	十卷
红毡　毛セン	五十卷
屑线　糸クズ	二十色
奏本白纸	百三十篓
六尺本纸	四十件
琉字玳瑁	二箱
真字　同	一箱
琉字玳爪　ベッカフ	一箱
真字　同	一箱
上字　同	一箱
上玳瑁	一箱
暹木苏枋	一百六十梱
白铅　トタン	三百八十提
石羔　ヒキカウ	二百包
大象牙　ゾウケ	十枝
刀砂　朱砂	二箱
碗青　ヤキモノ瓷器	四篓

---

① 大庭修编著：《唐船進港回棹録　島原本唐人風説書　割符留帳—近世日中交涉史料集》11，第176页。

甘草		四十七件
大黄		四十一件
黄芩		三十七件
麻黄		三十八件
檀香	ビャクタン	十五件
木香		三十箱
山归	サンキライ	一百件
口芪	黄芪ワウギ	十七件
苍求	ワウシュツ	二十五件
中果	ソウカユ	四十件
西附	ブシ	五件
甘松		四件
捲桂	ヤキワッケイ	十二件
藿香	藿梗	二十九件
猪苓	キヨレイ	十二件
象贝	去痰膏	二箱
乌蛇	ウジヤ	六箱
靳蛇	ヘビ	一箱
赤石脂	シャクセキシ	十二件
志条	風ノ羔	十件
牛胶	コシツ	三件
君子	シクンシ	二件
常山	ショウゲン	十五件
乳香		五箱
大戟	タイゲキ	二件
川栋	ツナ　センレンシン	三件
雷丸	ライグワン	四件
山楂	サンサシ	六件
甘遂	カンズイ	三件
琐阳	サイヨウ	二件
独活	ドククワツ	三件
连翘	レンギヤウ	六件

五靈子	ゴレイシ	二件
白芷	ビャクシ	三件
枣仁	サンソウニン	二件
肉苁蓉	ニクシュウイツ	四件
白冰	氷サトウ	一百连
顶番糖	砂糖顶番ハ极上	三百包
三盆	上サトウ三盆押シ	六百五十包
泉糖	中サトウ泉ハ地名也	五百包

本船在洋中，因遇风浪，抛同货物约六七十件，到长崎之日，点清另呈报。

文政九年正月　　　　　　　　宁波船主：刘景筠、杨启堂①

据该《通船货数》，来长崎贸易的货物情况，大致可以分为纺织品、中药材、砂糖类。前文荷兰商馆的记录所见的文政六年（1823年）"未六番船"的货物装载情况，与该船大致相似。

两船共通的一点是，糖类商品占了最大的装载量。文政六年（1823年）"未六番船"是冰糖、白糖、上等白糖、普通白糖四种糖类，共计177400斤。"西八番"得泰船的糖类重量虽然不得而知，但是《通船货数》最后部分所记砂糖类3种共计1450包，亦占最大份额。

可见，从中国输入日本长崎的最大重量的货物是砂糖类。关于这一点，道光二十三年（1843年）补刻的《乍浦备志》卷十四《前明倭变》对从乍浦赴长崎贸易的中国商船的货物装载情况有如下描述：

装载闽、广糖货，及倭人所需中土杂物，东抵彼国。②

可见，所装载的货物中，产自福建和广东的砂糖占了大部分，另外还有日本人所需求的其他货物。中国帆船并不仅仅承担着物资交流的使命，它还担负着短期的人员交流使命，为日本的近代化构建了一定的基础。③

---

① 田中谦二、松浦章编著：《文政九年遠州漂着得泰船資料》，关西大学出版部，1986年，第28～30页。文中日文片假名为物品的日文读法，系原文自带。

② 《中国地方志集成 乡镇志专辑20》，上海书店，1992年，第229～230页。

③ 松浦章：《江戸時代唐船による日中文化交流》，思文阁出版，2007年7月。

中国与岛屿国家琉球的交流,主要以琉球所派遣的朝贡船为载体,它们承担了中国与琉球间物资流通的重任。① 相对于从中国驶入长崎的贸易船所装载的货物,同时期因与清朝有着朝贡关系的琉球朝贡船自福州运回那霸的货物情况又是如何呢?

据道光五年(1825年)五月二十八日两艘琉球进贡船返航那霸时购入的货物清单②,其全部货物的免税银额为2099两5钱4分2厘。因琉球是清朝的朝贡国,所以其朝贡船在福州入港和出港之际所装载的货物是全部免税的。该清单记录了其货物的免税情况。上述两艘琉球朝贡船在返航那霸之时被免除税收的高价货物按价值大小,依次排列如下:

洋　参	6500斤	税银	682.5两	32.5%
银　朱	2000斤	税银	546两	26.0%
细茶叶	28800斤	税银	172两	8.2%……

(以上3件小计66.7%)

粗药材	120940斤	税银	120.94两	
玳　瑁	3500斤	税银	105两	
沉　香	3400斤	税银	102两	
苏　木	40000斤	税银	60两	
粗瓷器	10560斤	税银	16.96两	
白　糖	16960斤	税银	16.96两	
甲　纸	25000斤	税银	15.75两	
毛边纸	73650张	税银	4.714两	
合　计		税银	1842.824两	以上87.8%

(全银税2099两5钱4分2厘　100%)

从福州归航的货物中,价值最高的是洋参。这大概是外国的人参。可能是作为中药材购入的。同样作为药材的"粗药材"重量超过12万斤,而苏木、细茶叶和纸类的数量也很多。同样也生产砂糖的琉球从中国购入砂糖,

---

① 松浦章:《清代中国琉球贸易史の研究》,榕树书林,2003年。
② 中国第一历史档案馆编:《清代中国琉球关系档案选编》,中华书局,1993年,第622～625页。

其重量为1.7万斤,约为同时期输入长崎砂糖重量的十分之一。这种分布情况在次年的道光六年的装载货物目录中也大致相同。

道光六年六月自福州返程的琉球朝贡船货物装载情况如下:

中花绸	200 匹	税银 4 两
上绉纱	118 匹	税银 3 两 5 钱 4 分
毡 条	1002 斤	税银 2 两 4 分
粗药材	18743 斤	税银 108 两 7 钱 4 分 3 厘
黄 连	200 斤	税银 6 两
豆 蔻	200 斤	税银 2 两 7 钱 2 分
细茶叶	54000 斤	税银 324 两
油 伞	5940 把	税银 5 两 9 钱 4 分
粗瓷器	45697 斤	税银 45 两 6 钱 9 分 7 厘
白 糖	12410 斤	税银 12 两 4 钱 1 分
洋 参	3000 斤	税银 12 两 4 钱 1 分
玳 瑁	3000 斤	税银 90 两
丁 香	7000 斤	税银 140 两
沉 香	4000 斤	税银 120 两
木 香	4000 斤	税银 16 两
虫 丝	3700 斤	税银 22 两 2 钱
上象牙	100 斤	税银 3 两 2 钱
毛边纸	75400 张	税银 4 两 8 钱 2 分 6 厘
甲 纸	18600 斤	税银 11 两 7 钱 1 分 8 厘
铁 针	11 万根	税银 2 两 2 钱
粗夏布	1568 匹	税银 4 两 7 钱 4 厘
油纸扇	11250 把	税银 7 两 5 钱
土油纸粗扇	11800 把	税银 3 两 5 钱 4 分
织 绒	138 匹	税银 2 两 7 钱 6 分
大油纸	5620 张	税银 2 两 2 钱 4 分
线 香	7800 斤	税银 6 两 2 钱 4 分
筐 箕	28200 把	税银 2 两 2 钱 5 分 6 厘
土漆茶盘	7500 个	税银 12 两

漆　箱	161 个	税银 3 两 2 钱 2 分
胭　脂	3 万张	税银 6 两
苏　木	32000 斤	税银 48 两
银　朱	11200 斤	税银 145 两 6 钱
徽　墨	80 斤	税银 4 钱
器　锡	750 斤	税银 1 两 5 钱
苎　麻	578 斤	税银 4 钱 6 分 2 厘
小　鼓	70 面	税银 1 钱 4 分
古绸衣	161 件	税银 1 两 2 钱 8 分 8 厘

以上共免过税银 1488 两 9 分 2 厘①

重量最大的是细茶叶、粗瓷器、苏木、粗药材、甲纸，计量单位不同的筐箕、土油纸粗扇、毛边纸、胭脂也挤进了前几位。据免税银额的多少排列的话，细茶为 21.8%、丁香为 9.4%、沉香为 8.1%、粗药材为 7.3%、玳瑁为 6.0%、粗瓷器为 3.1%，仅这些就超过了 55% 的份额。这些物资的名目和输入长崎的货物名相比的话，差别比较明显。

从中国输入日本的货物里，有些没有列入名单，最明显的例子是从福州输入琉球的茶叶。日本的茶树早就从中国传入了，其茶叶加工技术不断进步并生产着相当数量的茶叶，所以日本没有必要再从中国进口茶叶。但是，琉球却不断地从中国进口茶叶。具体的进口茶叶情况如下：乾隆三十二年（1767 年）九月，自福州返航的琉球朝贡船的货物清单中有"中茶叶，二万一千七百四十四斤，税银六十五两二钱三分二厘"②的记录，乾隆三十八年（1773 年）十一月，自福州返航琉球的一号朝贡船的货物清单中有"中茶叶，一万十斤，税银三十两三分"③的记录，二号朝贡船货物清单中有"中茶叶，一万十斤，税银三十两三分"④的记录，两艘朝贡船的中茶叶共二万零二十斤（约 12 吨）被进口到了琉球。乾隆四十年（1775 年）正月从福州返航的接

---

① 中国第一历史档案馆编：《清代中国琉球关系档案选编》，中华书局，1993 年，第 632～633 页。
② 中国第一历史档案馆编：《清代中国琉球关系档案选编》，中华书局，1993 年，第 111 页。
③ 中国第一历史档案馆编：《清代中国琉球关系档案选编》，中华书局，1993 年，第 155 页。
④ 中国第一历史档案馆编：《清代中国琉球关系档案选编》，中华书局，1993 年，第 157 页。

贡船货物清单中有"中茶叶，一万三百二十斤，税银三十两九钱六分"①，该船将超过 6 吨的茶叶输入到了琉球。乾隆四十年（1775 年）十二月自福州返航的琉球朝贡船货物清单中有"细茶叶，六万五千三百七十斤，税银三百九十二两二钱二分"②的记录，该船所载细茶重达 38 吨。乾隆四十二年（1777 年）正月返航的接贡船为"中茶叶，七千三百六十斤，税银二十二两八分"③。乾隆四十三年（1778 年）正月返航的一号朝贡船为"中茶叶，一万五百斤，税银三十一两五钱"④，二号朝贡船为"中茶叶，一万四百六十四斤，税银三十一两三钱九分一厘"⑤，两船约输入中国茶叶 12 吨。嘉庆八年（1803 年）五月返航的二号朝贡船在货物清单中有"细茶叶，九百八十斤，税银五两八钱八分"⑥的记录。道光十八年（1838 年）闰四月返航的接贡船则为"细茶叶，二万五千斤，税银一百五十两"⑦。如上所述，琉球国从中国进口了大量的茶叶。⑧ 这与琉球难以栽培茶叶有关，另外还因为福建所产的茶叶长期以来深受琉球欢迎。⑨

自福建省福州输入琉球的货物，随时代的推移有所变化，朝贡船和接贡船之间也存在着巨大的差异。货物中价值上最大的往往为高级纺织品，特别是羽毛缎和哔叽缎。羽毛缎在光绪辛巳（光绪七年，1881 年）发行的《英话注解》的《进口货门》中记录为"羽毛，Camlet"。这是以骆驼毛或者安哥拉山羊毛为原料的毛纺织品。

哔叽缎在《英话注解》的《进口货门》中写作"哔叽，Longells"，是毛纺织品的一种。这些毛纺织品，恐怕并非福州所产，它们很有可能是从欧洲输入的，尤其可能是由英国的东印度公司商船输入广州的英国产毛纺织品。输入琉球的毛纺织品，可能是通过广州进口的英国产品转输至福州，再由福州输入琉球。由清代帆船输入长崎的纺织品中有"哔吱，ヘルヘトワン，三

---

① 中国第一历史档案馆编：《清代中国琉球关系档案选编》，中华书局，1993 年，第 166 页。
② 中国第一历史档案馆编：《清代中国琉球关系档案选编》，中华书局，1993 年，第 173 页。
③ 中国第一历史档案馆编：《清代中国琉球关系档案选编》，中华书局，1993 年，第 186 页。
④ 中国第一历史档案馆编：《清代中国琉球关系档案选编》，中华书局，1993 年，第 192 页。
⑤ 中国第一历史档案馆编：《清代中国琉球关系档案选编》，中华书局，1993 年，第 193 页。
⑥ 中国第一历史档案馆编：《清代中国琉球关系档案选编》，中华书局，1993 年，第 350 页。
⑦ 中国第一历史档案馆编：《清代中国琉球关系档案选编》，中华书局，1993 年，第 774 页。
⑧ 松浦章：《清代中国琉球貿易史の研究》，榕树书林，2003 年，第 225～228 页。
⑨ 松浦章：《清代中国琉球貿易史の研究》，榕树书林，2003 年，第 229～236 页。

箱",这是在长崎被称为"ぺルぺトアン"、"ヘルヘトアン"的欧洲所产的羊毛纺织品。① 说这些商品由中国输入日本,这和琉球的情况一样,欧洲输入广州的产品经国内流通路线,自广州由沿海商船北运至乍浦,其中的一部分经乍浦最终输入日本。

道光二十九年(1849年)九月,自福州返航琉球的进贡船所装载的货物,在价值上居前几位的是羽毛缎、哔叽缎等毛纺织品和人参,都是输入中国的其他国家商品。另外,无论在重量,还是在价值上,中国产的中药材都占有相当的份额。此外,价值不高但是重量较大的货物为甲纸、毛边纸等纸类和白砂糖、粗制瓷器、茶叶。该船所装载的粗药材、细茶叶、粗瓷器、白糖、甲纸的重量合计338139斤,约192吨。② 中国遣往琉球的册封船虽然仅在册封中山国王时临时派遣,但经它输入琉球的经济和文化要素不容忽视。③

如上所述的中国帆船和琉球帆船,在自乍浦至长崎、福州到那霸的路线上运送货物的情况,可与同时代自厦门驶入新加坡的中国帆船的货物装载记录做些比较。厦门至新加坡的航运货物装载情况,见于英国议会的陈述报告,它是于1830年3月29日由John Crawfurd向下议院所做的陈述报告。John Crawfurd陈述道:

> 我得到了自厦门出港进入新加坡的中国帆船货物装载明细书一览表。该船自1824年1月25日抵达新加坡,海上费时15天。其货物装载量为200吨至250吨之间。④

随后将该年自厦门驶入新加坡的帆船的货物装载情况公布如下:

1824年1月25日到达新加坡的厦门船的货物清单

陶瓷器(32种器形)	660250个
地砖	10000个
笠石(冠石)	200个

---

① 日本大辞典刊行会:《日本国语大辞典》,小学馆,1975年,第674页。
② 松浦章:《清代中国琉球贸易史の研究》,榕树书林,2003年,第145页。
③ 夫马进编:《增订 使琉球录解题及び研究》,榕树书林,1999年;松浦章:《清代中国琉球贸易史の研究》,榕树书林,2003年,第191~204页。
④ *First Report from the Select Committee on the Affairs of the East India Company* (China Trade), 1830, p.322.

品名	数量
黑油有光泽纸伞	12000 个
花纹伞	3000 个
熬制糖果	50 箱
砂糖饴	166 箱
干果子	60 箱
kin-chin 食用植物	12 束
干茸类　食用	6 箱
干茸	6 箱
乾燥果物	40 笼
砂糖果子	50 箱
面	8 箱
咸鱼	5 笼
盐渍水果	100 壶
药	10 包
绢制靴	10 箱
布制靴	10 箱
藁制靴	5 箱
香木	20 箱
灯火油	20 箱
烟草　针对印尼市场	350 箱
烟草　针对中国人居住者	220 箱
柿	10 箱
细笔	箱
干制盐渍蔬菜	40 壶
醋制蔬菜	400 壶
南京木绵	100 捆
南京木绵	20 箱
金丝	20 箱
茶	110 箱

厦门帆船所装载货物的价值总额约为 6 万西班牙盾或接近 1.3 万英镑,①由厦门的帆船将这些货物输入了新加坡。作为参考,兹介绍光绪六年(1880 年)十月《与上海通商有约各国简况》中所见的 18 世纪以降新加坡的华人状况:

> 查新加坡现为英国所管,距上海六千六百二十一里,距西印度即孟买出小土之国七千一百八十九里,距印度即加尔各答出大土之国四千七百六里。该处乾隆、道光年间闽人最多,广人次之。自道光十八年后,吾通商广人渐众,闽人稍次。迫今三五年来,广人去者每年万有余人,以大势概之。闽省不过万人,广省总有三四万人。其头目系广东番禺人胡玉基。②

当时的新加坡处于英国的支配之下,它离上海 6621 里,离西印度的孟买 7189 里,东印度的加尔各答 4706 里,在清朝的乾隆年间(1736—1795 年)有很多福建人往赴其地,广东人有所次之。但自道光十八年(1838 年)以降,广东人去新加坡的骤增,福建人则次之。1870 年后半期,每年来到新加坡的广东人有超过一万人的势头。因为这种势头,居住在新加坡的福建人低于一万人,但是广东人却多达三四万人。在新加坡的华人头目为广东省番禺县出身的胡玉基。

从以上情况来看,1824 年到达新加坡的厦门船所装载的货物显然应该是供应当地居住华人的日用品。尤其是,在装载货物清单的开头所看到的大量的陶瓷制品,不仅仅供应给当地的华人,还为那里的本地人提供日常饮食器具之用。紧接其下的瓷砖、盖石等是建筑材料。而为数甚多的雨伞,绝非装饰用的艺术品。在年均降雨量多达 2000 毫米的多雨地带新加坡,不难想象伞在实用上的巨大功能。可以说,以上货物基本上都是用于普通民众的日常生活的。

同处东亚海域的台湾,在清朝统治期间,其经济发展就已经与大陆密不可分。因此,通行于台湾海峡的中国帆船备受重视。③ 即使因中日甲午战

---

① *First Report from the Select Committee on the Affairs of the East India Company* (China Trade), 1830, p.322.
② 中国第一历史档案馆编:《清代中国与东南亚过个关系档案资料汇编》,国家文化出版公司,1998 年,第 217 页。
③ 松浦章著,卞凤奎译:《清代台湾海运发展史》,台北博扬文化,2002 年。

争而沦为日本殖民统治区之后,航行于台湾海峡中的中国帆船的运输机能还一直发挥着重要的作用。①

四、小　结

众所周知,东亚世界里有着一块广阔的海域。海域周边的国家和地区并没有因之而受到阻隔,而是以帆船航行的形式交流不断,从古至今。而支配这种航运的主体,则是中国的帆船。这是一个不争的事实。如果离开这个视点,任何形式的东亚文化交流研究都将举步维艰。

中国帆船是一个广义上的简单概念,如果按照海洋自然条件引起的帆船构造的差异,中国帆船有好几个类别。在长江口以北的海域中航行的中国帆船,是以沙船为主的平底型海船。② 与之相对应,在长江口以南的海域中航行的,则以鸟船为主的尖底型海船最为便利。③ 从这样的微观角度来看,以中国的主要港口为中心,存在着功能各异的不同类型的帆船,它们在东亚文化交流上产生的影响亦不尽相同。

如上文所述,处于广阔东亚海域不同地点的长崎、那霸、新加坡,由中国帆船和琉球帆船从中国输入了各种货物,分析这些现在还能看到的输入三地的货物装载目录,可以知道,虽然同处一个时代,从浙江嘉兴平湖的乍浦驶向长崎的中国帆船,从福建福州开往琉球那霸的返航琉球帆船,从福建南部的厦门往航东南亚的新加坡的中国帆船所装载的货物虽然在一定程度上具有相似性,但是总体上的差异可谓一目了然。各个地方,在相互间的物资流通上都有对应本地的不同的供给和需求。分析那些货物装载目录,可算是剖析和考察各国文化多重性的一个很好方法。

不可忽视,东亚海域里占压倒性优势的中国帆船④,对东亚海域的文化交流的维系做出过很大的贡献。但是,在中国帆船的船舶航运史⑤和船舶

---

① 松浦章著,卞凤奎译:《日治时期台湾海运发展史》,台北博扬文化,2004年。
② 松浦章:《清代上海沙船航運業史の研究》,关西大学出版部,2004年。
③ 松浦章:《清代海外貿易史の研究》,朋友书店,2002年1月。
④ 松浦章著,卞凤奎译:《十七世纪以降的东亚沿海航运与中国帆船:沙船、鸟船为中心探讨》,《海洋文化学刊》第2期,台湾海洋大学,2006年12月,第5~24页。
⑤ 郭松义、张泽咸著:《中国航运史》,中国文化史丛书,台北文津出版社,1996年。

史[①]的研究取得巨大进展的现在,船舶航行所引起的文化交流究竟如何并未得到足够的研究。而详细研究以中国帆船为载体的海域航运所带来的文化交流,将从新的角度促进东亚文化交流在学术上的构建。

图 1-4 胶州湾金家口天后宫所展示的帆船模型

(青岛市博物馆,2007年8月13日摄影)

图 1-5 福建的海船模型

(厦门郑成功纪念馆,2007年8月23日摄影)

---

① 王冠倬编著:《中国古船》,海洋出版社,1991年8月。

图 1-6 闽江的帆船

1900年左右,闽江福州大桥右侧,此为帆柱林立之景。转引自《福州旧影》,人民美术出版社,2000年,第17页。

图 1-7 福州帆船

1900年左右的福州帆船为三桅大型帆船,用于对山东的贸易。转引自《福州旧影》,人民美术出版社,2000年,第15页。

图 1-8 厦门高崎的木帆船

（1981 年 4 月摄影）

图 1-9 广东的近代帆船

广东省饶平县柘林港的渔船，船体形态甚为古朴，留有近代帆船之风貌

（2007 年 8 月 25 日摄影）

（翻译、校对：杨蕾）

第二章

清代福建帆船航运与文化交流

一、前 言

　　自古以来,由于受到地理条件的限制,朝鲜半岛、日本列岛和中国的人民很难进行直接交流,船舶是他们跨越渤海、黄海、东海、南海等海域进行物品流通和文化交流的工具。这些人、这些船和这些物,是亚洲文化互动的中心。从官方来看,这里的"人"多为各国派往其他国家的使节及其随行人员,①还有一些留学的学生和僧侣等。从个人活动看,还包括梦想着一朝致富的商人们。②

　　这些船舶必须足够坚固,可以在这些海域自由航行,可以在短时间内顺利到达目的地。能在海上航行的帆船自古代开始便被世界各地的人们所利用,在中国大陆沿海,被称作"戎克"的帆船,承担着人员移动和物资流动的任务。

　　回顾中国帆船的航海史不难看出,帆船活动最为频繁的时代是清代。但在研究清代帆船航运史时遇到的最大难题是史料问题,不仅资料少,而且散布于各种书籍和资料中,这就要求我们花大量时间逐渐进行搜集和整理。③ 这方面的史料之所以缺乏,我认为主要是由于(对于正史来说)中国海上交通史和航运的历史,一直处于从属的地位。也正是这个原因,通过整

---

① 松浦章:《清代中国琉球贸易史の研究》,榕树书林,2003年。
② 松浦章:《中国の海商と海贼》,山川书店,2003年。
③ 关于清代航运史的文献,《水运技术词典——古代水运与木帆船分册》(人民交通出版社,1980年)四《水运史籍》中刊登有相关资料。

理之前被忽视的清代帆船漂流史料来补充帆船航运史料的工作才显得更为重要。

船舶航行于海上,很难避免发生海难事故,但迄今为止,中国方面的历史资料里,有关漂流船的记录却并不多见。与此相对,反观朝鲜半岛、日本列岛、西南诸岛,这样的实例却并不少。在这些地区,将远道而来的外国船与本国船进行比较,并将其作为珍奇记录而加以详细记载的例子很多。因此,本文将以清代帆船的航运资料为中心进行论述。

二、清代帆船的史料

近年,在有关东亚历史的研究中,海洋史研究逐渐受到注目。研究者开始将视野转向被中国大陆、朝鲜半岛、日本列岛、西南诸岛、台湾岛所环绕的渤海、黄海、东海等海域。但以汉字史料为主要记录的中国正史中,与海洋史相关的记录并不是很多。这些沿海的人们,在这个"海上舞台"上创造着久远的人类活动历史,但有关他们的记载却非常稀少。因此,在这个意义上说,关注这些人的活动,关注与海域交流的历史,搜集整理这方面的史料是非常必要且重要的。以资料浩繁的清代为中心,搜集其中有关帆船航运的史料将是这一工作的重要一环。[①]

目前已经整理了清代帆船漂流到朝鲜半岛时,朝鲜官吏与中国帆船上的乘员间的问答录——《海难史料:清代帆船漂到朝鲜国史料——〈备边司誊录〉抄录》该记录中与帆船航运相关的具体记载可以当作清代帆船航运史料的一部分。[②]

此外,还有以《清代帆船的航海日志——咸丰元、二年(1851—1852)〈丰利船日记备查〉》为题,搜集了清代末期中国到长崎进行贸易的商船丰利号船员的日记。[③] 在欧美,保存了同时期 Log book(航海日志)的丰富记录,中国像这样的航海日志不多,作为航运史料来看,前面提到的日记也是迄今为

---

① 松浦章编著,卞凤奎编译:《清代帆船东亚航运史料汇编》,乐学书局,2007年2月。
② 松浦章编著,卞凤奎编译:《清代帆船东亚航运史料汇编》,乐学书局,2007年,第1~188页。
③ 松浦章编著,卞凤奎编译:《清代帆船东亚航运史料汇编》,乐学书局,2007年,第189~216页。

止没有的,已经将其进行了全文复制。

《台湾福州间帆船航运史料:1906—1913年在福州日本领事馆报告〈戎克贸易〉》①,整理了台湾与清末中国福建省福州间的戎克贸易记录。甲午战争日本占领台湾,正值清朝末期,当时台湾和福州的帆船贸易情况,被福州的日本领事馆领事记录了下来,并以《通商汇纂》为题在日本出版。这些利用日语记载的记录,是有关台湾海峡间戎克贸易的极其珍贵的史料,已由台湾海洋大学的卞凤奎博士翻译整理。

为了使更多研究者能利用以上有关清代帆船航运的三种重要史料,已经将其编辑整理成《清代帆船东亚航运史料汇编》并公开出版。

此外,朝鲜王朝时代,有许多原本预计赴日贸易的中国帆船漂流到朝鲜半岛,这些中国船员遭到朝鲜官员的讯问。这些保留下来的问答记录也可以当作清代帆船的重要航运资料。

如《同文汇考原编》卷七十三《漂民》二十七丁,记录了原来打算赴长崎贸易的中国商船漂流到朝鲜半岛,被朝鲜当地官员调查的详细情况:

> 朝鲜国王为咨报漂海人口去向事。乾隆四十四年六月二十五日,据全罗道观察使郑一祥、右水使柳□节次驰启……据县令金使等官审问,得漂人王世吉等七十四人说称,我们以大清国山西省汾州府汾阳县人,奉宪给牌,载纱缎药材白糖等货,为因采办鼓铸官铜,向往日本国长崎岛。本年五月二十八日,由浙江嘉兴府平湖县乍浦海关开船,六月十四、五、六等日,遇飓风;本月二十一日,漂到于此。仍出示其所持公文,即浙海关商照一度、浙江布政司宪照一度、日本长崎岛信牌一度。故宪照中官商范清济、商照中船户金源宝、信牌中票给郑朗伯等人,来此与否及本信牌之预先受来缘由。多般诘问,则漂人等回称范清济居官爵不来、金源宝在家不来、郑朗伯昨年领回此牌而身死。今来王世吉替来者也。信牌则前船领回,后船带去,要为通货时凭据之例云云。观其言语服色,考其票文物件,所供是实。②

---

① 松浦章编著,卞凤奎编译:《清代帆船东亚航运史料汇编》,乐学书局,2007年,第217~320页。

② 大韩民国文教部国史编纂委员会编:《同文汇考》二,大韩民国文教部国史编纂委员会,1978年,第1404页。

如上，这是一艘原本打算去长崎进行贸易活动的中国商船。船主是王世吉[①]、官商范清济[②]、船舶所有者即船户金源宝二人并未乘船。该帆船在船主王世吉的指挥下航行，持有进行长崎贸易必需的清代海关商照、浙江布政司宪照、日本方面发行的长崎贸易"信牌"。

《同文汇考原续·漂民》五《上国人·四十八丁》，有道光年间本要赴长崎贸易却漂流到朝鲜的中国商人的记录：

> 问情详诘来由，则漂人汪织云回称：俺们八十四人，俱系江南省苏州府人。官铜办贸次，装载绫罗、纱缎、药材、糖货。本年五月二十八日，自浙江省乍浦开船，向往日本国长崎岛。本月二十三日，为风所驱，漂到于此，待顺风，愿从水路还归云云。察其言语服着，参以票文物件，的是上国人漂到无疑等，因具启：据此窃照漂人等不幸遭风，漂到敝境，而人命全活，船只完固，诚为多幸，着令该道观察使等官，厚致馆廪，优给粮馔，从其愿木道还送，允为便当，使之候风出海外，各人姓名年纪，居住船中杂物，一一开录于后云云。道光十四年九月十一日。[③]

根据汪织云对朝鲜官员的回答可以看出，他们一共48人乘船，其中至少汪织云是苏州人。他们从浙江的乍浦出发，预定前往长崎，但是途中遭遇海难，漂流到朝鲜半岛。他们持有必需的各种中国出国证照，可以肯定是中国商船。赴日的目的是购入日本产的铜材，为此，作为贸易品，搭载了绫罗、纱缎、药材、砂糖等货物。

如上，这些清代帆船的漂流史料，仍有很多可以继续探索的空间。

三、从清代福建沿海看文化交流

华南沿海的福建省是清代帆船活动的中心之一。有关福建省帆船活动资料有些存在于中国第一历史档案馆及台北故宫博物院的闽海关的记录中。接下来，将以这些资料为中心，以文化交流的视点探讨清代东海、南海的帆船航运活动。

---

① 松浦章：《江户时代唐船による日中文化交流》，思文阁出版，2007年，第155页。
② 松浦章：《清代海外贸易史の研究》，朋友书店，2002年，第175~177页。
③ 大韩民国文教部国史编纂委员会编：《同文汇考》四，大韩民国文教部国史编纂委员会，1978年，第3656页。

乾隆八年(1743年)九月十一日的内务府总管三和的奏折中这样写道：

> ……策楞兼管关税，乾隆六年分征收税银……乾隆六年，分进口洋船四十三只，共收税银二万九千三百七十余两。内有往贩葛剌巴进口洋船七只，收税银七千八百七十余两。嗣因署闽浙督臣策楞等，于乾隆六年，内请禁商船贩葛剌巴一案，至乾隆七年十二月内，闽省抚臣始准部文，南洋一带诸番，仍准照旧通商。是以七年内，各商船并无往葛剌巴贸易。该年进口洋船，虽有四十五只，皆往贩柔佛、暹罗等处小番地方之船，仅收进口洋船税银二万一百九十余两，较之六年分，少收葛剌巴进口洋船税银七千八百七十余两以上，计免过豆麦税银，并少收葛剌巴进口洋船，税银共一万七千余两，查乾隆七年分，盈余银两，较之六年分，仅少银一万二千三百余两，若以前项免征豆麦税银，并少收葛剌巴进口洋船税银一万七千余两较算，实属有多无少，臣经细加查核，理合据实恭折，代为奏明等因。①

乾隆六年(1741年)进口洋船的税收达29000余两，其中仅7只去葛剌巴的税收占到7800余两，占到全部税收的25%左右，平均1艘帆船的税收达1000余两。乾隆七年(1742年)的进口海外贸易船有45只，其中多数前往东南亚小国。由此不仅可以看出税收之高低，还能推断出当时贸易规模的大小。

以下是福州左翼副都统邓廷相在乾隆十四年(1749年)二月二十四日的奏折：

> 据各委员等禀称，本年闽省上游春间缺雨，笋干、纸张不甚出产，溪河水浅，木植瓷器运载维艰，下游夏秋天旱，糖蔗、青靛、火油及青果等物，均属歉收，沿海所产海蜇、鲑酱、鱼鲞等项，缘七月间台风屡发，采捕无几，兼北来棉花、紬布等物，亦进口稀少，是以盈余不足，较上届缺少等情。②

同年十一月福州将军马尔拜的奏折如下：

> ……伏查闽海关额设征税大口六处，上游则有福宁府属之宁德、福

---

① 台湾"中央研究院"历史语言研究所所藏档案《明清史料》，登录号054045。
② 中国第一历史档案馆《朱批奏折》财政类MF19－172。

州府属之南台,下游则有兴化府属之涵江,泉州府属之泉州、厦门二口,并漳州府属之铜山。凡此六口,每处向委笔帖式防御等一员,综理事务,其进口之税,外省如广东、江浙绸缎纱罗布匹棉花等货,并夷船番锡、胡椒、苏木、黑铅等货。本省如台湾之乌糖、火油、菜子,及沿海所产之鱼虾、鲑酱等货。其出口之税,上游则木植、纸张、茶叶、笋干,下游则青靛、瓷器、明矾、荔枝、福橘等货。①

以上两道乾隆十四年(1749年)的奏折,报告了福建省农业歉收影响到沿海贸易船舶的减少。特别是后一个奏折,论述中将福建沿海海域分为南北二区,北部相当于福建省北部的福宁府、福州府,南部相当于兴化府、泉州府。其中,广东、江苏、浙江而来的纤维制品,外国商船运来的南洋诸国的香木,台湾运来的砂糖,以及沿海海域所出产的海产品等由此进口。主要来自福建北部沿海而来的木材、纸张、笋干,以及南部沿海而来的青靛、瓷器等货品则由此出口。这一奏折,具体记载了由帆船航运而产生的物流状况,并列举了各地的商品名称。即便是在同一个省,其生产和生活状况也是各不相同的,必须通过沿海航运实现流通。

福州将军新柱在乾隆十七年(1752年)七月十七日的奏折中这样写道:

> 今自五月下旬起至七月初旬止,据厦门税口委员彭誉禀报,台湾进口商船共三百一十只,运厦米二万五千四百石零。又进口杉板船六十九只,运厦米二万七千六百石零。又进口洋船内,各带回米共二万六千石零。又龙溪县商民徐芳升,前请给照,赴暹造船,买米运回接济。今于六月二十九日,运回米五千石以上,共米八万四千石零。现在漳泉市价渐平,民食充裕,所有陆续运到各船米数,理合汇折奏报,再查,又龙溪县商民徐芳升,系自备资本领照赴暹买回例。②

根据新柱的奏折,厦门的税官报告了乾隆十七年(1752年)五月下旬到七月上旬,由台湾而来,在厦门入港的海船有310只,进口米25400石。此外,由于从泰国进口大米84000石,平抑了漳州和泉州地区的米价。此外,该奏折还出现龙溪县商人徐芳升的名字,他自筹资本,赴泰国购买货物回到福建。新柱在同年九月初五的奏折中还报告了以下事例:

---

① 中国第一历史档案馆《朱批奏折》财政类 MF19-317。
② 《宫中档乾隆朝奏折》第 3 辑,第 399 页。

> 查核向年进口洋船,多则五十余只,洋货旺盛之年,税银不过三万一千余两。本年七月初七八等日,据船户禀称,外洋并无飓风,回棹洋船,既上年压冬之船。先后到厦门者,共计六十五只。内六十二只,业经查验上税,共收税银三万七千八百六十九两零,尚有三船,未经验竣上税。①

往年进入厦门港的海外贸易船多的时候有50余只,总税收大约31000两。但乾隆十七年(1752年)七月的报告称,加上去年冬天的船再到七月初,就已有65只海外贸易船入港,仅其中62只船的税收就达到37869两,平均1艘船约有610两之多。由此可知,福建海关税收收入极高,对海关来说,海外贸易船的数量是很关键的要素。

闽浙总督喀尔吉善在乾隆十七年(1752年)十一月二十七日的奏折里写道:

> 四月初间,台邑船户洪协华即在鹿仔港外被劫。五月望后,又有台邑船户徐得利在大甲溪口外被劫。其凤邑船户许得万、李长茂,台邑船户陈郑全三船,均于夏末秋初,在北路洋面被劫……七月二十五日,在蓬山港口拿获广东潮阳县王万利红头船一只。又在武乐洋面拿获台湾县船户鲁源茂彭仔船一只,俱经解往彰化县究讯。又于七月三十日在后龙洋面,见有无字号泉州船一只,正在尾追蔡长吉商船。②

该奏折报告了乾隆十七年(1752年)四月到七月间,船舶遭遇海盗并遭受劫掠的情况。其中,有台湾府治下台湾县和凤山县的帆船,有广东省潮州府治下的帆船,还有泉州府所属的船舶。由此可知,在台湾海峡海域附近航行的船舶曾部分来自以上几个地区。

闽浙总督喀尔吉善还在乾隆十八年(1753年)七月二十日的奏折里还报告了以下事件:

> 本年五月内,据福州府海防同知郝洼禀报,有龙溪县商人吴秀若等,自备资本,雇江苏长洲县林华盛洋船,装载货物,于乾隆十七年十月内,由乍浦出口,往贩南洋,遭风失舵,飘至日本,将货兑换红铜铜器等

---

① 《宫中档乾隆朝奏折》第3辑,第777页。
② 《宫中档乾隆朝奏折》第4辑,第442页。

货,开行回棹,洋中又遭飓风,损坏蓬项,飘至闽省亭头地方收泊,人船幸获保全。①

福建漳州府治下龙溪县的海商吴秀若等人自筹资本,雇用了江苏省苏州治下长洲县林华盛的海外贸易船,原打算赴南洋进行贸易,但是途中遭遇海难,漂流到日本。于是购买日本铜等货回国,归国途中再次遭遇海难,漂流到福建省。当时的日本为了限制中国贸易船入港,对外贸船颁发通商许可证,即"信牌"②。由于中日间贸易并非简单方便,所以说成是遭难漂流。可以推测,这艘船很可能最初就是以日本贸易为航行目的的,大概是用高价从持有信牌的苏州商人那里获得信牌,意图进行日本贸易。

乾隆十九年(1754年)四月二十八日,福建巡抚陈弘谋的奏折如下:

> 查闽省地处海滨,南洋诸番,在在可通。福兴漳泉等府,地狭民稠,田土所产,不敷食用,半藉海船贸易为资生之计。康熙五十六年,禁止南洋之后,闽省在外贸易人民,不得复归故土……乾隆十四年有龙溪县民陈怡老私往葛剌巴潜住二十余年,充当甲必丹,携带番妇子女,私自回籍……③

该奏折认为福建省的地理状况决定了其海外贸易较多。康熙五十六年(1717年)发布了禁止南洋航行的禁令,很多民众因此不能回到福建省。其中之一就是漳州府龙溪县的陈怡老,在葛剌巴(印度)待了二十余年后,带着外国妻子和孩子偷偷回到故乡。

乾隆十九年(1754年)七月十七日,福州将军新柱再次上奏:

> 今岁出洋商船共计七十只,现在回厦者五十余只。由番带米来闽颇多,民食充裕,价值平减,各处地方,咸臻宁帖。④

乾隆十九年(1754年),外出进行海外贸易的船舶有70艘,其中回国入厦门港的有50余艘。大多数船只都运输稻米回到福建。

乾隆十九年(1754年)九月二十四日,福州将军新柱的奏折如下:

---

① 《宫中档乾隆朝奏折》第5辑,第861页。
② 松浦章:《清代海外贸易史的研究》,朋友书店,2002年。
③ 《宫中档乾隆朝奏折》第8辑,第138页。
④ 《宫中档乾隆朝奏折》第9辑,第192页。

> 闽海关于乾隆十九年闰四月末旬起,至八月中旬止,一切往洋贸易船只,陆续回棹,共计六十八只,收入厦门关口,征收洋货税银三万一千九百二十五两零,较诸上届乾隆十八年征银二万七千二百五十四两零,今年计多征银四千六百七十两零。①

乾隆十九年(1754年)闰四月下旬到八月中旬间,归航后由厦门通关的海外贸易船有68艘,征收的税银有3.2万两,平均每艘船约470两。

《皇朝文献通考》卷二百九十八《四裔考·英吉利》一节写道:

> (乾隆)二十二年,部议:英吉利不准赴浙贸易。于是收泊广东,每夏秋交由虎门入口。

浙江省禁止英国船只贸易,只有广东省广州开放贸易。此后,直到道光二十二年(1842年)《南京条约》缔结,八十五年间,英国的东印度公司都只在广州和中国进行贸易。

乾隆二十四年(1759年)闰六月二十三日暂署福州将军明福报告:

> 查闽海关一关,设立南台涵江、泉州、厦门、铜山、宁德六口税馆,所辖小口岸共三十处,惟厦门一馆事务最繁,辖十六口岸,其馆五馆所辖多寡不一,界连福、兴、泉、漳、福宁五府沿海各口,征收货税,巡查偷漏,盘诘奸匪紧要……②

福建沿海设置的闽海关的口岸达30余个,其中事务最为繁忙的是厦门,其他的口岸也产生各种各样的征税问题。

乾隆二十五年(1760年)三月初七日,福州将军杜图肯汇报了如下的情况:

> 奴才访得沿海各外澳居民以身为业,或一人名下置造商渔船数只,或一澳之中几十只至百余只不等。向例新造双桅大船归关、量络征课给牌,近闻有等船户置造大商渔船,并不赴关输税领牌,恃居海滨外澳,巡哨难周,私借别船牌照……③

由此可见,福建沿海有的港口有数十艘,甚至上百艘以上的商船和渔船

---

① 《宫中档乾隆朝奏折》第9辑,第626页。
② 中国第一历史档案馆《朱批奏折》财政类 MF19-1257。
③ 中国第一历史档案馆《朱批奏折》财政类 MF19-1346。

等。在这些海港,很多新造的商船和渔船逐渐大型化,且没有向海关报告领取牌照。

乾隆二十九年(1764年)正月二十四日福建水师提督黄仕简做了如下汇报:

> 窃照厦门地方为闽省海口之门户,商船云集之奥区,四通八达,周流中外,无论内地之商贾到处往来贸易,即外国之夷民亦复出入经营,所有进出口岸在在,均关紧要。①

如上,黄仕简的报告提出,厦门港作为福建最重要的海港,有各类人员出入,其中也有外国商人。因此,有必要加强对出入的船舶进行监督。

乾隆三十八年(1773年)七月初七日萨哈岱的奏折中这样写道:

> 奴才细加确只因本年回棹洋船止有一十四只,连收广东省遭风船一只,实共一十五只,计征洋税银一万八千三百四十四两一钱七分六厘。其余洋船,均未回闽,且经六月二十八九两日连作台风之后,不知飘收何处。较之上年二十六只之数,计少洋船一十一只。以致六七月间,绌收洋税银一万六千八十七两二钱八分。②

乾隆三十八年(1773年)回港至福建省的海外贸易船有14只,加上由于遭遇海上风暴而停留福建的广东海外贸易船,总计15只。税收额总共18000余两。

乾隆四十一年(1776年)九月十一日觉罗永德的奏折中汇报了这样的情况:

> 本年夏间北风时作,贸易洋船有飘往别省或遭风失水者,半年期内进口洋船一十八只,比上年进口二十四只之数,少进洋船六只,计少征洋税银七千百三十六两七钱一分二厘。又第二个期内,有出口洋船一只,征税银七十七两五钱四分七厘实少,征洋税银七千五十九两一钱六分五厘。③

乾隆四十年(1775年)的海外贸易船有24只,乾隆四十一年(1776年)

---

① 《宫中档乾隆朝奏折》第20辑,第411页。
② 中国第一历史档案馆《朱批奏折》财政类 MF20-133。
③ 中国第一历史档案馆《朱批奏折》财政类 MF20-497。

则减少到 18 只。

乾隆四十八年(1783年)正月十五日觉罗永德的奏折中这样写道：

> 奴才节次严查，缘前岁江浙两省，秋遇风潮，棉花歉收，是以本年进口棉花、布匹无多。闽省出口木植等货，亦俱稀少。又台湾于四月内，猝被飓风，商船多有飘没，兼之台属漳、泉民人械斗，往来贩运船只，俱观望不前，以致税银亏短。①

乾隆四十八年(1783年)，由于江苏、浙江两省在秋季遭遇风潮侵害，运来福建的棉花和棉布等货物数量比往年减少了许多。因此，从福建运出的木材也相应减少。而且台湾也受到台风侵袭，很多商船因此漂流或者沉没，这样来自大陆的船舶大量减少。这些灾害因素，成为导致闽海关税收减少的原因。

乾隆五十七年(1792年)九月十二日福州将军魁伦在奏折中报告了如下事例：

> 奴才伏查致短之由，缘自上年报满以后，冬令进口之棉花、布匹等货无多。截至本年三月，半年期内已短征银三万三千八百有奇，原拟夏秋两季，征收溢额可补前缺，不期自入夏以来，洋面飓风时发，进口船只稀少，兼以本年遇闰，满关较早，一月，其奉天、天津、山东等处，北来货物，尚未进口，以致税课补苴无多，仍有短绌……②

乾隆五十六年(1791年)冬季以后，运棉花和棉布到福建的船舶不多，再加上有台风，出港船舶数也相应减少。此外，由于闰月的原因，北方东北沿海、天津、山东产的货品尚未进口，导致闽海关税收受到影响。

乾隆六十年(1795年)三月初七福州将军魁伦针对帆船活动做了如下汇报：

> 查实缘去秋漳州泉州一带被水之后，本省商贩船只，比前减少，且山东等处，亦因上年雨水过多，所有棉花、布匹等项，商船来闽较少，是以所收税银比较短绌……③

---

① 中国第一历史档案馆《朱批奏折》财政类 MF20－910。
② 中国第一历史档案馆《朱批奏折》财政类 MF20－1562。
③ 台湾"中央研究院"历史语言研究所所藏档案《明清史料》登录号 103796。

乾隆六十年(1795年),福建南部的漳州府、泉州府遭遇水害,福建商船比往年少,而且由于山东也遭遇水灾,因此运到福建的棉花和棉布减少,闽海关的税收因此减少。

嘉庆六年(1801年)十一月十八日福建巡抚汪志伊在奏折中写道:

> 为吕宋夷船至闽贸易,循例办理,恭折奏闻,仰祈圣鉴事……嘉庆六年八月十八日,有甲板夷船一只,收泊厦港,查系吕宋夷船只等情……译讯得吕宋夷船一只船户即凡怜兰氏,带舵水八十五人,配带防船炮位六门,装苏木、乌木、牙兰、米、海龙皮等货,于本年七月二十四日,在本国开驾出口,欲往广东贸易,并搭载琉球国遭风漂到难夷云正等七人,嗣因海洋风讯不顺,收泊厦口,现在船身须加修葺,情愿将所载货物,就厦输税发卖,修葺船只,竣日回国,详请具奏等情……①

嘉庆六年(1801年)八月十八日,吕宋船由厦门入港。该船本来打算去广州进行贸易,但是由于海上情况不良,改由厦门入港。该船还搭载了遭遇海难的七名琉球国人,在厦门请求修复船体和进行货物交易。可见,当时的厦门,与来自吕宋的船舶有交通往来和贸易。

嘉庆七年(1802年)六月初八日福州将军兼管闽海关务庆霖报告了来到福州的琉球朝贡船归国时搭载货物的情况:

> 为琉球船只回国随带货物,照例免税,恭折奏闻事。窃照琉球国接贡,并谢恩来使二船,于嘉庆六年十月内,到闽所有进口免税银。经奴才专折,奏蒙圣鉴在案。今该船事竣回国,随带货物,据委管南台口税务,骁骑校阿洪阿报,共计共应征税银七百四十六两九钱九厘……

清 单

谨将琉球国接贡并接谢恩来使船二只回国,随带货物,按则科算,免过税银数目,敬缮清单恭呈御览

计开

中花绸	一千匹	税银	二十两
绉 沙	三百九十匹	税银	十一两七钱
中 缎	四十匹	税银	一两

---

① 《宫中档嘉庆朝奏折》第11辑,第285页。

中片锦	十五匹	税银	四钱二分
丝绵	七十二斤	税银	八钱六厘
湖丝	六十斤	税银	七钱八分
土丝	二百斤	税银	一两六钱
白布	一千八十匹	税银	三两二钱四分
色布	三百匹	税银	一两八钱
毡条	二千四百斤	税银	四两八钱

……

以上共免过税银七百四十六两九钱九厘 ①

琉球朝贡船停靠福建福州南台。福州是琉球朝贡船进入中国的最初的关口，是朝贡船的航行地。这艘船搭载的货物由于是朝贡而来，因此被免去税款。嘉庆六年（1801年）十一月，免除琉球朝贡船的税额为228两。朝贡船回国时，还搭载了以上"清单"所列的货品，也实行了免税，达746两。当时，运到琉球的回程货物，数量较多的为胭脂、毛边纸、甲纸、砂糖、苏木、粗药材等。② 其中，胭脂多为福建产，毛边纸多由福建北部地区制造，苏木很可能并非为中国产，而是由中国贸易船从东南亚运来。砂糖多为广东西北部的潮州和厦门及台湾产，通过沿海贸易船运送到福州。可见，琉球朝贡船所运输的产品，既有中国产品也有海外输入品。由此也能看出，福建从其地理优势而言，与中国海外贸易和沿海贸易有着非常密切的联系。

道光二十三年（1843年）四月初四署理闽浙总督刘鸿翱这样报告：

> 厦门鼓浪屿寄泊夷船，干预民事。上年龙溪地方黄、吴村庄拾获漂流木筏，事主赴夷告诉，吴姓被焚房屋十三所，黄姓出银六百圆获免。又同安附近械斗，夷匪得银助斗，其赴台载米商人，在洋被抢，亦诉夷目代为缉获财米均分。其闽越交界之南澳地方，该夷盖馆筑楼，并教场操演，随处肆掠妇女，擅办民事等语……③

厦门鼓浪屿停泊了很多外国船，由此引发了各种问题。漳州府龙溪县

---

① 《宫中档嘉庆朝奏折》第14辑，第327~330页。
② 《宫中档嘉庆朝奏折》第14辑，第327~330页。
③ 《宫中档道光朝奏折》第13辑，第798页。

黄村和吴村收集了海上漂流的木材,而引发纠纷,导致吴姓房屋被焚,黄姓出钱免罪。此外,同安县也有外国人代为办案的情况。外国人还在福建与广东交界的南澳地区修建房屋等。

道光二十五年(1845)二月十六日福建将军敬穆报告:

> 奴才细查短绌根由:一因厦门地方,自被兵以后,人多破产,旧有之行栈、海船仅存什一,商贾稀少所致;一因厦门从前征收税课,以棉花、布匹、洋货等税为大宗,向来在厦商人,将本省漳州府属,及同安县土产之棉布等物,由海道运至宁波、乍浦、上海、天津、锦州、盖平,及台湾鹿港一带销售,复在宁波等处,贩买江浙之棉布,以及各种货物,至厦门售卖。其各省商船之来厦者,亦如此转辗行运,至外洋所产之大呢、羽毛、哔叽等类,并一切贵重之器物,则专有闽广商舶,赴粤运销,一出一入,均须征税……①

由于厦门港受鸦片战争影响较大,闽海关的税收大量减少,而且很多商户破产。很多旧行栈和海运商船只剩下之前的一成。厦门的税收历来以棉花、布匹和外国商品为主,厦门的商人大多经营漳州府和同安县产的棉布等的销售。这些产品被贩运到宁波、乍浦、上海、天津、锦州、盖平,还有台湾中西部沿海的鹿港等地。船只归航时,再购买宁波等江浙地区的各种产品,运回厦门贩卖。由其他地区来到厦门的商船也基本遵循类似的规律。由于外国所产的纺织品及珍贵的器物等都由福建和广东的商船运到广东本地,因此这也是海关的重要收入。

光绪二十五年(1899年)八月初二闽浙总督许应骙的奏折这样写道:

> 闽省僻处海隅,从前百货来源,近在台湾,远在牛庄、营口。自法、日两役,进口之货逐年少一。年今则台湾商船并入洋税完课,常税更形减色,加以风灾,屡告各口大小船只,漂没甚多,商务愈疲,则关征愈绌,非人力所能补救……②

位于沿海地区的福建,与台湾,甚至远在东北沿海的牛庄、营口都有贸易往来。台湾被日本占领后,与台湾间的商船航运收入便并入洋税收入中。

---

① 中国第一历史档案馆《朱批奏折》财政类 MF21-2229。
② 中国第一历史档案馆《朱批奏折》财政类 MF24-115。

再加上海上风暴的影响,商船的活动也受到极大打击,闽海关常税收入的日渐减少便成为不可挽回的局面。

如上所述,我们可以依据残存至今的清代乾隆年间到光绪年间福建海关的档案史料,来考察清代帆船的航运情况,展现当时区域交流和文化交流的图景。

四、小　结

清代康熙年间废除"迁海令"后,中国商船开始在沿海及海外积极开展航运和贸易活动。但这些清代帆船的足迹却长时间没有引起研究者的关注。可以说,前近代时期,对中国沿海地域经济发展做出巨大贡献的清代帆船,其在研究领域的受重视程度还不够。其中非常重要的原因就是留存下来的史料较少。

因此,如本章前文所述,利用清代帆船的漂流史料、清朝官吏的奏折等,可以考察之前一直被忽略的清代帆船具体的航行记录、帆船的乘员构成等,以便研究帆船的航运情况,从而可以明确中国大陆沿海贸易圈的交流状况,甚至了解"锁国"体制下的日本如何靠中国帆船吸收大陆文化。以此引起学界对 17 世纪开始到 20 世纪初,一直活跃于中国沿海并承担过重要物流任务的清代帆船的重视。

(本文的初稿曾作为会议论文参加 2007 年 10 月 31 日在台湾师范大学地理系举办的"西太平洋区域与海洋文化"国际学术研讨会,此为修改后的最终稿。)

(翻译、校对:杨蕾)

第三章

近世东亚海域中国帆船的漂流笔谈记录

一、前 言

自古以来,东亚海域内的人们,利用船舶积极展开了相互之间的交流。

这种文化交流的核心便是人与船。人,从政府的方面说,有各国派出的使节和随行人员,①也有留学的僧侣等。从民间的角度看,则有往来频繁的商人。②

至于船舶,中国大陆沿海被称作戎克"Junk"的中国帆船,曾被沿海地区广泛利用,承担着人员往来和物质交流的重要任务。

船舶航行于海上,很难避免遭遇海难。中国方面的历史资料中关于遭难漂流的记录却很少。③ 与此相对,如果我们把目光转到朝鲜半岛和日本列岛、西南诸岛时,就发现这样的事例绝不在少数。在这些地区,有外国船漂流而来,与常见的当地船只相比,这些外国船的情况大都被当做珍奇的事件记载下来,留下了非常详细且珍贵的记录。④

---

① 松浦章:《清代中国琉球贸易史の研究》,榕树书林,2003年10月。
② 松浦章:《中国の海商と海贼》,山川书店,2003年12月。
③ 在正史中能看到若干漂流船资料,清王士祯《香祖笔记》卷十一"元裕间,明州士人陈生附买船,泛海遇风,引至一岛"(《笔记小说大观》第16册,江苏广陵古籍出版社,第57页),记载了宋人的海上漂流事件。《一班录杂述》卷一《漂泊异域》(《一班录》,海王邨古籍丛刊,中国书店)中记载了清代的漂流事件。
④ 松浦章《18—19世纪における南西诸岛漂着中国帆船より见た清代航运业の一侧面》,《关西大学东西学术研究所纪要》16辑,1983年1月。介绍了到琉球的中国帆船漂流记录。与此相对,有关漂流到日本的中国帆船,其记录被整理成资料集,由关西大学东西学术研究所陆续出版。

本章以清代中国帆船的漂流笔谈记录为中心进行论述。

二、清代中国帆船的漂流笔谈记录

沿海地区的人们,以东亚海域为舞台,构建了非常丰富的历史。因此,关注这些活跃于海洋舞台上的人,搜集和整理与海域交流有关的史料,是极其重要和必要的工作。如前章所述,已经发表《海难史料:清代帆船漂到朝鲜国史料——〈备边司誊录〉抄录》[①],介绍了清代帆船漂流到朝鲜半岛,朝鲜国官员和中国帆船乘员间的问答记录。这些漂着笔谈记录作为具体记载帆船的航运活动的资料,是非常珍贵的。[②]

(一)漂流到日本的中国帆船

漂流到日本的中国帆船记录已经以《江户时代唐船漂着资料集》为题,作为史料集,在关西大学东西学术研究所出版。这部资料集搜集了漂流到日本的中国船的有关记录。按照大庭修先生的既定方针,每一艘漂流船的资料作为一册出版,到现在已经出版了八册。但其中的第八册是同时期漂流到日本的五艘中国船在长崎奉行所的记录合集。

以下简单介绍各册的情况:

(1)大庭修编著:《宝历三年八丈岛漂着南京船资料》(《宝曆三年八丈島漂着南京船資料》),关西大学东西学术研究所资料集刊13-1,关西大学出版部,1985年。

第1册主要记载了这样的事例:宝历三年(1753年)往长崎莫伊的中国贸易船在途中遭遇海难,漂流到属于现在东京都管辖的八丈岛。这艘船的船员与日本方面的关修龄进行了笔谈,笔谈内容记载于《巡海录》中。另外,该船往长崎所携带的大量汉籍的解题书《戌番外船持渡书大意书》(《戌番外船持渡書大意書》)也被此书收录。这艘船所搭载的书籍共441种,12082本。[③]还有狩野春潮所描绘的中国乘客的图画(如图3-1)。

---

① 松浦章编著,卞凤奎编译:《清代帆船东亚航运史料汇编》,乐学书局,2007年。
② 松浦章编著,卞凤奎编译:《清代帆船东亚航运史料汇编》,乐学书局,2007年,第1~188页。
③ 大庭修《解题》,《宝曆三年八丈島漂着南京船資料》,第469页。

图 3-1　狩野春潮画　清人图

(2) 田中谦二、松浦章编著:《文政九年远州漂着得泰船资料》(《文政九年遠州漂着得泰船資料》),关西大学东西学术研究所集刊 13－2,关西大学出版部,1986 年。

第 2 册记载了文政九年(1826 年)赴长崎的中国贸易船得泰船漂流到现在的静冈县的事例。收录了日方笔谈者野田笛浦与中国船乘员间的笔谈记录《得泰船笔语》(《得泰船筆語》)等相关资料。

(3) 松浦章编著:《宽政元年土佐漂着安利船资料》(《寛政元年土佐漂着安利船資料》),关西大学东西学术研究所资料集刊 13－3,关西大学出版部,1989 年。

第 3 册记载了宽政元年(1789 年)赴长崎的中国贸易船安利船漂流到相当于现在四国地区高知县的事例。第 3 册同时也收录了安利船乘员与将其护送到土佐藩长崎的官员间的笔谈记录《护送录》(《護送録》)。

(4) 松浦章编著:《文化五年土佐漂着江南商船郁长发资料》(《文化五年土佐漂着江南商船郁長發資料》),关西大学东西学术研究所资料集刊 13－4,关西大学出版部,1989 年。

第 4 册记载了文化五年(1808 年)崇明沙船郁长发船漂流到相当于现在的高知县的事例。同时也收录了该船乘员和土佐藩官员之间的笔谈记录《江南商话》(《江南商話》)。

(5) 大庭修编著:《安永九年安房千仓漂着南京船元顺号资料》(《安永九年安房千倉漂着南京船元順号資料》),关西大学东西学术研究所资料集刊

13—5,关西大学出版部,1991年。

第5册记载了安永九年(1780年)往长崎的中国贸易船元顺号漂流到房总半岛东部的事例,相当于现在千叶县。同时也收录了元顺号乘员和日方官员间的笔谈记录《游房笔语》(《游房筆語》)。

(6)薮田贯编著:《宽政十二年远州漂着唐船万胜号资料》(《寬政十二年遠州漂着唐船萬勝號資料》),关西大学东西学术研究所资料集刊13—6,关西大学出版部,1997年。

第6册记载了宽政十二年(1800年)赴长崎的中国贸易船漂流到相当于现在静冈县西海岸地区。同时也收录了万胜号乘员与日方的笔谈记录《宁波船笔语》(《寧波船筆語》)。

(7)松浦章编著:《文政十年土佐漂着江南商船蒋元利资料》(《文政十年土佐漂着江南商船蔣元利資料》),关西大学东西学术研究所资料集刊13—7,关西大学出版部,2006年。

第7册记载了文政十年(1827年)长江口附近的沙船蒋元利船漂流到相当于现在高知县境内的事例。同时收录了该船乘员与土佐藩官员间的笔谈记录《送輖录》(《送輖錄》)。

(8)松浦章编著:《安政二、三年漂流小唐船资料》(《安政二・三年漂流小唐船資料》),关西大学东西学术研究所资料集刊13—8,关西大学出版部,2006年。

第8册是长崎奉行所宽政二年(1855年)、宽政三年(1856年)的记录及相关资料的汇总。记载了漂流到日本近海的四艘中国沿海商船及往长崎的中国贸易船的事例。其中,宋福盛商船乘员的绘图3-2。

像这样的笔谈记录为什么保存下来了呢?其主要原因就是在当时的日本,只有长崎的唐通事能熟练使用中国语,但理解汉字并可以用汉字做笔记的普通知识分子也很多。其结果就是,应对中国漂流船的是那些漂流地的官员和汉学家,以笔谈的形式把当时的情形

图3-2 安政二年(1855年)漂流到日向的江南商船

都记录并保存了下来。但很长时间,这些留在各地的资料都被忽视了。关注这些残存记录的大庭修及笔者本人,开始搜集和整理它们,其后还得到薮田贯①和山冈泰造②等的大力协助,才使得这套珍贵的鲜为人知的资料集陆续面世。

(二)漂流到琉球国的中国商船

考察17—19世纪航行于东亚海域的中国帆船的航海记录,会发现有很多清代帆船漂流到琉球国。下面简单介绍一下江南商船漂流到琉球中山国治下的奄美大岛的相关资料。自清康熙三十九年十二月二十日(1701年1月26日)开始到同治元年九月十九日(1862年11月10日)的160年间,中国帆船漂流到琉球中山国治下西南诸岛有60余次。但其中的21次,也就是相当于总数三分之一的次数,集中发生在乾隆十四年(1749年)末。其原因可以参见《历代宝案》的记载。乾隆十四年(1749年)的漂流船事件记载于《历代宝案》第二集第三十一卷里。当年的21例漂流事件中,明确船只遭难日期的有10例,全部集中于二月十五日到十九日,特别是十八日竟出现4例。此外,记载了船只遭难海域的有17例,都发生在山东半岛的近海海域。其中,记载了详细地名的有5例,都在胶州冲海域。但不知道同时期中国帆船漂流到朝鲜半岛的情况。

如上,乾隆十四年(1749年)十一月十五日到十九日期间,航行到山东半岛沿海的商船遭遇西北狂风,漂流到西南岛屿的事件共发生21次。以下对其中1次,有关中国商船于乾隆十四年十一月二十二日(1749年12月31日)漂流到麻姑山地方的事件进行考察。

> 据麻姑山地方官报称,旧年十一月二十二日,乌船一只,飘到本地,其船户蒋长兴等口称,长兴等二十七名,系福建福州府闽系商人。乾隆十四年四月二十二日,往厦门,装糖开船。五月初十日,到上海县发卖。七月初七日,在彼地,装茶叶开船。二十二日,到锦州发卖,彼地装瓜

---

① 薮田贯编著:《宽政十二年远州漂着唐船萬勝號資1749料》,关西大学东西学术研究所资料集刊13-6,关西大学出版部,1997年。
② 山冈泰造收集了被看作是元顺号乘员兼画师的方西园的69幅绘画。大庭修编著:《安永九年安房千仓漂着南京船元顺号资料》,关西大学东西学术研究所资料集刊13-5,关西大学出版部,1991年3月,第165~237页。

子、黄豆等项。十月十五日,出锦州港,驶到江南外洋,陡遭西北□□。二十二日,飘到麻姑山,冲礁打坏,货物沉空,只逃得再性命上岸等。

计开人数:

闽县船户:蒋长兴

舵工:蒋发　□□□

水手:□和　陈华　陈荣　郑成　蒋万　蒋福　蒋起　蒋茂　蒋咸　蒋旺　高财　谢顺　李情　杨据　洪益　邱庆　蒋宝　蒋全　杨奇　陈通　蒋金　林贵

客商:潘顺观　蒋天禄　蒋彦光

以上共计二十七名。

计开货数:

天后娘娘并军将三位、罗经二个、大甲万箱一个、小甲万箱一个、皮箱二个、扁竹箱八个、方竹箱一个、帽盒三个、小大柜一个、鹿角胶三包、数簿箱一个、银子一两、铜钱十千零、铜锣一面、杉板铁□□□、枕头五个、木面盒一个、铺盖三个、白毡条二领、藤席一领、茧绸十一匹、棉被十六领、棉褥一领、如面谈六本、白眉故事四本、鹿筋一把、鹡鸰裘故事集书二本、庵妳羹并一捧灵共二本、故事集书。①

根据中国方面的记载,《宫中档乾隆朝奏折》第 1 辑,乾隆十六年(1751 年)八月十八日福州将军兼闽海关事新柱的奏折称:

……查得蒋长兴等二十七名,系福建闽县船户,在洋遭风,于乾隆十四年十一月二十二日,飘至该国(琉球国)太平山船只冲矶击破……②

根据琉球方面和中国方面的记载,可以确认福建闽县船户蒋长兴的船遭遇海难漂流。蒋长兴船从福建运砂糖到上海,又在上海购买茶叶,远赴东北的锦州贩卖,再搭载大豆等返回福建,在返航途中遇海难漂流到琉球。

乾隆十四年(1749 年)漂流到琉球的中国商船中,还有江南常熟县籍的商船。

根据《历代宝案》的记载,该船于乾隆十四年(1749 年)十一月十八日在

---

① 《历代宝案》第二集三十一卷,台湾大学出版,第 2622～2624 页。
② 《宫中档乾隆朝奏折》第 1 辑,台北故宫博物院,1982 年,第 440、446 页。

胶州冲遭遇暴风,二十八日漂流到大岛。船上的乘员有常熟县船户瞿张顺等12人,以及船客白瑞临等4人。但《历代宝案》对该船的航行情况及乘客的搭乘情况没有提及。有关这些信息的资料可以通过别的途径获取,那就是琉球"官话"教本《白姓官话》。天理图书馆虽有藏本,但记载年代不详。但从《历代宝案》的记载内容看,可知其年代为乾隆十四年(1749年)漂流到琉球后次年的情况。《白姓官话》的内容,主要以问答的形式记录,卷末添附船户瞿张顺的申告。

问:老兄,贵处是哪里人?

答:弟是山东人。

问:山东哪一府哪一县?

答:是登州府莱阳县。

问:老兄尊姓。

答:弟贱姓白。

问:尊讳。

答:贱名世芸。

问:尊号。

答:贱字瑞临。

问:宝舟是何处的船。

答:是江南苏州府常熟县的。

问:兄是山东的人,怎么在他船上?

答:因他的船,在弟敝处做买卖,弟雇他的船,载几担豆子,要到江南去卖,故此在他船上。

问:兄们是几时在那里开船呢?

答:是旧年(乾隆十四年,1750年)十二月十八日,在本省胶州地方开洋的。

最初提问的是18岁的通事郑世道(字民仪),回答的人是同船的船客白瑞临。他是山东登州府莱阳县人,名世芸,字瑞临。根据他的回答,他所乘坐的船是江南苏州府常熟县的船。为什么山东人去搭乘江南船呢?他由于做生意,雇佣来山东的江南船,搭载豆子到江南贩卖。这次偶然搭乘了常熟县瞿张顺的船舶。

如上,有关清代帆船的漂流史料,还有很大的探索空间。

三、清代中国帆船漂流到朝鲜的笔谈记录

也有中国帆船漂流到朝鲜王朝时代的朝鲜半岛。该船本来打算赴日本进行贸易活动。朝鲜的官吏对漂流而来的中国帆船进行了调查,本节以朝鲜官员和中国帆船乘员的笔谈记录为中心举例考察。其中之一就是朝鲜王朝的资料《同文汇考 原编》,在该书卷七十三《漂民·二十七丁》中,原计划由中国远赴日本长崎进行贸易的中国商船漂流到朝鲜半岛。以下是朝鲜官员的调查记录:

> 朝鲜国王为咨报漂海人口去向事。乾隆四十四年六月二十五日,据全罗道观察使郑一祥右水使柳□节次驰启。……据县令签使等官,审问得漂人王世吉等七十四人说称,我们以大清国山西省汾州府汾阳县人,奉宪给牌,载纱缎、药材、白糖等货,为因采办鼓铸官铜,向往日本国长崎岛。本年五月二十八日,由浙江嘉兴府平湖县乍浦海关开船。六月十四五六等日,遇飓风。本月二十一日,漂到于此。仍出示其所持公文,即浙海关商照一度,浙江布政司宪照一度,日本长崎岛信牌一度。故宪照中官商范清济,商照中船户金源宝,信牌中票给郑朗伯等人,来此与否及本信牌之预先受来缘由。多般诘问,则漂人等回称,范清济居官爵不来,金源宝在家不来,郑朗伯昨年领回此牌而身死,今来王世吉替来者也。信牌则前船领回后,船带去要,为通货时,凭据之例云云。观其言语服色,考其票文物件,所供是实。①

乾隆四十四年(朝鲜正祖四年,1779年),这艘中国商船计划远赴长崎进行贸易。其财东是官商范清济,②船主是王世吉,船舶的所有者也就是船户金源宝没有一同前往,于是该船在王世吉③的指挥下航行。他们从清朝海关取得了可以在长崎进行贸易的宪照,也就是政府颁发给船舶的船照,还持有上次到长崎贸易后归国时日本方面颁发的"信牌"。

---

① 大韩民国文教部国史编纂委员会编:《同文汇考》二,大韩民国文教部国史编纂委员会,1978年,第1404页。
② 松浦章:《清代海外贸易史の研究》,朋友书店,2002年,第175~177页。
③ 松浦章:《江户时代唐船による日中文化交流》,思文阁出版,2007年,第155页。

据《同文汇考 原续》之《漂民》五《上国人·四十八丁》，可以看到道光年间计划赴长崎的中国商人漂流到朝鲜国的记载：

  问情详诘来由，则漂人汪织云回称，俺们八十四人，俱系江南省苏州府人，官铜办贸次，装载绫、罗、纱、缎、药材、糖货。本年五月二十八日，自浙江省乍浦开船，向往日本国长崎岛。本月二十三日，为风所驱，漂到于此，待顺风，愿从水路还归云云。察其言语服着，参以票文物件，的是上国人漂到无疑等因，具启据此窃照漂人等，不幸遭风，漂到敝境，而人命全活，船只完固，诚为多幸。着令该道观察使等官，厚致馆廪，优给粮馔，从其愿水道还送，允为便当，使之候风出海外，各人姓名、年纪、居住、船中杂物，一一开录于后云云。

  道光十四年九月十一日①

从道光十四年（朝鲜纯祖三十四年，1834年）漂流民汪织云对朝鲜官员的回答中，我们可以看到，他们共有84人乘船，至少汪织云本人是苏州人。他们从浙江乍浦出发，计划去长崎贸易，但是途中遭遇海难，漂流到朝鲜半岛。他们持有出国许可书，可以判定是中国商船无疑。去日本的目的是采买日本铜，随船搭载绫、罗、纱、缎、药材、砂糖等贸易品。

比《同文汇考》更为详细的记录是收录于《备边司誊录》中的《问情别单》。《备边司誊录》是朝鲜王朝备边司的记录。由于朝鲜王朝成宗十三年（明成化十八年，1482年）边境防备的危机，从堂上官中选拔精通边境事务的官员，合议边务。以此为发端，明宗十年（嘉靖三十四年，1555年）创建厅舍并逐步制度化，即备边司。《备边司誊录》就是备边司的每天的记录。之前这些记录被当作有关朝鲜王朝国家事务处理记录，作为唯一秘本被保存，1959年4月到1960年10月，由大韩民国国史编纂委员会以誊写原稿为基础，分28册影印出版。② 对于研究当时朝鲜、日本、中国对外关系史来说是必不可少的史料。

《备边司誊录》中所收录的朝鲜王朝时代漂流到朝鲜半岛的中国帆船事例，除一件是明朝时期的记录外，其余全部都是清朝帆船的记录。在此，考

---

① 大韩民国文教部国史编纂委员会编：《同文汇考》四，大韩民国文教部国史编纂委员会，1978年，第3656页。

② 田川孝三：《影印備邊司謄録》，《朝鲜学报》第25辑，1962年10月。

察一下《问情别单》,这些都以《漂人问情别单》和《漂汉问情别单》等为题,并附有中国帆船漂流所到地名和翻译人员的人名。对中国帆船的乘员构成、航海目的、搭载货品、船客的航行目的等,甚至还对当时中国的现状,都采取了问答的形式进行了详细记录。有很多同时代中国方面的史料中所看不到的珍贵记载。为了方便,本文将这些记录总称为"问情别单"。在此,以松浦章编著,卞凤奎编译的《清代帆船东亚航运史料汇编》(2007年)中《海难史料:清代帆船漂到朝鲜国史料——〈备边司誊录〉抄录》①为例进行介绍。这样的问答记录共有40件,本文整理后并做了统计。

根据《备边司誊录》中的《问情别单》,可以将清代漂流的帆船分为大型的沿海贸易船和海外贸易船。以下1～40的数字为《海难史料:清代帆船漂到朝鲜国史料——〈备边司誊录〉抄录》整理序号。

沿海贸易船按照其船籍的省份,共分为以下6种:①山东船,17例;②江苏船,10例;③福建船,明代1例,清代7例;④天津船,1例;⑤宁波船,2例;⑥盛京船,2例。

海外贸易船有苏州府船籍1例,福建船籍2例,总共3例。这些全部都是赴日本贸易的商船。下面介绍福建船籍船舶的情况。《备边司誊录》第55册"肃宗三十年(康熙四十三年,1704年)甲申十月十九日"《全罗道珍岛漂汉人问情别单》:

> 问:你等居在何地,而姓甚名谁耶?
> 答:俺等一百十三人。
> 船主王富,即使观年五十五,福建泉州府住。
> 船户王有利,即臣观年三十四,福建汀州府住。
> 财副李时芳,年五十八,浙江湖州府乌程县住。
> 财副蔡阵,年五十,福建漳州龙溪县住。
> 附客林森,年四十,福建泉州府同安县住。
> 陈鸾,年三十二,福建泉州府同安县住。
> 王攀,年三十二,福建泉州府同安县住。
> 施同,年二十九,福建泉州府晋江县住。

---

① 《海难史料:清代帆船漂到朝鲜国史料——〈备边司誊录〉抄录》,《清代帆船东亚航运史料汇编》,乐学书局,2007年2月,第1~187页。

李仕，年六十五，福建泉州府南安县住。
陈球，年五十六，福建泉州府同安县厦门所住。
黄旋，年三十六，福建泉州府南安县住。
李德闻，年二十三，浙江湖州府乌程县住。
黄双，年二十七，福建泉州府晋江县住。
蔡七，年三十八，广东潮州府海阳县住。
吴明，年二十七，福建泉州府同安县住。
陈明，年三十五，福建兴化县住。
熊二，年六十七，福建漳州府龙溪县住。
陈福，年三十五，福建泉州府同安县住。
黄却，年三十八，福建泉州府同安县住。
沈畅，年三十，福建漳州府漳浦县住。
曾添，年四十五，福建泉州府晋江县住。
李壮，年三十，福建泉州府同安县住。
潘荣，年二十六，浙江杭州府仁知县住。
徐子，法年二十，浙江宁波府勤县住。
林士，年五十七，浙江宁波府住。
吴成，年四十，福建泉州府同安县住。
林寿，年二十五，福建泉州府同安县住。
周天祚，年二十四，福建泉州府同安县住。
陈怨年，三十一，福建泉州府同安县住。
许夏年，四十九，福建泉州府同安县住。
叶公年，五十，福建泉州府晋江县住。
林禄年，四十九，福建泉州府同安县厦门所住。
杨苗年，二十八，福建漳州府龙溪县住。
林宣年，四十，福建漳州府龙溪县住。
林盛年，三十，福建漳州府龙溪县住。
蔡盘年，三十三，福建漳州府龙溪县住。
洪南年，二十三，福建泉州府南安县住。
李居年，二十四，福建泉州府南安县住。
洪双年，二十八，福建泉州府南安县住。
黄钦年，二十四，福建泉州府南安县住。

林吉年,四十四,福建泉州府同安县住。
孙助年,二十二,福建泉州府同安县厦门所住。
陈胜年,三十,福建泉州府南安县住。
黄灿年,三十五,福建泉州府晋江县住。
李君甫,年三十三,浙江宁波府鄞县住。
杨起龙,年三十九,浙江宁波府鄞县住。
郑德普,年二十五,浙江宁波府慈溪县住。
杨茂盛,年三十八,江南苏州府吴江县住。
杨五年,三十一,福建泉州府晋江县住。
陈鹏年,三十二,福建泉州府同安县厦门所住。
何宗年,十九,福建泉州府同安县厦门所住。
张苏年,二十四,广东广州府新会县住。
驾船伙长何己,年六十五,福建泉州府同安县住。
叫人总赶陈大,年五十四,广东潮州府澄海县住。
拿舵舵工林嫣,年三十五,广东漳州府海澄县住。
管帆亚班白笏,年四十六,福建泉州府安溪县住。
管杂用押工郑一,年五十,福建泉州府同安县住。
管货直库黄治,年五十,福建泉州府同安县住。
管碇头碇黄喜,年四十七,福建漳州府海澄县住。
管帆纤大缭杨荫,年三十,福建泉州府同安县住。
管小船杉板工陈备,年五十六,福建漳州府龙溪县住。
祀神香公李元弼,年四十八,浙江潮州府乌程县住。
叫人付总赶张蓝,年三十八,福建漳州府龙溪县住。
管桅纤一仟林喜,年五十二,福建漳州府龙溪县住。
管桅缭二仟沈长,年四十三,福建漳州府漳浦县住。
管桅缭三仟苏应,年二十七,福建汀州府永定县住。
管碇二碇戴成,年三十九,福建泉州府同安县住。
管帆纤二缭王亮,年二十九,福建泉州府同安县住。
管小船付杉板工林泰,年二十二,福建漳州府海澄县住。
管帆付亚班林尾,年二十三,福建漳州府沼安县住。
装货付直库余起云,年四十五,浙江宁波府鄞县住。
煮饭总铺陈喜,年三十六,广东广州府东浣县住。

船梢吴聪,年二十八,福建泉州府同安县住。
庄为,年三十五,福建泉州府同安县住。
阿代,年三十,广东广州府新会县住。
吴天,年二十九,福建泉州府同安县厦门所住。
陈二,年三十,福建泉州府同安县住。
杜凤,年三十,福建泉州府同安县住。
沈旋,年三十九,福建漳州府漳浦县住。
薛主,年三十,福建泉州府同安县住。
陈孙,年四十一,广东潮州府澄海县住。
吴世璘,年三十四,浙江宁波府勤县住。
施和,年三十三,福建泉州府晋江县住。
王郎,年三十五,福建泉州府同安县厦门所住。
陈却,年二十七,福建泉州府同安县厦门所住。
刘贵,年四十六,广东广州府南海县住。
郭六,年三十二,广东广州府南海县住。
吴软,年二十一,福建泉州府晋江县住。
杨午,年三十八,福建泉州府同安县住。
林伴,年二十四,福建泉州府同安县住。
林习,年二十七,福建泉州府同安县住。
林和,年三十七,福建泉州府住。
赵发,年二十四,福建泉州府同安县厦门所住。
蓝六,年二十七,广东潮州府澄海县住。
王郎,年十九,浙江宁波府勤县住。
蔡胜,年三十一,福建泉州府同安县厦门所住。
郭妹,年四十二,广东潮州府潮阳县住。
陈清,年三十六,福建泉州府晋江县住。
林孙,年三十七,福建漳州府沼安县住。
任叶之,年二十七,浙江宁波府勤县住。
薛随,年三十七,福建漳州府沼安县住。
李福,年四十一,福建泉州府安溪县住。
郑寿,年五十六,福建兴化府莆田县住。
林乞,年五十,福建泉州府同安县厦门所住。

黄福,年六十四,福建泉州府同安县厦门所住。

洪才,年二十八,福建泉州府晋江县住。

王材,年三十一,浙江宁波府勤县住。

小厮亚在,年十九,福建泉州府住。

起凤,年二十六,浙江潮州府归安县住。

亚朝,年三十二,福建汀州府住。

问:你等在本土时,有何身役?而以何事为业耶?

答:俺等素无身役,以商贩为业耳。

问:你等因何事往何地方?缘何漂到我国耶?

答:俺等生理为难,往贩日本长崎岛,洋中遇风,漂到贵国耳。

问:你等几月几日开船?几月几日漂到我国耶?

答:俺等今年六月十一日离发厦门,将向长崎岛,七月二十四日晚,猝遇大风于洋中,失舵折橹,几乎沉没,幸于二十五日漂到贵国耳。

问:你等离发厦门时,作伴向长崎岛者几船?而你们同船者几个人耶?

答:俺等一百十六人中,除死者三人,生存者一百十三人,而厦门开船时,别无作伴船矣。

问:日本不曾通款于大国,而你们因何往来卖买耶?

答:日本虽不曾通款,朝廷许民往来卖买耳。

问:曾前大国海禁至严,不许往来外国云,而许民买卖,自何年始耶?

答:曾前南方不平,故海禁极严。自康熙十九年,始通水路,许民往来矣。

问:南方不平云者,未知,缘何事耶?

答:郑克塽据守台湾,故有海禁矣,康熙十九年克塽归顺后,始无海禁矣。

问:你等往日本交易之际,语音不同,何以通情耶?

答:长崎岛亦有解华语者矣。

问:你等将何样物件贸来何样物件?

答:卖去苏木、白糖、乌漆、乌糖、犀角、象牙、黑角、藤黄、牛皮、鹿皮、鱼皮、乌铅、秤藤、大枫子、槟榔、银朱、水粉等物,贸换红铜、金、银、鲍鱼、海参、漆器、铜器等物以来矣。

问：大国既许通市，则必有互市之举。日本国人，亦往贩大国地方耶？

答：日本国，则不许本国人往贩他国耳。

问：你等往日本时，船有定数，而物货亦有定限耶？

答：船是八十艘，银是一百二十万两定数耳。

问：商船八十只，货银一百二十万两，谁为的定耶？

答：日本国王定之耳。

问：九政令施为，宜自大国定而行之，船只、物货之多寡，日本国王何以擅定耶？

答：此是日本国买卖，故自其国定数耳。

问：长崎岛开市时，官人监市耶？

答：我船到日本，交易之时，有二位官人，照管买卖事矣。

问：你等行商外国时，有文引耶？

答：文引原有之，而因洋中遇风，船尾被浪打破，将人为衣箱，一总下水，故漂失文引矣。

问：你等文引，何等官人主管成给？而有收税商人之事耶？

答：文引则有户部收税文引一张，知县官本地方文引一张，而收税，则小船银子二十两，中船银子三十两，大船银子四十两，货物则随其多寡，增减其税矣。

问：长崎岛在于福建何方？而水路亦几许里耶？

答：长崎岛在于福建东北地方，而水路三千里矣。

问：你等曾有往来长崎岛者耶？

答：俺等中曾往长崎岛者，多多人矣。

问：你等年年往来海洋中，必有可闻奇异之迹，可得闻耶？

答：海中往来之路，别无奇异可闻之迹矣。

问：你等多在福建泉州府，官员及城池周遭，可以历指耶？

答：泉州府有府官二员，知县七员，提督一员耳。

问：府官、提督、知县，各管何事耶？

答：提督管兵，知县管钱粮，府官管海务及屯粮耳。

问：海务是何事件耶？

答：主管商船耳。

问：提督一员所管兵几何？而兵是陆军耶水军耶？

答：提督管八府兵九千名，而皆是马步军，而水军则水师提督主管，而衙门则在厦门所耳。

问：提督所管水军几许名耶？

答：有五营兵一万名，而一提督所管，则二千名耳。

问：既有水军，则当有兵船，未知几许只耶？

答：俺等即业商辈，未能得知其数矣。

问：既有军兵，则有时有练习之事耶？

答：每五日一练习耳。

问：一提督所管兵，则五日一练习，而一省内诸府提督，或有合兵练习之举耶？

答：各营提督，各自五日一练习而已，元无合兵操练之事矣。

问：军兵练习时，所用器械，可以历指耶？

答：练习时军兵所用者，或火炮，或枪，或长刀，或弓箭，或藤牌等技耳。

问：你等本土农桑赋役如何？

答：上年年事有八分收，而徭役，则一亩税米四仟八合之外，无他赋役矣。

问：南方土沃人富，一年之内，两获两蚕，力于农桑，则衣食自裕，何必达涉江海，有此漂到之举耶？

答：福建九府中，七府一年两获，而至于两蚕，则福建所无之事。而南方虽曰乐土，士、农、工、商，各有其业，远商异国，将欲求利，而有此漂到，莫非天也。

问：七府之名，可得闻耶。

答：福建州府、建宁府、邵武府、延年府、兴化府、江州府、漳州府、台湾府耳。

问：汀州距北京几里耶？

答：五千里矣。

问：泉州府距北京几里耶？

答：八千里矣。

问：乌程县距北京几里耶？

答：五千里矣。

问：龙溪县距北京几里耶？

答:八千里。

问:同安县距北京几里耶?

答:八千里矣。

问:晋江县距北京几里耶?

答:八千里矣。

问:南安县距北京几里耶?

答:八千里矣。

问:海阳县距北京几里耶?

答:九千里矣。

问:勤县距北京几里耶?

答:六千里矣。

问:漳浦县距北京几里耶?

答:八千里矣。

问:莆田县距北京几里耶?

答:七千里七百矣。

问:仁和县距北京几里耶?

答:五千里五百矣。

问:宁波府距北京几里耶?

答:六千里矣。

问:安溪县距北京几里耶?

答:八千里矣。

问:慈溪县距北京几里耶?

答:六千里矣。

问:新溪县、新会县距北京几里耶?

答:九千里矣。

问:海澄县距北京几里耶?

答:八千里矣。

问:石码所距北京几里耶?

答:八千里矣。

问:厦门所,距北京几里耶。

答:八千里矣。

问:永定县距北京几里耶?

答:八千里矣。

问:沼安县距北京几里耶?

答:八千里矣。

问:东院县距北京几里耶?

答:八千里矣。

问:潮阳县距北京几里耶?

答:九千余里矣。

问:长泰县距北京几里耶?

答:八千里矣。

问:贵者尚文耶?尚武耶?

答:文武俱有,而文官,则吏部天官李光地,翰林学士陈□鹤,郑开极,科道彭雕,兵部职方司许贞等;在朝武官,则福建水师提督吴英,福建陆路提督王万祥,总兵杆彩,天津提都蓝理,宁波总兵官施世泽。其余文武,难以尽记矣。

问:大国文武试取之规何如?

答:文试则三年一次试取,而其始童生则秀才,乡试则举人,会试则进士,殿试则三及第也。举人一府定六十人,进士天定三百六十人及第,就于三百六十进士,殿试选三人。武试则以弓、马、论策试取,而武进士之数,一如文试耳。①

从这些笔谈问答记录,我们可以知道中国商船上每个人的家乡。乘船者共116人,其中3人死去,从剩下113人的家乡看,86人出身福建,占全体的76.1%。剩下的27人出身江苏、浙江、广东,占全体的28.3%。尤其是福建出身的人中,单漳州、泉州两府就有81人,占到全体的71.7%。这样明显的特征也从一个侧面说明,福建南部也就是闽南从事海船运输的人较多。此外,这些记录里面还有航海经路、航海目的、航海目的地的政治状况、搭载物品内容、中国地方官吏的情况、经济情况,甚至问及北京到福建各地的距离等具体问题。也许问答的内容牵扯太多方面,《备边司誊录》在收录这些问答的时候,采取了选择性的收录。即便如此,目前所保存下来的这

---

① 《备边司誊录》五,第382～387页。《海难史料:清代帆船漂到朝鲜国史料——〈备边司誊录〉抄录》史料3,松浦章编著,卞凤奎编译:《清代帆船东亚航运史料汇编》,第16～26页。

些资料依然能如实地反映多种多样的社会状况。

从这些帆船的漂流史料中,除了可以考察沿海贸易和海外贸易的问题,还可以考察这些帆船如何作为交通手段而存在,如何作为沿海居民往来的手段而存在。

《备边司誊录》第一百八十二册,正祖十八年(乾隆五十九年,1794年)甲寅十一月初六日的《马梁镇漂汉人问情别单》:

问:你们五十一人皆是同伴。

答:舵手七人是伙计,于外四十余人都是空客,一时借涉,同往奉天府的。

问:你们欲买粮柴,有带本钱否?

答:本钱没有。

问:既无本钱,何以买粮柴?

答:奉天府地方有亲眷,要借本钱买取粮柴,回到登州,卖取利钱。

问:空客中,既有做买卖之人,则亦有所带货物否?

答:没有。

问:三女人俱有其夫,一女人独无其夫,何也?

答:徐姓女人、孙姓女人、随姓女人各随其夫,往奉天府。那于姓女人其夫刘云,现在复州,其弟于文礼,带他要往其夫住处。

问:刘云是何处人?在复州何干?

答:本是复州农民。

问:林士英、刘俊元、孙成九三人之带其妻子,何也?

答:贫穷无资,只为转徙就食的意思。①

可见,51名乘船者中,帆船的船员有7人,42人为一般旅客。他们从山东的登州出发渡海到东北。该船中还有罕有的女性乘客,是作为家属的移民。由此可见,清代的帆船不单是商船,乘员也不仅仅是有商业目的的商人,还曾作为为人员流动服务的交通工具而活跃于东亚海域。②

---

① 《备边司誊录》十八册,第291~295页。松浦章编著,卞凤奎编译:《清代帆船东亚航运史料汇编》史料16,第98~99页。
② 松浦章《清代における山東・盛京間の海上交通について》,《東方学》第70辑,1985年7月。

此外,还有海船承担邮品运输的事例。《备边司誊录》第一百九十二册,纯祖元年(嘉庆五年,1800年)辛酉二月十八日《全罗道灵光郡在远岛漂人问情别单》:

> 问:你们有书信二封,何人所作而传于何处者耶?
> 答:一封是宋银主要传于莱阳府杨姓人处,买送黄豆者也,一封是发船时有人转托传致者,而几死回生之余,精神昏迷,不能记得。①

可见,在这艘漂流船上还有书信两封。可以判断清代帆船部分承担邮递船的功能。

《备边司誊录》第二百零三册,纯祖十三年癸酉(嘉庆十八年,1813年)的"全罗道灵光郡荏子镇在远岛漂到大国人问情别单":

> 问:你们地方,今年年成如何?
> 答:年成均丰。②

从这里可以看出,这里面还包括了有关清代中国沿海地区各地农业丰歉状况的记载。这些史料可以补充清代农业史料。

如上,《备边司誊录》中所见的问情别单,不仅仅包括了传统中国史料中不常见的清代帆船的航海记录等,还能发现中国民众在沿海地区生活的具体场景,为我们描绘了一个丰富而生动的清代中国沿海社会。

清代帆船中多数为商船,它们为沿海物流做出了巨大贡献。这些商船具体搭载了哪些货物,也可以依据上述的漂流笔谈记录得到明确的答案。其中,将漂流到朝鲜国、琉球国的清代帆船所搭载的货物目录进行整理,做成表3-1。这里只统计《同文汇考》和《历代宝案》中所见的有明确记载货物的中国漂流船。通过这些记录,我们可以看到各种各样的物资在中国大陆由北至南、由南而北,不断运输,可以说,这是有关中国沿海的生动的物流故事。③

---

① 《备边司誊录》十九册,第296~298页。松浦章编著,卞凤奎编译:《清代帆船东亚航运史料汇编》史料17,第104页。

② 《备边司誊录》第二十册,第747~750页。松浦章编著,卞凤奎编译:《清代帆船东亚航运史料汇编》史料24,第141页。

③ 松浦章《清代における沿岸貿易について—帆船と商品流通—》,小野和子氏编《明清时代の政治と社会》,京都大学人文科学研究所,1983年3月,第595—650页。

表 3-1　漂流到朝鲜、琉球的清代帆船所搭载的货物

西历	中国历	出发地	目的地	搭载货物	出处
1705	康熙四十四年五月	福州闽安镇	海州	杉木	《历代宝案》
1705	康熙四十四年十一月	山东青州	福建	黄豆、红枣、紫草、瓜子、核桃	《历代宝案》
1723	雍正元年六月	锦州	福建	瓜子	《同文汇考》
1723	雍正元年六月	晋江	锦州	碗、布、胡椒、苏木	《同文汇考》
1727	雍正五年十一月	山东	福建	柿饼、核桃、紫草、粉干、青豆	《历代宝案》
1732	雍正十年六月	刘河	山东	杂货	《历代宝案》
1739	乾隆四年十月	天津	苏州	红枣、黑枣	《同文汇考》
1740	乾隆五年六月	漳州	锦州	黄茶、大布	《同文汇考》
1740	乾隆五年六月	厦门	宁波	糖货	《历代宝案》
1741	乾隆五年	锦州	宁波	瓜子	《同文汇考》
1746	乾隆十一年四月	盖平	龙溪	豆	《同文汇考》
1746	乾隆十一年	福建	天津	糖	《同文汇考》
1746	乾隆十一年	莱州	福建莆田	豆、豆饼、食米	《同文汇考》
1746	乾隆十一年	山东莱州	福建	油豆、粉条、豆饼、紫草	《同文汇考》
1749	乾隆十四年五月	厦门	上海	糖	《历代宝案》
1749	乾隆十四年七月	上海	锦州	茶叶	《历代宝案》
1749	乾隆十四年十月	锦州	江南	瓜子、黄豆	《历代宝案》
1749	乾隆十四年十一月	锦州	福建	黄豆、瓜子	《历代宝案》
1749	乾隆十四年十一月	胶州	乍浦	青豆、白豆、绿豆、核桃、柿饼	《历代宝案》
1749	乾隆十四年十一月	胶州	江南镇洋	豆、紫草、豆油	《历代宝案》
1749	乾隆十四年十一月	山东	福建	绿豆、核桃	《历代宝案》
1749	乾隆十四年十一月	山东	福建	绿豆、粉干、紫草、药材	《历代宝案》

续表

西历	中国历	出发地	目的地	搭载货物	出处
1749	乾隆十四年	大庄河口	登州	黄豆	《历代宝案》
1749	乾隆十四年	锦州（西锦州）	江南	黄豆、瓜子	《历代宝案》
1749	乾隆十四年	锦州	胶州	元豆、瓜子	《历代宝案》
1749	乾隆十四年	江南	天津	生姜	《历代宝案》
1749	乾隆十四年	江南	锦州（南锦州）	青鱼	《历代宝案》
1749	乾隆十四年	厦门	山东	苏木、碗、糖	《历代宝案》
1749	乾隆十四年	锦州（南锦州）	江南	豆	《历代宝案》
1749	乾隆十四年	山东	江南	豆、盐猪、紫草	《历代宝案》
1749	乾隆十四年	胶州	苏州	豆、盐猪、紫草	《历代宝案》
1749	乾隆十四年	胶州	江南	豆、猪、豆油、紫草	《历代宝案》
1749	乾隆十四年	山东	江南	白豆、毛猪	《历代宝案》
1749	乾隆十四年	胶州	厦门	绿豆、粉干、紫草	《历代宝案》
1760	乾隆二十五年五月	广东	天津	货物	《历代宝案》
1760	乾隆二十五年五月	泉州	天津	杂货	《历代宝案》
1760	乾隆二十五年十月	天津	广东	红枣	《历代宝案》
1760	乾隆二十五年十一月	山东代山	宁波	红枣	《历代宝案》
1765	乾隆三十年五月	漳州	江南	货物	《历代宝案》
1765	乾隆三十年五月	江南	锦州（西锦州）	茶叶	《历代宝案》
1766	乾隆三十一年十月	锦州（西锦州）	漳州	豆子	《历代宝案》
1768	乾隆三十三年十月	关东	福建	瓜子、元豆、豆饼、茧绸	《同文汇考》
1769	乾隆三十四年十月	镇洋	胶州	南货	《历代宝案》
1769	乾隆三十四年十二月	胶州	镇洋	盐猪	《历代宝案》

续表

西历	中国历	出发地	目的地	搭载货物	出处
1777	乾隆四十二年六月	锦州	厦门	黄豆、瓜子、粉干、紫胡、绵花、小钱	《同文汇考》
1777	乾隆四十二年六月	厦门	锦州	杂糖	《同文汇考》
1777	乾隆四十二年九月	盖州	漳州	黄豆、绵花、药材、木耳、山绸、干蛤、面条鱼	《同文汇考》
1777	乾隆四十二年十月	复州	福建	黄豆、绿豆、青豆	《同文汇考》
1777	乾隆四十二年十月	漳州	江南	杂糖	《同文汇考》
1777	乾隆四十二年十月	江南	天津	茶叶	《同文汇考》
1779	乾隆四十四年六月	福州	锦州	纸货	《历代宝案》
1779	乾隆四十四年十月	锦州	福州	瓜子	《历代宝案》
1785	乾隆五十年三月	锦州	漳州	黄豆、瓜子、芝麻	《历代宝案》
1785	乾隆五十年三月	漳州	上海	红糖	《历代宝案》
1785	乾隆五十年六月	奉天宁海	广东澄海	黄豆	《历代宝案》
1785	乾隆五十年六月	澄海	天津	槟榔	《历代宝案》
1785	乾隆五十年	江南	山东	纸货	《历代宝案》
1785	乾隆五十年	锦州	厦门	豆	《历代宝案》
1797	嘉庆二年七月	福州	天津	纸箱	《同文汇考》
1797	嘉庆二年十一月	金州（南金州）	漳州	黄豆	《同文汇考》
1801	嘉庆六年六月	同安	天津	杂货	《同文汇考》
1801	嘉庆六年六月	广东	天津	赤糖、白糖	《历代宝案》
1801	嘉庆六年十月	天津	福建同安	红枣、乌枣、核桃、梨子	《历代宝案》
1801	嘉庆六年十月	盖州	泉州	豆、棉花、茧绸、鱼菜、皮物	《同文汇考》
1801	嘉庆六年	吴淞口	山东青州	纸、木	《历代宝案》
1808	嘉庆十三年十月	关东皮子窝	江南	高粱（恒昌号）	《历代宝案》

续表

西历	中国历	出发地	目的地	搭载货物	出处
1808	嘉庆十三年十月	东陇	天津	赤糖、白糖	《历代宝案》
1810	嘉庆十五年五月	福州	盖州	纸	《同文汇考》
1810	嘉庆十五年十月	盖州	同安	青豆、豌豆	《同文汇考》
1813	嘉庆十八年五月	台湾	天津	乌糖、白糖	《同文汇考》
1813	嘉庆十八年五月	台湾	上海	红糖	《同文汇考》
1813	嘉庆十八年六月	漳州	天津	砂糖、胡椒、苏木	《同文汇考》
1813	嘉庆十八年十月	锦州（西锦州）	同安	黄豆、白米、药材、瓜子、鹿肉、饼、牛筋	《同文汇考》
1813	嘉庆十八年十月	天津	福建	黑枣、红枣、葡萄酸干、白米、白烧酒、白鱼干	《同文汇考》
1813	嘉庆十八年十一月	天津	福建	红枣	《同文汇考》
1816	嘉庆二十一年九月	辽东	上海	黄豆、苏油、豆饼	《历代宝案》
1819	嘉庆二十四年九月	漳州	盖平	糖货	《同文汇考》
1821	道光元年四月	澄海	上海	黄糖、苏木	《历代宝案》
1821	道光元年五月	上海	澄海	棉花、豆饼、布匹	《历代宝案》
1821	道光元年	台湾	天津	大米	《历代宝案》
1824	道光四年六月	台湾	天津	粮米	《历代宝案》
1824	道光四年九月	澄海	天津	糖货	《历代宝案》
1824	道光四年十月	天津、山东	福建同安	乌枣、豆饼	《历代宝案》
1824	道光四年十月	盖平	漳州	黄豆、青豆、饭豆、黑菜、粉条、牛筋、蛤干、鱼甫、烧酒	《同文汇考》
1824	道光四年十月	天津宁远	广东澄海	高粱、乌枣、豆货	《历代宝案》
1824	道光四年十月	金州（南金州）	同安	豆子	《历代宝案》
1830	道光十年闰四月	台湾	天津	糖货	《同文汇考》

续表

西历	中国历	出发地	目的地	搭载货物	出处
1830	道光十年八月	广东陵水	天津	黄糖、白糖	《历代宝案》
1830	道光十年八月	澄海	天津	糖货	《历代宝案》
1830	道光十年九月	奉天宁远	澄海	黄豆	《历代宝案》
1830	道光十年九月	关东	泉州	黄豆、绿豆、瓜子、防风	《同文汇考》
1830	道光十年十一月	山东福山	澄海	黄豆、小麦、豆饼	《历代宝案》
1830	道光十年十一月	上海	潮州	棉花、米、豆	《历代宝案》
1836	道光十五年五月	饶平	天津	糖货	《同文汇考》
1836	道光十六年九月	天津宁远	漳州	酒、豆、枣	《同文汇考》
1844	道光二十四年四月	台湾		风炉	《历代宝案》
1845	道光二十五年十月	浙江	海州、青口	花生、青饼	《历代宝案》
1854	咸丰四年十月	江南	山东莱阳	棉花、布	《历代宝案》
1854	咸丰四年十一月	山东莱阳	江南	菜油、花生、麦面	《历代宝案》
1861	咸丰十一年七月	天津	福建	豆饼、白豆、粉干、毛帽、烧酒、水烟、乌枣	《历代宝案》
1861	咸丰十一年七月	福建晋江	天津	碗料、木料、白糖	《历代宝案》
1861	咸丰十一年七月	营口	上海	青定、豆饼、元豆	《历代宝案》
1861	咸丰十一年八月	上海	山东	黄表纸、洋毡、桐油	《历代宝案》

注：只从《同文汇考》《历代宝案》中，统计漂流中国船记录中有明确货物记载的部分。

四、小　结

清代康熙年间发布"展戒令"，中国帆船开始积极地在中国沿海及海外地区活动。但包含这些清代帆船足迹的史料却长时间没有引起研究者的重视。人们没有把目光投向对前近代中国沿海地域经济发展做出突出贡献的清代帆船上，反而经常忽视它们。其最大的原因就是留存至今的史料非常缺乏。

　　在这样的状况下,有关中国帆船的笔谈记录便成为极其珍贵的资料。根据这些资料,我们不仅能知道中国商船的航行轨迹,还能知道乘员的籍贯、搭载货物的内容及货物的物流状况。虽然这些资料以沿海地区为中心,但是中国各地的很多信息也被记录了下来。朝鲜王朝每年往北京派遣使节,即燕行使,通过这种途径获取了很多中国情报。而与此相对,"问情别单"则从另一个角度获取了性质不同的信息。可以说,通过问情别单能看出朝鲜王朝的官吏们曾经处心积虑地热衷于从中国船员那里获取各种情报。

　　因此,我们关注上述清代帆船的漂流史料及清朝官员的奏折等资料,可以知道之前一直被忽视的清代帆船的具体航行记录、帆船乘员的构成等。考察这些中国帆船的航运状况,可以进一步了解中国大陆沿海贸易圈的交流状况,甚至可以了解"锁国"体制下的日本如何接受来自大陆的文化。因此,在日渐兴起的海洋史研究中,我们必须重视17世纪到20世纪初期,曾在中国沿海物流和人员流动中担当重要任务的清代帆船。

(翻译、校对:杨蕾)

第四章

救助漂流民回国的中国帆船

一、前　言

在东亚地区,被中国大陆、朝鲜半岛、日本列岛、西南诸岛、台湾等陆地和岛屿包围的海域有渤海、黄海、朝鲜海峡、东海等,近年有了新的称呼叫"环中国海"。与此相对,在西方,有被欧洲大陆及小亚细亚、非洲大陆所包围着的"地中海海域圈"。因此,存在着将环中国海和地中海进行比较考察的可能性。

在古罗马帝国时代,地中海和有着"谷仓"之称的北非埃及地区通过海上航路相连,这些航线主要发挥食品供给的重要作用。其后,由于阿拉伯半岛到北非地区伊斯兰文化圈的兴起,地中海又成为伊斯兰教地区和欧洲大陆的基督教文化圈对峙的鸿沟。可以说,就地中海的历史来看,有时它发挥着非常有效的交通通道作用,有时又发挥着强大的隔断功能。①

与此相对,在我们考察东亚的环中国海的作用时,东亚地区的海洋也有相似之处,自古以来阻断着中国和周边诸国的直接交流。临近这些海域的人们,利用船舶展开相互交流,其交流的中心便是我们所关注的中国船。②

因此,本章主要考察在东亚海域内,中国船在沟通东亚诸国过程中发挥了怎样的作用。重点围绕17—19世纪在漂流民送还方面做出过突出贡献的中国船展开。

---

① 布罗代尔著,浜名优美译:《地中海》2,藤原书店,1999年,第163～277页。
② 松浦章:《前近代東アジア海域間の文化交渉》,松浦章:《近世東アジア海域の文化交涉》思文阁出版,2010年,第3～28页。

二、近世东亚海域的交流情况

17世纪以后的东亚海域,朝鲜国、日本国、琉球国所辖的沿海、岛屿之间,沿海航运曾非常兴盛,但是向海外的航行却被禁止。朝鲜王朝曾建立和完善了政府物资海上运输的漕运体制。① 日本在江户时代初期兴起了沿海海运,造出俗称"千石船"等的大和型船舶,②以本州为中心开拓出东回航路和西回航路,菱垣回船、樽回船、北前船等都非常活跃。③ 近世的琉球国则有地船、马舰船、大和船等,作为连接琉球国内岛屿的重要交通工具进行着航运活动。④ 在冲绳本岛北部海域航行的为山原船⑤,以及受中国造船技术影响的马舰船⑥等,主要从事岛屿间的航运。

当时清朝在东亚海域中最为活跃的是沙船、鸟船、福船、广船等,这就是

---

① 李大熙:《李朝時代の交通史に関する研究—特に道路・水路網を中心に一》,雄大阁出版,1991年,第105～129页。

② 石井谦治:《千石船(大和型荷船)》,须藤利一编:《船 ものと人間の文化史》,法政大学出版局,1968年,第150～182页。石井谦治:《和船Ⅰ ものと人間の文化史》,法政大学出版局,1995年,第1～134页。

③ 柚木学:《江戸時代の海運》,须藤利一编:《船 ものと人間の文化史》,第183～203页。

④ 高良仓吉:《近世琉球における海運史の一側面—預船の事例とその検討》,《琉球王国史の課題》,ひるぎ社,1989年,第290～306页。高良仓吉:《多良間島に見る地船海運の実態》,《琉球王国史の探求》,榕樹書林,2011年,第211～235页。直田昇:《沖縄を中心としての通路》,直田昇《沖縄の交通史 本土を中心とした》(京都出版(株)),1957年,第233～239页)中,曾经描述冲绳诸岛自古以来的情况。

⑤ 池野茂:《琉球山原船水運を担った船舶を中心に》,柚木学编:《日本水上交通史論集》第5卷,1993年,第313～355页。

⑥ 喜舍场一隆:《"馬艦船"新考》,柚木学编:《日本水上交通史論集》第5卷,1993年,第357～403页。

被称为清代四大海船的中国帆船。①

特别是以上海、崇明为中心活动的平底型海船的沙船,自长江口到渤海沿海的锦州、牛庄、盖州等港口,北上时,它们运载上海棉布、茶叶等江南产品,回程时则搭载东北产的大豆等回到江南地区。②

此外,适合外洋航行的则是尖底型海船的鸟船、福船、广船。特别是鸟船,活跃于以福建为中心的海域,还航行到渤海沿海的锦州、盖州、天津等地(见图4-1)。

图 4-1

A Foreign Trader(John Barrow, *Travels in China*, 1804) p. 36.

---

① 周世德:《中国沙船考略》,《科学史集刊》第5期,1963年。田汝康:《十七世纪至十九世纪中叶中国帆船在东南亚洲航运和商业上的地位》(《历史研究》1956年第8期),该论文收录于田汝康:《十七—十九世纪中叶中国帆船在东南亚洲》,人民出版社,1957年。田汝康:《再论十七世纪至十九世纪中叶中国帆船业的发展》,《历史研究》1957年第12期。田汝康:《十五世纪至十八世纪中国海外贸易发展缓慢的原因》(《新建设》1964年8、9月合刊),该论文及其他论文收录于田汝康:《中国帆船贸易与对外关系论集》,浙江人民出版社,1987年。陈希育:《中国帆船与海外贸易》,厦门大学出版社,1991年。该书论述了古代到清代,中国帆船的海外活动。郭松义、张泽成《中国航运史》,文津出版社,1997年。

② 郭松义:《清代国内的海运贸易》,《清史论丛》第4辑,1982年。松浦章:《清代における沿岸貿易について—帆船と商品流通—》,小野和子氏编:《明清时代の政治と社会》,京都大学人文科学研究所,1983年。松浦章:《清代上海沙船航運業史の研究》,关西大学出版部,2004年。

(一)1760年福建同安船的航海

本节举几个中国帆船在东亚广大的海域范围内活动的例子。根据收录于琉球国《历代宝案》中的档案之一,乾隆二十五年十一月十一日(1760年12月17日)中国帆船曾漂流至琉球国大岛一个名濑大熊的地方,具体事例如下:

> 乾隆二十五年十一月十一日夜,有中国被风难人一名,坐落米柜,飘至大岛名濑大熊地方。询,据难人陈天相口称,相是系福建泉州府同安县商民,表兄蔡韬官,亦系同安人民。买有商船一只,相亦相帮表兄,在船理事,通船舵梢原共二十六名。本年五月间,在广东装载货物出港,到天津府发卖,又买红枣。于十月初二日,由天津驾回广东。不料十七日夜,狂风大作,砍桅失舵,货物丢弃,随风飘荡。……惟天相一人,胆小仍在原船,飘荡。①

福建同安县商人陈天相,其表兄是蔡韬官,购买了一艘商船,搭载乘员共 26 人。乾隆二十五年(1760年)五月,从广东搭载货物往天津,在当地卖掉货物后再购入红枣,由天津返回广东。途中遭遇海难,漂流到琉球的大岛。可见,该船大概是福建同安本地造,从事南方的广东省和北方天津之间的贸易。由此可以看出中国帆船所从事的远距离航海。

广东⇒天津⇒(广东)⇒琉球国大岛→那霸→福州

(⇒:中国帆船的航行)

(二)1777 年天津籍船舶的航海

能够明确判断清代帆船大小的史料不多,我们可以通过漂流到朝鲜半岛的帆船做个概括性的形制判断。

有关乾隆四十二年(1777 年)十一月十七日,漂流到朝鲜茂长的中国船的记载,残存于《茂长漂人问情别单》中。

问:你们共几人?而汉人耶?满洲人耶?

答:同舟共二十九人,而俱是汉人。

---

① 《历代宝案》第二集 45,台湾大学,第 3016~3017、3022~3023 页。

问：你们二十九人姓名、年纪、居住。

答：船户：金长美，年四十五，住直隶天津府天津县。

舵工：陈玉，年四十五。

水手：曾福，年三十；张禄，年二十五；苏寿，年二十四；郭成，年三十一；李吉，年三十五；苏全，年二十；禹宝，年四十；李五，年三十七；杨旺，年二十四；许三，年三十六；林云，年三十三；林珍，年二十一；颜祥，年二十二；李照，年二十二；王安，年二十五；陈拱，年二十；伍祥，年二十三；高升，年二十九；林发，年二十九；洪升，年二十七；王晋，年二十八；苏彩，年二十三。

已上二十三人，住福建省泉州府同安县。

客人：李光，年六十；罗五，年五十一。

已上二人住广东省广州府南海县。

洪灿，年三十；苏景，年五十三；苏相，年二十。

已上三人住福建省泉州府同安县。

问：你们二十九人外，无他淹伤，亦果无疾病者耶？

答：同来二十九人，幸得全活，客人李光、罗五，本有嗽喘，冒寒添痛，而不至委顿矣。

问：你们因甚么事，何月何日，自何处乘船，到何处漂风耶？

答：俺们本以船户行商之人，今年九月二十八日，自天津县大沽营，贸载凉花、枣子，欲往广州省交易。十一月初七日，行船到山东省登州界，忽值西北风大作，飘荡外洋，几死者数。至十四日夜，风势越猛，大船簸扬，船板缝口，坼而水入。渐至沉没，人皆急于图生，仅拾随身对象，跳下汲水小船，随波东西，莫适所向。十七日丑时量，转泊于贵境，而所载凉花、枣子、粮馔之属，大船破碎时，随而飘失矣。凉花即棉花。

问：你们既是十四日跳下小船，十七日来泊我境，则其间二三日，在于何处，吃得何物而救饥耶？

答：跳下小船时，收载一石三斗粮米与若干枣子，又有一小鼎，故或煮粥以饮，或啖枣救饥，而地方则飘荡外洋，莫辨何处矣。

问：你们二十九人中，船户在天津县，舵工、水手等，在同安县，二人在南海县，天津属直隶，同安属福建省，南海属广东省，则相距绝远，缘何以作伴同船耶？

答：天津同安之商船，互相往来买卖。天津之船，或雇同安之水手。

同安之船,或雇天津之水手。故俺于去年冬,自天津装货,到同安发卖。今年五月,自同安买货,还到天津,而舵工、水手雇佣同安县人,惟凭照验,无所拘碍,乃所以便行商之道也。

问:天津之于广东,比同安尤为绝远,广东客人,缘何作伴耶?

答:广东客人李光等,适以行商来天津,故与之同舟也。

问:你们所破船,官船耶?私船耶?船之长广几许?帆等几个?船号云何?

答:船是商船,其长十丈,其广一丈六尺,建三桅,前桅长五丈抱半围,中桅长九丈抱二围,后桅长三丈抱半围,船号则商字第六十九号。

问:你们船,是商船,则有县票、关票、装货执照等公文耶?

答:非江南福建等地船,则无县票、关票。故俺们船,只有验单一张、执照一张,而验单见在,执照遗失于苍黄之时矣。

问:你们验单上,列书户驾掌水手姓名,并为二十四人,而今来者为二十九人,验单系是归验于官府者,则人数之相左何也?

答:李光等五人,以客人同舟,故名不载于验单,而数人之相左,别无所妨。

问:驾掌之称,云何?

答:舵工或称驾掌。

问:你们当初装载凉花几斤?枣子几石?价为几许?

答:凉花一百九十包,枣子一千余担,而凉花每包为一百五十斤,价银十七两,枣子每担为一百斤,价银三两。

问:凉花、枣子,尽为漂失耶?货主是谁?

答:凉花即客人李光等五人之货,枣子是船户金长美之物,尽为漂散。渔船破之时,而凉花之漂着浦边者,贵国人拯出,而换给棉布,至八十四匹之多,感谢无地。

问:你们所拾随身物件何物耶?

答:不过衣食与如干盘缠银钱而已。

问:你们,泊岸,小船与随船之具,何以处之耶?

答:小船与铁锭、测水铁等物,俺们既从旱路,今皆无用,故情愿烧弃矣。

问:天津县在府城内耶?

答:是也。

问:大沽营,离城几里?

答:大沽营,在海口,距府城一百二十里。①

表 4-1　天津船籍商字 69 号船的形状

全长	10 丈	32.00m
船幅	1 丈 6 尺	5.12m
前帆柱	5 丈	16.00m
中帆柱	9 丈	28.80m
后帆柱	3 丈	9.60m

乾隆四十二年(1777 年)十一月十七日,漂流到茂长的中国船是直隶天津县籍的船舶。《同文汇考》原编卷七三《漂民》之《报茂长漂人押解咨》(16 丁表～17 丁表)中,也有"漂人金长美等二十九人回称,俺等原系直隶省天津府天津县。商字六十九号商船人"的回答。此船九月二十八日由天津大沽,搭载凉花、枣子等货品到广州贩卖。货物中的"凉花",据《同文汇考》有"棉花、枣子等货"、"凉花即棉花"的记载来看,可见指的是棉花。

该船除了船户金长美之外,乘员都是福建同安人。该船乾隆四十一年(1776 年)冬天从天津航行到福建同安,第二年五月从同安返回天津,雇佣了老家为同安县的舵工、水手等。此外,广东的客商也乘坐该船,他们先到天津进行贸易,再搭乘该船归乡。该船有明确的编号,为商字六十九号船。如表 1 所显示的那样,这是记载了沿海贸易帆船具体规模大小的非常重要的史料。与同时期到达日本长崎的唐船②相比,商字六十九号船属于小型的海洋航行船舶。

天津⇒广东⇒(天津)⇒朝鲜国全罗道茂长→汉城→北京

---

① 《备边司誊录》第百五十八册,正祖元年丁酉十二月初十日条,刊本 15 册,第 533～537 页。

② 大庭修:《平戶松浦史料博物館蔵「唐船之図」について—江戸時代に来航した中国商船の資料—》,《関西大学東西学術研究所紀要》第 5 辑,1972 年;大庭修:《江戸時代における中国文化受容の研究》,同朋舎出版,1984 年,第 489～536 页;松浦章:《日清貿易における長崎来航唐船について—清代鳥船を中心に—》上、中、下,《史泉》47、48、49 号,1973 年 9 月,1974 年 3、9 月;松浦章:《清代海外貿易史の研究》朋友書店,2002 年,第 264～306 页。

(三)1820年福建同安乌船的航海

《历代宝案》中,嘉庆六年十二月五日(1802年1月8日)漂流到八重山的中国帆船事例如下:

> 据本国辖属八重山岛地方官报称,嘉庆六年十二月初五日早晨,有中国漂风难人三十二名,落坐水柜板片,飘来本岛海边。随本官呼集岛民,援扶上岸,给与粮食,活命。询据难人徐三贯等口称,贯等系福建省泉州府同安县商人。嘉庆六年四月初四日,率领舵水二十三名,在本县起程。本月二十日,到广东地方。买过施传祖双桅乌船一只,给漳州海澄县牌照船户金双美,梁头宽八尺,长五丈五尺。在广东买收赤、白糖等项。欲往天津府发卖。临行之时,有客八人,附誉本船。六月初十日开船。八月二十日,到天津府发卖糖货。又复买收红枣、乌枣、核桃、梨子等物,要回家为生理。十月十六日,在天津府浅口开船。十一月十一日,驶到山东外洋。不意飓风陡起,砍断大桅。四日,随风漂流。十二月初,挨晚暴风复起,飘到地方,是不知何处,至戌时弃。搁礁坏船,货物流,惟剩所奉圣母神像全座,并小铁锚一门。又因海上有洋匪,在厦门当官领配大铁炮二门,中铁炮一门,鸟枪六,杆械十把,火药铳子,亦俱沉没无迹。其船主、舵工、水手、客人共三十二人,落坐水柜板片。初五日早晨,漂至贵岛海边,以得全性命等由。
>
> 计开
>
> 被风中国难商船主徐三贯　舵工□淑
>
> 水手:苏广　苏菜　林寔　苏太　尤神　徐北　苏成　徐三方
> 　　　徐送　苏虎　吴到　徐象　罗清　徐里　林光　林水
> 　　　徐向　石云　郭宏　陈平　陈院　陈壬
>
> 客人:徐元庆　徐财　徐偏　黄清　刘受　黄五　黄和　张顺
>
> 以上通船共计三十二名
>
> 计开
>
> 被风中国难商随带物件
>
> 所奉圣母神像　　　　全座
>
> 小铁锚　　　　　　　一门
>
> 铁箍　　大小三十四个

铁钉　一千一百六十三斤①

福建省泉州府同安县商人徐三贯于嘉庆六年（1801年）四月，与同安县舵手等23人赴广东。在当地购入施传祖的双桅鸟船②1艘，给漳州府海澄县取得牌照的船户全双美。该船在广东搭载红、白糖等，赴天津贩卖，还搭乘了8名货主。六月出帆，八月到达天津，卖完货品后，在天津购入红枣，回福建同安的过程中，在山东洋面遭遇海难，顺风漂流，到达琉球的八重山。

由此可见，该船户是从广东出发远赴天津，同样进行远距离航海。在该记录中，有关鸟船的形制这样写道："梁头宽八尺，长五丈五尺。"即宽2.56米，全长17.6米，因此，鸟船应该为中型船。

福建同安⇒广东⇒天津⇒（同安）→琉球国八重山→那霸→福州

以上的论述考察了中国帆船在东亚海域大范围活动的事例，这些帆船到底如何在如此广阔的海洋中航行则在下一节中进行论述。

三、被中国帆船送回本国的人们

如上节所述，18—19世纪的东亚海域中有许多中国帆船进行航海活动。遭遇海难事故的日本、朝鲜、越南等国的人们是如何搭乘中国帆船回到本国的，则在本节具体论述。

（一）1767年遭海难漂流的日本人由菲律宾回国

明和四年（乾隆三十二年，1767年）七月八日，由乍浦出港的亥三番中国帆船从长崎入港。漂流到吕宋的日本人搭乘该船回到日本。这些归国者多为筑前人，共16人，还有1人是伊豆大岛出身。他们都是利用两艘和船在日本近海从事海运业的人，但在日本近海海域遭遇海难，漂流到菲律宾的岛屿。③ 日本与菲律宾所属的岛屿没有通行关系，那么，这些漂流者如何从

---

① 《历代宝案》第二集，第94、95、4632～4635、4659～4660页。
② 松浦章：《清代贸易史の研究》，同朋舍出版，2001年；松浦章：《清代帆船沿海航运史の研究》，关西大学出版部，2010年。
③ 《長崎實録大成》卷十二《乍浦船ヨリ呂宋漂着之者拾七人送來事》，《長崎文献叢書》第一集第二卷《長崎實録大成正編》，长崎文献社，1973年，第305～307页。

菲律宾回到日本的呢？在乾隆三十二年（1767年）二月二十五日，苏昌和庄有恭的奏折①中有如下记载：

> 据漳浦县详报，乾隆三十一年八月二十日，有番民一十八人在云霄营关厢饭店住歇，为汛兵乡保盘诘送县，查讯同行之张兴隆，据称各番系日本国人，在洋失风羁留吕宋所辖之宿雾国，有海澄县船户黄泰源在彼贸易顺带到闽等情。……兹据布政使钱琦、按察使余文仪详称，查讯得黄泰源自置商船，领有海澄县牌照。于乾隆三十一年三月，自厦门挂验出口，前赴宿雾生理交易，事毕正在开船，该地番官声言有日本国番人文冶良等一十八名，遭风飘流到彼，本处向无日本往来船只，浼黄泰源附载厦门再觅便船送回，给与番银一百圆，以作酬劳，及给难番口食。黄泰源应久即在宿雾开船，驶至南澳，碇纲遇风刮断。八月十九日，漂至诏安县铜山布袋澳，冲礁击碎，船货俱沉，幸遇渔船，救载上岸，黄泰源即赴营汛，具报难番文冶良等，同水手张兴隆，由陆路前往厦门。行至云霄地方，致被盘获反覆究诘，并无别情，现有同在宿雾之商船金德隆、杨孟生可证，又觅能日本番语之通事译出，各番口供，据称番人文冶良系船主，八右门系舵工，源龙系财副。其余宋十良、左冶良、仪右门、利七、幸吉、源冶良、德之助、冶良、八壳龙、十三良、照五良、森兵平、长吉、长龙、五良平十五人俱系水手，均在日本国七然岛住家，原领该国告身，装载钱、米、豆、麦、柴木等物，海边货卖，遭风失舵，漂至搭口洋，船货沉没，扶板抵岸。该地番官，载送宿雾，因宿务与日本不通交易，在彼逗留，适遇黄泰源之船前来贸易，宿雾土官令其搭至内地，随身并无银货，只求及早发归国，沾恩无既等情。臣等查乾隆十六年三月，有日本国难番又五都等八人，遭风飘至福鼎县。又乾隆二十三年八月，该国难番幸平等三人，遭风飘至凤山县，俱转送厦门，日给钱米，安顿送至浙江宁波，附搭回国在案。今日本国难番文冶良等一十八人，在洋遭风，羁留宿雾，因该地不通日本，附搭内地商船来闽，讯无别情，自应查照前例，每日给米一升，盐、菜、钱十文，敕令地方官好为安顿，觅船载往宁波附搭日本贸易船只回国。②

---

① 中国第一历史档案馆所藏，朱批奏折，外交类，档案号4—258—5。
② 中国第一历史档案馆所藏，朱批奏折，外交类，四全宗二五八卷五号。

持有海澄县航运牌照的黄泰源用自置商船,于乾隆三十一年(1766年)三月自厦门出帆,前往宿务进行贸易。宿务的当地人将漂流到当地的日本人文治良等18人的情况告诉他。宿务没有远赴日本的船舶,因此这些日本人搭乘回厦门的商船,前往厦门。作为送还的费用,当地的官吏给黄泰源"番银一百圆",还给了日本人食物。因此,黄泰源的船舶从宿务出发,在南澳附近,舵和网损坏,八月十九日漂流到诏安县铜山布袋澳。船舶被损,货物也流失了。但幸运的是,他们被渔船救助登陆。黄泰源直接去营汛,报告了难民情况,水手张兴隆由陆路赴厦门再到云霄地方,汇报了以上的情况。

对于他们的供述是否正确,往宿务的商船金德隆、杨孟生进行了核实,而且找到会日语的通事进行翻译,直接询问难民。他们说:"文冶良系船主,八右门系舵工,源龙系财副。其余宋十良、左冶良、仪右门、利七、幸吉、源冶良、德之助、治良、八壳龙、十三良、照五良、森兵平、长吉、长龙、五良平十五人俱系水手。"可见,他们是居住在日本"七然岛"①的人,持有本国的通航书,搭载"钱、米、豆、麦、柴木等物"进行贸易,途中遭遇海难,货物也纷纷流失。他们被送到宿务。但宿务和日本没有直接贸易关系,他们只好滞留在当地。但恰巧黄泰源的商船到达宿务,这些日本难民立刻表达了搭乘黄泰源船被送至中国的要求。

以上就是漂流到菲律宾的日本人搭乘中国帆船被送往厦门的经过。

这些漂流民最终被送回长崎,在长崎受到讯问的具体情况如下:

> 明和四年(乾隆三十二年,1767年)七月八日亥三番乍浦出帆的船只载回的日本人有筑前残岛②人,共15名,另外1名伊豆大岛人。文次郎等19人在大坂、江户、津轻、松前间经营运输船,明和二年(乾隆三十年,1765年)十月从奥州出海,遭遇海难,明和二年(乾隆三十年,1765年)三月初,漂流到不明之地,"称吕宋国支配下的宿务"。三月末,被送至"ソクボウト"(译者注:此处应为吕宋某地名音译),在那和另外两名日本漂流民相遇。其后,明和三年(乾隆三十一年,1766年)三月初,"唐船一艘入津",中国商船到达该地区。于是搭乘该船前往中国,八月十九日终于到达漳浦县,到时船舶已经几乎完全破烂,众人游泳登陆。

---

① "七然岛"在何处不得而知。日本方面的记载参见"残岛"。
② 残岛(ノコシマ)是福冈湾中部的岛屿。参见吉田东伍《增补大日本地名辞典》第四卷《西国》,明治三十四年(1901年)初版,昭和四十六年(1971年)增补版,第200页。

九月十八日被送达厦门,十二月九日从厦门送到福州,二十二日到达福州。明和四年(乾隆三十二年,1767年)正月四日接受了福州官员的讯问,滞留到四月,四月五日继续从福州搭乘帆船,四月二十七日到达乍浦。在乍浦接受了木棉制作的棉被、衣服等。六月十九日再次从乍浦出发,七月八日,17名日本难民终于回到日本长崎。

根据在长崎接受讯问的漂流民的供述,明和三年(乾隆三十一年,1766年)三月初"唐船一艘入津",即中国商船来到菲律宾,这和前文中奏折所提到的黄泰源船"乾隆三十一年三月,自厦门挂验出口,前赴宿务生理交易"的记载完全一致。

根据这些漂流到菲律宾岛屿的16名筑前人归国的过程,可以做成如下表 4-2:

表 4-2 日本人从菲律宾宿务岛回国的经过

西历	中国纪年	日本纪年	地点	乘坐船舶
1765	乾隆三十年	明和二年3月上旬	漂流到宿务岛	从日本近海乘和船漂流
		3月末	ソクボウト	
1766	乾隆三十一年	明和三年3月初	黄泰源船来航	搭乘中国帆船黄泰源船
		8月19日	到达漳州	
		9月18日	到达厦门	
		12月9日	从厦门出海	搭乘中国帆船
		12月22日	到达福州	
1767	乾隆三十二年	明和4年1月4日	福州衙门问话	
		4月5日	从福州出海	搭乘中国帆船
		4月27日	到达乍浦	
		6月19日	从乍浦出海	搭乘中国帆船
		7月8日	长崎入港	

(二)1804 年送朝鲜人文顺得回国事例

朝鲜人文顺得遭遇海难,漂流到吕宋,最终经由中国回到朝鲜。

文顺得又名文淳得,字夫初。生于朝鲜正祖丁酉(1777 年),死于丁未

(1847年)四月二十七日。文顺得漂流到琉球,其后又漂流到吕宋,经由中国回到朝鲜。记载这些经过的是《漂海始末》①。根据《漂海始末》,1801年(辛酉)十二月,由牛耳岛出发,1802年(壬戌)正月二十五日在济州岛西遭遇海难,漂流海上,一月二十九日,漂流到琉球国大岛即现在的奄美大岛,在当地滞留两个月,从琉球国出发,被琉球官吏送往中国的途中再次遭遇海难,1802年(壬戌)十一月十九日漂流到吕宋岛。其后,1803年(癸亥)八月二十九日搭乘中国商人的船只由吕宋岛出发,九月九日到达澳门,从广州,经由江西省内,再经过南京,最终被送到北京。1804年(甲子)十二月十六日到达首都汉城。1805年(乙丑)正月八日,终于回到家乡牛耳岛。② 文顺得滞留吕宋的时间从1802年(壬戌)十一月到出帆的1803年(癸亥)八月为止,共10个月左右。

将文顺得送往澳门的情形,可以参见葡萄牙东波塔档案馆所藏的清代官吏汉文文书:

> 叩禀高丽朝鲜国全罗道罗州牧牛耳村人文顺得等六人,驾船买卖,有本国行牌。嘉庆六年三月从家开船。十月初五日,在罗州牧都时村地方罗[买]白米一百余石,船中装载,行船回牛耳村,风色不顺,等至十一月初四日开始。……飘至正月二十九日,到琉球国地名外山大岛所在,其货物失去、损坏,四人止究[救]二人。七年三月初一日,到琉球国王处。问明有船牌,留至七年十月初七日,请上船送来中国。不料在琉球国外岛马齿山等风,十五日开船,十六日又被风波大作,飘到吕宋国所在一□[噫]戈地方,我们二人求食。至八年三月十六日方见吕宋国王,又留延数月。至八年八月二十六日,吕宋王将我们二人送澳门番鬼船,九月初二日开船,初十日到澳门界。十二日到澳门关。伏乞天朝大老爷保全。

> 琉球国王赏银三十元,米、菜、肉、鱼二包,并衣帐一幅。又有病则

---

① 多和田真一郎:《〈琉球·吕宋漂海録〉の研究——二百年前の琉球·吕宋の民俗·言語》,第35～76页。

② 多和田真一郎:《〈琉球·吕宋漂海録〉の研究——二百年前の琉球·吕宋の民俗·言語》,第12～13页、15页。

各医治下,问病食药。①

这里也简单记载了文顺得等人漂流的经过,他们是嘉庆八年(1803年)九月二日离开吕宋,十日到达澳门的。

此外,香山县丞吴兆晋的报告中这样写道:

> 现据该夷目禀称,本月十一日,第十一号澳船由小吕宋回澳,带有难人文顺得、金玉文二名,携投到哆。据该难人说称,伊二人原系高丽国全罗道罗州牧人氏,为因船在洋面遭风漂荡激烂,在小吕宋地方,同船之人俱被沉溺⋯⋯

嘉庆八年九月二十二日谕②

到达吕宋的是文顺得和金玉文两人,他们被送回到广州。倭什布与孙玉庭的奏折中这样报告道:

> 据香山县详称,据澳门夷目唛嚓哆禀,有朝鲜国人文顺得、金玉文二名,在洋遭风,经吕宋国人援救,携带到广,以便搭船归国等情。⋯⋯据藩臬两司详称,查明文顺德、金玉文二名,系朝鲜国罗州牧牛耳村人,于嘉庆二年三月内,同伴六人驾船,买米被风,飘至琉球国,正剩伊等二人,复得琉球上船,又遭风飘至吕宋国,被援附船到广。⋯⋯

嘉庆九年二月二十四日③

香山县报告,据澳门唛嚓哆汇报,文顺得、金玉文等被送至广州,接受有关漂流过程的讯问。根据《漂海始末》,嘉庆八年(1803)十二月"十三日入总督府,出南海县,馆于粤关"④,可知文顺得等人于十二月十三日受到了政府的接待。

如上,文顺得和金玉文漂流到琉球,在被琉球送往中国的途中再次遭遇海难漂流至吕宋,继而被送至澳门,又在广州经中国官员送至北京,最终回

---

① 刘芳辑、章文钦校:《葡萄牙东波塔档案馆藏　清代澳门中文档案汇编》下册,澳门基金会,1999年,第638页。

② 刘芳辑、章文钦校:《葡萄牙东波塔档案馆藏清代澳门中文档案汇编》下册,澳门基金会,1999年,第638~639页。

③ 中国第一历史档案馆编:《清代中朝关系档案史料续编》,中国档案出版社,1998年,第40~41页。

④ 多和田真一郎:《〈琉球・呂宋漂海録〉の研究——二百年前の琉球・呂宋の民俗・言語》,第42页。

到朝鲜。在将漂流者送还本国的过程中,中国帆船做出了非常大的贡献。

表 4-3 朝鲜人文顺得从菲律宾回国的经过

西历	中国纪年	日本纪年	地点	乘坐船舶
1800	嘉庆五年	12 月	朝鲜牛耳岛	朝鲜帆船
1801	嘉庆六年	正月 25 日	济州岛	
		正月 29 日	奄美大岛	琉球帆船
		10 月 16 日	那霸出港	
1802	嘉庆七年	11 月 1 日	漂流到吕宋岛	
1803	嘉庆八年	8 月 28 日	从吕宋岛出海	中国帆船
		9 月 9 日	到达澳门	
		12 月 13 日	到达广州粤海关馆舍	
1804	嘉庆九年	3 月 17 日	从广州出发	陆路
		5 月 19 日	到达北京	
		11 月 4 日	从北京出发	陆路
1804	嘉庆九年	12 月 16 日	到达汉城	
1805	嘉庆十年	正月 8 日	返回牛耳岛	朝鲜帆船

资料来源:松浦章:《近世東アジア海域の文化交渉》,思文閣出版,2010 年,第 265~268 页。

(三)1819 年送越南人回国事例

与前文中记载的事件类似,也有越南人漂流到日本,从长崎搭乘中国贸易船先被送到中国,再返回本国的事例。日本文化十二年(嘉庆二十年,1815 年)八月,漂流至九州南部屋久岛的漂流民被送到长崎。这一事例被记载在《长崎志续编》卷九《异国漂流日本人送来之部》的《萨州到安南国之者送来事》[①]中。

从屋久岛被送到长崎的外国人一共 5 名,文化十二年(嘉庆二十年,1815 年)十一月十八日到达长崎。在长崎,立即对他们进行了讯问,但由于这 5 人语言不通,没能实现。于是,叫来为贸易而来到长崎的中国人帮忙问

---

① 《續長崎実録大成》,第 345~346 页。

话。最初,由于这5人中有1人会写汉字,于是被保护于"唐人屋敷",也就是"唐馆"中。这个难民所写的汉字,其内容为职位、名字和年龄,具体如下:

> 队长,拜,四十四岁;五长,宝,四十六岁;队长,敬,四十三岁;五长,平,三十三岁;五长,良,四十四岁。

5人被安置在唐人屋敷的网小屋中,还领到了铺盖等。第二天进行问话,没想到他们语言不通。但是当时停留在唐人屋敷中的中国人里,有人曾随船去过安南国。这个叫蔡睷使的中国人可以和他们对话,得知5人都是安南国会安府的农民。他们为了建造王宫,乘坐搭乘43人的大船及搭乘7人的小船,三月十七日从山南下镇出发,到嘉定府购买木材。这5人乘坐的是其中的小型船。十七日夜遭遇狂风,和大型船分离后漂流数日。所带的食物也没有了,于是钓鱼充饥,在钓鱼过程中又有2人溺水而亡,剩下的5人继续漂流,八月十三日到达岸边,但是不知道到了哪里,其实就是九州南部的屋久岛。

文化十四年(嘉庆二十二年,1817年)四月二十八日,由长崎送往中国的5名安南国人后来又怎样了呢?由于日本和中国干支纪年相同,文化十四年四月二十八日,也就是嘉庆二十二年(1817年)四月二十八日,中国帆船由长崎返回到中国。可以参见嘉庆二十二年(1817年)七月二十三日浙江巡抚杨護的奏折,奏折内容如下:

> 浙江巡抚杨護跪奏,为安南国遭风难夷,附搭铜船只进口,循照成案,送至广东省府便转送回国恭折奏闻事。窃据嘉兴府海防同知周镐、平湖县知县李宗传会详称,嘉庆二十二年五月二十八日,据官民二局办铜行商沈蓉塘、谭仔才禀称,窃商等铜船俱于上年十一月,由乍浦出口,十二月间,前抵日本国,该国人,先于嘉庆二十年秋间,捞救安南遭风难夷五人在岸,日本素与安南不通商贩,安南系天朝属国欲交商等。①

可见,在日本从事贸易的官局、民局沈蓉塘、谭仔才,于嘉庆二十一年(1816年)十一月由乍浦出港,十二月到达长崎,载5名漂流到日本的安南国难民返回中国。由于当时日本和安南之间没有通商关系,因此被托付把这些难民先送至中国。所救助的5名难民名字分别为范惟纳、邓廷合、良善

---

① 中国第一历史档案馆藏,朱批奏折,外交类,档案号4-309-15。

伯、范文敬、吴文平。日本一方的记录的名字为拜、宝、敬、平、良。如果从姓名上判断,很可能"拜"是指范惟纳,"宝"是邓廷合,"良"是良善伯,"敬"是范文敬,"平"是吴文平。

此外,在该奏折中,还有有关这些难民后续的情况:

> 将该难夷等,暂交牙人安顿,粘同夷照禀,经该丞等,照例抚恤,一面会同译讯详报等情。当经批司,检查成案,议详核办去后。兹据该丞等,将该难夷范惟纳等,委员解省,敕委杭州府知府吴廷传,同粗晓安南语音之水手陈城弟,讯明来由,详经藩司瑞麟查明,办过成案,详情核奏前来。臣查核该难夷范惟纳等五名,既据藩司敕府译讯供情,俱系安南兵丁,因换班遭风漂至日本,经该国人捞救上岸,托交铜商船只,带送进口。核与嘉庆八年四月间,平湖县办铜商船,带回安南国难夷安多呢一名,解省询明,委员伴走,至广东省附便转送回国。成案相符,除备移造册,将该难夷范惟纳等五名,同腰刀等物,委员咨送广东督抚,臣再行传同通事,译讯确供,附搭便船,转送回国,并咨明礼部外,所有办铜船只,附带安南国遭风难夷,进转送回国缘由,理合恭折奏闻,伏乞皇上睿鉴,谨奏。
>
> 朱批:"知道了。"
>
> 嘉庆二十二年七月二十三日①

这些安南难民在其后受到商人的保护。杭州府知府吴廷传通过粗晓安南语的水手陈城弟翻译,对他们的漂流经过进行了问话,得知他们本是安南人,漂流到日本后获得救助。因此对他们的处置就参照了之前的做法。嘉庆八年(1803年)曾有一名安南难民漂流到日本,也同样被送还到乍浦,后来又送到广东省。

兼署两广总督、广东巡抚陈若霖的奏折如下:

> 惟嘉庆八年成案,该国难人安多呢一名,自浙省解到越东奏明,俟有该国便船,附搭回国在案。今该难兵范维纳等,于委员讯供之时均称,不愿再涉风涛,恳由陆路转送回国等情。臣查嘉庆二十年间,有越南国难人阮有度等,被风漂至粤洋面,香山县解省,委员押护,至广西苍梧县,转递至镇南关,出口在案。该难兵范维纳等,现经讯明,不愿放洋

---

① 中国第一历史档案馆藏,朱批奏折,外交类,档案号4-309-15。

回国,自难援照安多呢成案,办理应请,即照阮有度等成案,由陆路护送出口,以示圣朝怀柔远人至意,所有该难兵等,腰刀、银钱等物,照数点给携带,敕委候补县丞李淳,护送至广西苍梧县交替,另由广西梧州、太平二府一体选派妥员,接递至镇南关,交该国谅山镇目,点收回国,沿途支给口粮,照例造册报销,仍俟岁底汇案,具题。除檄敕广西梧州、太平二府选派妥员接递并,咨广西巡抚臣,一体檄敕遵照,及咨明礼部闽浙督抚,臣查照外,臣谨恭折具奏。伏乞皇上睿鉴,谨奏。

朱批:"知道了。"

嘉庆二十二年十月十三日①

在广东接受审问的越南难民范惟纳被送还本国时,曾经强烈拒绝乘坐船舶回国。估计是最初乘坐小船遭遇海难,又长时间漂流,留下的印象太深刻。于是,清朝官府考虑到他的情绪,采用陆路将其送回。送至广西省东南部梧州的苍梧县后,再到最西部的太平州,从中越边境的镇南关返回越南。

表4-4 越南人从日本屋久岛回国的过程

西历	中国纪年	日本纪年	地点	乘坐船舶
1815	嘉庆二十年	4月17日	从越南山南出发	越南帆船
		文化十二年8月13日	日本屋久岛	
			从屋久岛出发	和船
1816	嘉庆二十一年	文化十三年11月18日	到达长崎	
1817	嘉庆二十二年	文化十四年4月28日	从长崎出发	中国帆船
		5月21—27日	乍浦	
		7月	从乍浦出发	陆路
		10月	到达广州	
			从广州出发	陆路
			广西	
			广西	陆路
			回到越南国	

资料来源:《續長崎実録大成》,第345~346页。

① 中国第一历史档案馆藏,朱批奏折,外交类,档案号4-309-16。

四、小　结

如上所述,18—19 世纪,在东亚海域内,中国帆船的活动非常活跃。日本和朝鲜的帆船,其船帆多被称作"真帆",这种船帆适合顺风航行,而不适合逆风。而且,两国在当时都奉行闭关政策,因此只建造适合近海航行的帆船,一般情况下建造适合外洋航行的帆船极其稀少。因此,无论从形制还是数量上,它们根本无法与可在逆风中航行的中国帆船相对抗。此外,中国在康熙二十三年(1684 年)之后实行"展海令",允许民间船舶进行海外航行,也推动了中国帆船在东亚海域内的自由航行。

其结果不仅是中国帆船扩大了航行范围,还引发了很多搭乘难民返回本国的事件。那些在东亚海域内遭遇海难的难民,乘坐中国帆船被送回到自己的国家。

漂流到菲律宾宿务岛的日本人,漂流到吕宋港的朝鲜人,漂流到日本屋久岛的越南人,他们都得到活跃于东亚海域内从事贸易的中国帆船的救助而回到本国。

日本、朝鲜、越南的难民们,靠自己的力量很难回到本国。正是从事海上贸易的中国帆船采取先将他们送至中国,然后由中国再送回本国的形式,对难民进行了积极救助。我们应该高度评价这些历史事实,肯定中国帆船在承担东亚海域内各国相互交流方面做出的突出贡献。

(翻译、校对:杨蕾)

第五章

清代帆船的船内祭祀

一、前　言

　　2009 年 1 月 24 日,日本关西大学文化交涉学教育研究据点(ICIS)以"从周边观中国文化"为主题召开第 3 回研究集会。二阶堂善弘教授发表了《论长崎唐寺之妈祖堂及其祀神——沿海"周边"地区的信仰传播》为题的论文(以下简称二阶堂发表)。对此,笔者试以本文与之探讨。

　　《论长崎唐寺之妈祖堂及其祀神——沿海"周边"地区的信仰传播》的发表,将江户时代传入日本的妈祖信仰视为一种宗教形态(从中国传往东亚海域周边诸国、诸地区,尤其是日本长崎),探讨了其源流——中国大陆沿海地区,尤其是以福建省为中心的祭祀形态。

　　本章则针对这一外来宗教(妈祖信仰)在长崎的祭祀情况,以及其传播过程中,航行于中国至长崎之间的清代船舶内的祭祀情况加以论述。

二、江户时代长崎唐寺之妈祖祭祀

　　江户时代传来日本的中国宗教,扎根于长崎的中国式寺院,如兴福寺、福济寺、崇福寺、圣福寺等中国式寺院,当时被称为"唐寺"。兴福寺俗称南京寺,福济寺俗称漳州寺,崇福寺俗称福州寺……很多寺院都以中国地名来称呼。这样的时代特点,表明这些寺庙与江户时代航至长崎之中国船舶出港地的密切关联。

　　根据 17 世纪初期《长崎实录大成》卷十《唐船长崎港来着之事》:

　　　　庆长九年(1604 年)以来,来长崎从事唐通事的人开始不断出现。

元和六年（1620年）南京寺创建之后，宽永六年（1629年）漳州寺和福州寺也相继建立。这三个中国式寺院，都是由渡航到长崎来的中国船的船主捐资创建的。①

中国船舶频繁进入长崎港，应是庆长九年（1604年）以后的事情；至元和六年（1620年）南京寺创建之前的十多年间，关于前来长崎的中国人之祭祀情形，《长崎市史·地志编·佛寺部上》之终南山光明院悟真寺有所记载。天正十五年（1587年）丰臣秀吉颁发"伴天连追放令"，实行禁止基督教的政策。然而长崎基督教势力强大、佛教依然被排斥，对此庆长三年（1598年）长崎奉行为了复兴佛教，允许长崎创建悟真寺。创建悟真寺居首功者，乃是福建漳州府出身之中国商人欧阳华宇，以及漳州府龙溪县出身的张吉泉。航渡至长崎的中国人，于停留长崎期间参拜悟真寺②。根据《长崎实录大成》卷五《寺院开创之部上》所载，关于元和六年（1620年）所创建的东明山兴福寺有如下之行文：

> 兴福寺的开创，是在元和六年。当时的中国僧侣真圆坐船来到长崎，在三年间建起了如今兴福寺境内的庵室。那时，由于施行严厉的基督教禁令，又有传言说坐船来日本的中国人中混杂了基督教的信仰者，因此从中国南京（江南）来的船主们经过商议，决定当中国船刚到长崎港时，就先调查下船上是否有基督教的信仰者。同时，也为了祈祷航海的安全和祷告逝世船主的灵魂，作为禅宗寺院的创始者真圆，向长崎奉行所提出了创建禅宗寺院的希望。……在长崎，这个寺院被称为南京寺。③

以上记录了兴福寺创建之经纬。兴福寺之创建是由于日本禁止基督教所引发的混乱，以及为唐船船员祈求航海安全与供养菩提而设立的。

另外，分紫山福济寺创立于宽永五年（1628年）。《长崎实录大成》卷六《寺院开创之部下》，有如下之记载：

---

① 《長崎實録大成正編》，《長崎文献叢書》第一集第二卷，长崎文献社，1973年，第242页。
② 《長崎市史 地誌編佛寺部上》，长崎市，1923年初版，1981年复刻版，第46~48页。
③ 《長崎實録大成正編》，《長崎文献叢書》第一集第二卷，长崎文献社，1973年，第133页。

福济寺的创建是在宽永五年,中国僧侣觉海坐船来到长崎时完成的事。原因是当时从漳州来到长崎港的船主们商议,要调查中国船入港时天主教信仰问题和祈祷航海的安全,以及吊唁之前逝去的船主。……在长崎,这个寺被称为漳州寺。①

福济寺与兴福寺情况相同,系因规避入港长崎时取缔基督教之诸多繁杂手续而建造。同时,也为祈求航海安全并作为供养先祖之地而设立。另外,圣寿山崇福寺亦于翌年,即宽永六年(1629年)创建,《长崎实录大成》卷六《寺院开创之部下》,有如下之记载:

崇福寺的创建,是在宽永六年中国僧侣超然坐船来到长崎时完成的。原因是当时从福州来到长崎港的船主们商定,参照元和六年建成的南京福兴寺以及宽永五年建成的漳州福济寺,为了调查中国船入港时天主教的信仰问题和祈祷航海的安全,以及吊唁过去逝去的船主。……在长崎,这个寺被称为福州寺。②

如前所述,崇福寺之创建缘由亦同于前举二寺。

关于这三座唐寺,《长崎实录大成》卷五《寺院开创之部上》"兴福寺"一条,有如下之记载:

每年的三月二十三日,为了举行祭祀中国船船内的船神天后的祭典,滞留在长崎的中国人被允许前往这三个寺院参拜。不过因为之后创建的福济寺和崇福寺与这三个寺院是同等级别的,因此就演变成在每年的三月、七月、九月的二十三日,在这几个寺院轮番举行妈祖祭。滞留在长崎的中国人也都会去参拜。③

如前所述,得知这三座唐寺对唐船船长及船员而言,是具有重要认同功能的佛寺。

关于各寺院之祭神,20世纪20年代所进行的实地调查,被认为在反映

---

① 《長崎實録大成正編》,《長崎文献叢書》第一集第二卷,長崎文献社,1973年,第143页。
② 《長崎實録大成正編》,《長崎文献叢書》第一集第二卷,長崎文献社,1973年,第145~146页。
③ 《長崎實録大成正編》,《長崎文献叢書》第一集第二卷,長崎文献社,1973年,第133页。

江户时代状况方面具有相当大的参考性。因此，笔者在此针对福济寺等唐寺所祀之妈祖等神像稍作考察。

兴福寺之妈祖堂中的神像：

　　天后圣母像，倚像，一尊；
　　天后圣母侍女像，立像，一尊；
　　千里眼像，立像，一尊；
　　顺风耳像，立像，一尊；
　　关帝像，倚像，一尊；
　　关平像，立像，一尊；
　　周仓像，立像，一尊；
　　三官大帝像，倚像，三尊。①

福济寺所祀神像：

　　妈祖像，倚像，一尊；
　　妈祖侍女像，立像，左右二对；
　　关帝像，倚像，一尊；
　　关平像，立像，一尊；
　　周仓像，立像，一尊。②

崇福寺所祀神像：

　　天后圣母像，倚像，一尊；
　　侍女像，立像，二尊；
　　侍者像，立像，二尊；
　　天后圣母像，倚像，一尊；
　　观世音菩萨像，坐像，一尊；
　　观世音菩萨像，坐像，一尊；
　　十二神将像，立像，十二尊；

---

① 《長崎市史 地誌編 佛寺部》上，長崎市，1923年初版，1981年复刻版，第207～208页。

② 《長崎市史 地誌編 佛寺部》上，第304～305页。

千里眼像,立像,一尊;
顺风耳像,立像,一尊。①

护法堂所祀神像:

关帝像,倚像,一尊;
陈平像,立像,一尊;
周仓像,立像,一尊。②

三座唐寺中将如上所列的神像作为其祭祀的对象。

如前所载,长崎之兴福寺依中国地名俗称南京寺,福济寺为漳州寺,崇福寺为福州寺,充分表露了这些唐寺之背景与江户前期来航长崎之中国船的始航地有非常密切的关联。

表 5-1 元禄元年(1688 年)来航长崎之帆船 194 艘的始航地分布

船　名	数　量	比　率
福州船	45 艘	23.2%
宁波船	31 艘	16.0%
厦门船	28 艘	14.4%
南京船(由上海出港)	23 艘	11.8%
广东船	17 艘	8.7%
泉州船	7 艘	3.6%
潮州船	6 艘	3.1%
普陀山船	5 艘	2.6%
广南船	5 艘	2.6%
台湾船	4 艘	2.1%
高州船	4 艘	2.1%
咬𠺕吧船	4 艘	2.1%
海南船	3 艘	1.5%
沙埕船	2 艘	1.0%

---

① 《長崎市史 地誌編 佛寺部》上,第 436 页。
② 《長崎市史 地誌編 佛寺部》上,第 437 页。

续表

船　名	数　量	比　率
马六甲船	2 艘	1.0%
暹罗船	2 艘	1.0%
温州船	1 艘	0.5%
安海船	1 艘	0.5%
漳州船	1 艘	0.5%
安南船	1 艘	0.5%
不明	2 艘	1.0%
合计	194 艘	100.0%

资料来源：松浦章：《江戸时代唐船による日中文化交流》，思文阁出版，2007 年，第 255 页。

因此，本文试以中国船来航长崎数量最多的元禄元年（1688 年）为研究案例。自表 5-1 可知，为数最多的是福州船、宁波船、厦门船、南京船、广东船、泉州船。其中，从福建来航长崎之福州船、厦门船、泉州船合计 80 艘，占总数的 40% 以上。江南的宁波船、南京船、普陀山船则有 59 艘，占 30% 之多。因此，福建与江南的船舶，超过 70%，由此观之，应也不难理解长崎之唐寺创建的意义。

依此脉络得知，来航长崎之中国船与长崎唐寺之关系是非常密切的。同样的，二阶堂氏研究长崎唐寺中祭祀对象之诸神源流时以中国福建为重心，应该说是合情合理的。

三、清代帆船的船内祭祀

中国神明信仰由中国传播至长崎的过程，虽然可以说是中国商船将中国神明信仰带到日本，但是可以肯定，这些船舶并非因为传播神明信仰而来航长崎，而是因为贸易目的。尤其当时日本实行禁教，宗教问题是一项禁忌。因而，探究中国神明信仰在日本的传播，首先阐明来航长崎的中国商船船内供奉哪些神明，无疑是最好的切入点。

一般认为中国船舶自古即存在着船内祭祀的习惯，例如明代张燮撰《东

《西洋考》卷九《舟师考》中即记载着协天大帝、天妃（即妈祖）与舟神三位神明。尤其是天妃一项，尚有如下的记载：

> 国朝永乐间，内官郑和有西洋之役，各上灵迹，命修祠宇。己丑，加封弘仁普济护国庇民明着天妃。自是遣官致祭，岁以为常。册使奉命岛外，亦明禋惟谨。
>
> 舟神不知创自何年，然舶人皆祀之。①

15世纪初，郑和海外远征以来，明朝屡屡加封天妃，乃是因为其为明代海外派遣时的海上守护神，因而备受重视之故。另外，《东西洋考》中论及这些船内祭祀时，有如下之行文：

> 以上三神，凡舶中来往，俱昼夜香火不绝。特命一人为司香，不他事事。舶主每晓起，率众顶礼。每舶中有惊验，则神必现灵以警众，火光一点，飞出舶上，众悉叩头，至火光更飞入幕乃止。是日善防之，然毕竟有一事为验。或舟将不免，则火光必扬去不肯归。②

即使在船舶航行中，祭坛的灯火也不灭，设专人即"司香"一名照料灯火；每日清晨，船长与船上人员共同祭拜。

万历七年（1579年）萧崇业的《使琉球录》卷上，关于造舟有如下记载：

> 二层中，安诏敕，上设香火，奉海神天妃，尊之且从俗也。③

可知船内供奉有海神天妃。

万历三十四年（1606年）去琉球的使节夏子阳的《使琉球录》卷上，关于造舟一项亦载：

> 二层中，安诏敕，上设香火，奉海神也。④

得证船内祭祀海神一事。

康熙五十八年（1719年）徐葆光的《中山传信录》卷一载：

---

① 《西洋朝贡典录校注　东西洋考》，中外交通史籍丛刊，中华书局，2000年，第185～186页。
② 《西洋朝贡典录校注　东西洋考》，中外交通史籍丛刊，中华书局，2000年，第186页。
③ 屈万里主编：《使琉球录》，明代史籍汇刊，台湾学生书局，1969年，第107页。
④ 屈万里主编：《使琉球录》，明代史籍汇刊，台湾学生书局，1969年，第138页。

香公一人，主天妃诸水神座前油灯，早晚洋中献纸。

凡前往琉球册封新国王之使者，其船舶①中亦供奉海神。

清代，进行海外贸易的大型海洋帆船，通常都有负责船内祭祀的船员。乾隆元年(1736年)《台海使槎录》卷一《赤嵌笔谈》中，关于"海船"有如下之行文：

> 通贩外国船主一名。财副一名，司货物钱财。总杆一名，分理事件。火长一正一副，掌船中更漏及驶船针路。亚班、舵工各一正一副。大缭、二缭各一，管船中缭索。一碇、二碇各一，司碇。一迁、二迁、三迁各一，司桅索。杉板船一正一副，司杉板及头缭。押工一名，修理船中器物。择库一名，清理船舱。香公一名，朝夕焚香楮祀神。总铺一名，又司火食。水手数十名。②

道光十九年(1839年)《厦门志》卷五，关于"洋船"有如下之行文：

> 通贩外国之船，每船船主一名。财副一名，司货物钱财。总杆一名，分理事件。火长一正一副，掌船中更漏及驶船针路。亚班、舵工各一正一副。大缭、二缭各一，管船中缭索。一碇、二碇各一，司碇。一迁、二迁、三迁各一，司桅索。杉板船一正一副，司杉板及头缭。押工一名，修理船中器物。择库一名，清理船舱。香工一名，朝夕焚香楮祀神。总铺一名，又司火食。水手数十名。③

关于船内的各个职掌如前所述，船内不但"朝夕焚香楮祀神"，且有负责祭祀的专人，称为"香公"或"香工"等。"香公"或"香工"编制一人，其职务如前所述为"朝夕焚香楮祀神"，职掌朝夕对船内神明的祭拜。

那么，来航长崎的清代帆船的船内祭祀情况又是如何呢？事实上，关于中国船舶船员之职掌，可参阅元禄八年(康熙三十四年，1695年)刻本《华夷通商考》上册卷末《唐船役者》：

---

① 松浦章：《清代中国琉球贸易史の研究》，榕树书林，2003年，第159~190页。
② 《台海使槎录》(一)，《中国方志丛书 台湾地区第47号》，成文出版社，1983年，第47~48页。
③ 道光《厦门志》卷五《洋船》，见厦门市地方志编纂委员会办公室整理：《厦门志》，鹭江出版社，1996年，第139页。

伙长、舵工、头椗、亚班、财附、总官、杉板工、香工、工社

相对于此,十多年后的宝永六年(康熙四十八年,1709年)西川如见《增补华夷通商考》卷二《唐船役者　漳州ノ詞ヲ記ス》也记载船内有负责祭祀的香工：

香工勤于向菩萨供奉香华灯明,主管朝夕祭拜。

如前所述,船内供奉神明一事是确定的。《华夷通商考》、《增补华夷通商考》也同样记载了来航长崎的清代帆船的船内祭祀。

然而,清代帆船船内究竟供奉哪些神明呢？关于清代停留琉球国的中国帆船,琉球方面有所记录。根据这些记录,可知船内所供奉的神明。

乾隆十四年十一月二十二日(1749年12月31日),漂流至琉球国麻姑山地区的中国船,有如下记载：

据麻姑山地方官报称,旧年十一月二十二日,乌船一艘,漂到本地,其船户蒋长兴等口称,长兴等二十七名,系福建福州府闽县商人。乾隆十四年四月二十二日,往厦门,装糖开船。五月初十日,到上海县发卖。七月初七日,在彼地,装茶叶开船。二十二日,到锦州发卖,彼地装瓜子、黄豆等项。十月十五日,出锦州港,驶到江南外洋,陡遭西北□□。二十二日,漂到麻姑山,冲礁打坏,货物沉空,只逃得性命上岸等。……

计开人数

闽县船户：蒋长兴

舵工：蒋发　□□□

水手：□和　陈华　陈荣　郑成　蒋万　蒋福　蒋起　将茂　蒋咸　蒋旺　高财　谢顺　李情　杨拁　洪益　邱庆　蒋宝　蒋全　杨奇　陈通　蒋金　林贵

客商：潘顺观　蒋天禄　蒋彦光

以上共计二十七名

计开货数

天后娘娘并将军　三位

(以下略)①

---

① 《历代宝案》第二集,台湾大学,第31,2622～2624页。

漂流至琉球国的中国船属于鸟船①形式,船长是蒋长兴,船员27名,为福建福州府闽县海商。乾隆十四年(1749年)四月二十二日前往厦门载砂糖,五月初十日到上海县卖出。七月初七日载茶叶出港,二十二日到东北锦州卖出,于该地载瓜子及黄豆等,十月十五日自锦州港返航。途中遭遇海难,漂至琉球国。该船上供奉有"天后娘娘"与"将军",合计三尊,应是妈祖神像与千里眼将军、顺风耳将军各一尊。

考察《历代宝案》所载的清代帆船的漂流事件,可以得知船内祀神的案例,如表5-2所示。

表5-2　18—19世纪漂流至琉球之清代帆船的船内祭祀事例

年月	船籍	船户名	乘员数	祭祀神名	《历代宝案》
乾隆十四年十一月二十二日(1749.12.31)	福建闽县	蒋长兴	27	天后娘娘 将军 三位	二集31,第2622～2624页
乾隆十四年十一月二十三日(1750.1.1)	福建闽县	吴永盛	28	天后娘娘 六位	二集30、31,第2547～2549、2577、2581页
乾隆十四年十一月二十三日(1750.1.1)	福建兴化府莆田县	黄明盛	30	天后娘娘 三位	二集30、31,第2554～2560、2578、2581页
乾隆十四年十二月间(1750)	福建漳州府龙溪县	林顺泰	23	天后娘娘一座 圣公爷一尊	二集31,第2589、2597～2598、2603页
乾隆十四年十二月间(1750)	顺天府天津卫	田圣思	20	九圣菩萨一幅	二集31,第2590、2598、2602页
乾隆十八年正月二十五日(1753.2.27)	江南通州	崔长顺	23	天后娘娘一位 千里眼将一位 顺风耳将一位	二集34、35,第2710～2712、2735～2737页
乾隆三十一年正月八日(1766.2.16)	福建漳州府龙溪县	蔡永盛	23	天后娘娘一位	二集50,第3195～3196页
乾隆三十四年十二月二十八日(1770.1.24)	江南通州吕四场	姚恒顺		天后娘娘一位 千里眼将一位 顺风耳将一位	二集54,第3265～3267页

---

① 松浦章:《清代海外贸易史の研究》,朋友书店,2002年,第264～276页。

续表

年月	船籍	船户名	乘员数	祭祀神名	《历代宝案》
乾隆四十四年十二月十五日（1779.12.22）	福建福州府闽县	林攀荣	33	天后娘娘一位 千里眼将一位 顺风耳将一位	二集 65、66，第 3492～3495、3514～3515 页
乾隆五十年十二月十四日（1786.1.13）	广东潮州府澄海县	陈万金	38	天后娘娘一位 千里眼将一位 顺风耳将一位 女婢二位	二集 72，第 3660、3666～3667 页
乾隆五十年十二月十五日（1786.1.14）	福建漳州府龙溪县	金乾泰	26	天后娘娘一位 观音菩萨一位 千里眼将一位 顺风耳将一位	二集 72，第 3661～3663 页
乾隆五十年十二月二十一日（1786.1.20）	福建漳州府龙溪县	林长泰	26	天后娘娘一位 千里眼将一位 顺风耳将一位	二集 72，第 3661～3665 页
乾隆五十一年正月七日（1786.2.5）	江南苏州府元和县	蒋龙顺	20	关圣帝君一位 三官大帝一位 顺风耳将一位	二集 73，第 3709～3710、3715、3733～3734 页
嘉庆六年十二月五日（1802.1.8）	福建泉州府同安县	徐三贯	32	圣母神像全座	二集 94、95，第 4632～4635、4659～4660 页
嘉庆十四年三月一日（1809.4.15）	江南苏州府镇洋县	俞富南	17	天上圣母	
嘉庆十九年十二月二十五日（1815.2.3）	广东潮州府澄海县		乘员 36 搭客 22	圣母神像全座	二集 118，第 5371～5373、5377～5378 页
嘉庆二十一年十一月七日（1816.12.25）	直隶天津府天津县	朱沛三		观音菩萨	二集 122、123、5510～5513、5532 页
道光二年十一月十八日（1822.12.30）	广东潮州府澄海县	郑仁记	乘员 46 搭客 44	天上圣母神像全座	二集 135，第 5745～5751 页
道光四年十二月七日（1825.1.25）	广东潮州府澄海县	蔡高泰	乘员 15 搭客 7	天上圣母神像全座	二集 140，第 5850～5853 页

续表

年月	船籍	船户名	乘员数	祭祀神名	《历代宝案》
道光五年四月九日（1825.5.26）	福建泉州府同安县	洪振利	乘员29 搭客9	天上圣母神像全座	二集 140，第5862～5866页
道光六年十二月二十三日（1827.1.20）	江南松江府上海县	舵工王群芳		关圣帝君一位 周仓一位 顺风耳一位 千里眼一位	二集 144，第5991～5995、6035、6038页
道光六年十二月二十三日（1827.1.20）	江南苏州府昆山县	舵工陈志贵	20	关圣帝君一座 关平一位 周仓一位 天上圣母一座 顺风耳一位 总官公一位 千里眼一位	二集 144，第5994、5996～5999页
道光十年十二月四日（1831.1.17）	广东潮州府澄海县	杨传顺	乘员18 搭客23	天恩公公 天后娘娘一座	二集 153，第6388～6389、6391页
道光十六年十二月十六日（1837.1.22）	广东潮州府澄海县	陈进利	乘员40 搭客10	天上圣母一座 顺风爷二座	二集 164，第6825～6828页
同治元年九月十九日（1862.11.10）		舵工杜柏茂	17	菩萨庙一座 天后圣母娘娘	三集 8，第8593～8596页

清代帆船船内所供奉的神明名称，如表5-2所揭，有天后娘娘、圣公爷、九圣菩萨、千里眼将、顺风耳将、观音菩萨、关圣帝君、三官大帝等。

其船长陈继松，并不在船，通船人数，共计二十名。去年十一月，在上海县，装载货物，要到山东省胶州口交卸，于初十日出口，同日往到崇明，十六日崇明放洋。不意在洋屡次遭风，砍桅失舵，即将所载货物五分之一，丢弃下海，任风漂流，十二月二十三日，漂到贵辖地方等语。①

陈继松带领20名船员，于道光六年（1827年）十一月自上海前往山东胶州交易，返航至长江口崇明岛附近遭逢海难，漂流至琉球国。其所载物品

---

① 《历代宝案》第二集，第144、5994、5996～5999页。

如下所述：

> 计开随带物件
>
> 奉敬关圣帝君，一座；关平，一位；周仓，一位。
>
> 奉敬天上圣母，一座；顺风耳，一位；总官公，一位；千里眼，一位。
>
> 衣箱，二十个。
>
> 花尖纸，六百八十九块
>
> （以下略）①

如前所述，供奉关圣帝君一座，关平一位，周仓一位，天上圣母一座，顺风耳一位，总官公一位，千里眼一位。供奉于船内的神明不仅只有妈姐，尚有关帝等。

由此可知，中国帆船之船内祭祀对象，并非仅限于妈姐一神。这则材料同时也证明了这些船内祭祀的神明，系经船舶而传播至周边诸国的。

探究遭逢海难事故之恶劣条件下残存的神祇时，得知船内供奉的神明与海船之间的共通性。供奉天后娘娘（妈祖）者，为福建籍船，多同时供奉千里眼将军与顺风耳将军。江南籍船亦多供奉天后，然而祭祀其他神的案例也不少，如关帝。天津籍的船舶，则发现有供奉观音菩萨的案例。这些船内祭祀的神祇明显有地域性的差别。本文第三部分（实地调查部分）也可证明这一点。

中国船舶航至长崎靠岸后，船内所设置的船神暂时上陆安置到长崎的中国式寺院，返航时再安置回船上，此举称之为"菩萨扬"②。

《增补华夷通商考》中，香工"勤于向菩萨供奉香华灯明"。如前所述，长崎通称妈祖为"菩萨"，中国船舶抵达后，船内所设置的诸神则暂放唐寺，返航时进行将神像送回船上的祭祀仪式，称之为"菩萨扬"。弘化版（弘化四年，1847年）《长崎土产》中刊载的"菩萨扬"如图5-1、图5-2。

> 中国船来到长崎港后，会举行叫作"菩萨扬"的祭祀活动。本来在中国船内就有用来祭祀"船魂之神"的、被叫作"菩萨棚"的地方，在这个地方安置着"天妃之像"，人们在早晨和夜晚都会在此祈祷海上一路平安。由于到达长崎港下船后，船上的中国人都会转移到唐馆，这样就不

---

① 《历代宝案》第二集，第144、5994、5996~5999页。
② 《長崎市史　風俗編上》，长崎市，1925年初版，1981年复刻版，第460~463页。

图 5-1　奉天妃振直库之图
《长崎名胜图绘》卷三

能保护船内的神像,因此人们会到这三个寺院去轮番祭祀,祈祷留在长崎的这段时间也能得到保佑。这样的祭祀活动,是由两个被称为"香工"(向船魂神供香花的人)的中国人,分别举着灯笼站在左右。之后是拿着铜锣的人(两人并排拿着站在左右),再之后是举着六尺长的叫作"直库"的棒子的人,棒子的一头会系上红色的棉绳。这些人一边嘴里念"tetukofuri",一边相继步行。在后面的中央处,放置着"小老妈之像"(大多是木制的),像的后面则放有左右两个举着团扇的侍女像。有时前面还会放上

图 5-2　妈姐扬(ボサアケ)图
弘化版《长崎土产》22丁b

"千里眼"和"顺风耳"的像,或者是"神虎"。"神虎"被称为"土神"的使者。……到达寺院(这三个中国式寺院中的其中一个)和走向山门与中门,以及在关帝堂前和妈姐门的妈姐堂,都要敲响铜锣,通常是依据"直

库"来指挥敲响的。如果有人误闯入前行的道路,就要重头来过一遍。这有除去"障魔污秽"的含义。这之后"老妈姐"的像和"直库"都会被奉纳在妈姐堂,再移送到唐馆。直到要从长崎出港之前,这个神像才会被安置回它本来守护着的船上。确实,根据日本皇朝的"德化广远"的政策,从来没有发生过断绝异邦船只来航的事,这也是希望长崎和四海都能够一直繁荣下去。

如前所述,"菩萨扬"的祭祀仪式,呈现了中国流派之神明传播至长崎的过程。

船内祭祀的事例,不仅见于清代以前的帆船,亦见于今日中国沿海的船舶。

四、福建石狮市祥芝的船舶祭祀

为了考察木造帆船上晋江船员的情况,笔者2008年8月5日造访了福建省泉州地区的石狮市祥芝(Xiangzhi)渔港。调查的概要已如拙稿①所述,在此仅针对船舶祭祀方面论述。目前60多岁担任过近海帆船船长的人,在1984年之前大多搭乘是木造帆船。今日船体仍为木造船,然备有引擎。船长们大多是小学毕业后,从船员做起,所搭乘的木造

图5-3　祥芝帆船的旗帜

船舶上所挂的旗帜可以看到"玉皇大帝、顺风得利"等文字

---

① 松浦章:《清代晋江帆船の海上发展》,《東アジア文化交涉学》第2号,2009年3月。

帆船为"钓艚"型帆船。承继清代木造帆船(外国人所称之 JUNK 船舶)的形状,船长们所使用的帆船,大多属 60 吨规模,大型船全长甚至达 30~40 米。木造船内所供奉的船神,为船长们居住地之守护神。船内虽然也供奉妈姐,不过当地神明三王府(王爷)更为重要,祥芝当地的王爷为李王爷、朱王爷以及池王爷。

另外,船上插了写有所有神明名号的旗帜。农历五月十三日,为当地神明之祭日。作为供奉船员家乡神明的案例,笔者认为非常珍贵。

左:木造帆船　　　　　　　　右:船主各自供奉一個

图 5-4　祥芝斗美宫内的供奉品

五、小　结

在江户时代锁国政策之下,长崎是当时唯一的窗口,因此成为江户时代中日文化交流的唯一据点。航至长崎的中国船船员,在长崎停留期间,祭祀场所即所谓的唐寺,大多供奉有船员故乡信仰的宗教神祇。唐寺作为他们祭祀所信仰神明的寺庙,也就具备了所谓"檀那寺"的功能,供奉着中国流派的诸神,有象征其形状之木造神像。

航行至长崎的船员们,因为信仰习惯以及祈求航海安全,在船内供奉他们的日常神明。一般认为这样的习俗由来已久,明代文献中频繁出现,清代则更普遍。这样的情形,从漂流至琉球国的清代帆船记录可以找到部分文字记载,虽然这些记录并不完整,但也体现了普遍性及明显的地域差异。

综上所述,二阶堂善弘氏《论长崎唐寺之妈祖堂及其祀神——沿海"周边"地区的信仰传播》一文,对于在长崎所供奉的诸神,尤其是妈祖信仰为代表的中国神明,围绕中国沿海区域特别是福建、浙江区域来进行探索,可谓意义深远。本文则借由漂流记录中的清代帆船船内祭祀来论述船神，应可唤起学界对此议题更深入的关注。透过本文，或许也能引出关于江户时期长崎的福建系唐寺俗称福州寺、漳州寺之缘由，以及福建地域文化之异同是否反映在长崎等新的议题。

（翻译：高致华　校对：杨蕾）

下 编

清代华南帆船与经济交流

第六章

清代福建沙埕船的长崎来航

一、前　言

　　在实行"锁国"政策的江户时代,有很多中国船因长崎贸易来到日本。其中,贞享年间到元禄年间被称作"沙埕船"的中国船到达长崎的共有23只。这里的"沙埕"指的是哪里呢?对当时的江户人来说,沙埕是非常陌生的地方。长崎人西川如见在元禄八年(康熙三十四年,1695年)刊行的《华夷通商考》卷上"福建"一节中有如下记载:

　　　　沙埋,海上离日本四百三十里,近年由此处之船不来。狭窄之地。①

　　其后,西川如见对《华夷通商考》加以修订,宝永六年(康熙四十八年,1709年)添加了序言的《增补华夷通商考》刊行,其卷二《福建省》中增加了比上文稍加详细的内容:

　　　　乌坵并沙埋,右二所属兴化府内之岛,并非出船之地,但各地出发之船,从这些岛屿候风来航日本。海上离日本四百三十里。②

　　在这个增补本中,"沙埋"二字上有"シャテイ"(译者注:xia tai)的注音,属于福建沿海福州府南邻的兴化府。西川如见所记录的"沙埋(シャテイ)",从读音上看,可能指的是沙埕,但这种程度上的记载仍然不是很详细。

---

　　① 关西大学东西学术研究所藏:《华夷通商考》卷上,元禄八年(1695年)刊本,21丁表。

　　② 《日本经济丛书》卷五,日本经济丛书刊行会,1914年,第230页。

因此,本文将围绕沙埕是什么样的地方,以及沙埕和海外贸易有何关系进行论述。

二、来航长崎的沙埕船

笔者对江户时代到长崎贸易的沙埕船资料进行了整理,归纳如表6-1:

表6-1 来航长崎的沙埕船列表

西历	中国纪年	日本纪年	船号	船　主	乘员数	船舶的来航履历	页数
1687	康熙二十六年	贞享四年	110号	黄尚官	59		790
1687	康熙二十六年	贞享四年	118号	孔彩官	31	初渡	804
1687	康熙二十六年	贞享四年	119号		38		805
1688	康熙二十七年	贞享五年	167号	林振生	55	初渡	1007
1688	康熙二十七年	贞享五年	168号	陈大允	53	初渡	1009
1689	康熙二十八年	元禄二年	065号	林奥官	36	初渡	1141
1690	康熙二十九年	元禄三年	017号	魏四官	34	元禄二年28号船	1188
1690	康熙二十九年	元禄三年	041号	程松溪	60	元禄二年22号船	1216
1633	康熙三十二年	元禄六年	024号	陈君美	75	元禄五年21号船	1525
1633	康熙三十二年	元禄六年	038号	朱克熙	36	初渡　新造船	1542
1634	康熙三十三年	元禄七年	008号	林孔腾	44	元禄六年58号船	1621
1634	康熙三十三年	元禄七年	033号	林君涵	31	初渡	1641
1634	康熙三十三年	元禄七年	039号	高登谦	44	初渡	1646
1695	康熙三十四年	元禄八年	013号	黄子敬	52	初渡	1715
1695	康熙三十四年	元禄八年	033号	刘以玖	52	元禄七年39号船	1739
1696	康熙三十五年	元禄九年	036号	王宿嘉	44	元禄八年39号船	1788
1696	康熙三十五年	元禄九年	044号	吴占吉	46	元禄九年13号船	1800

续表

西历	中国纪年	日本纪年	船号	船主	乘员数	船舶的来航履历	页数
1697	康熙三十六年	元禄十年	003号	朱克熙	32	元禄九年42号船	1851
1697	康熙三十六年	元禄十年	020号	潘尽官	38	元禄九年23号船	1867
1697	康熙三十六年	元禄十年	058号	周大成	43	元禄九年63号船	1904
1697	康熙三十六年	元禄十年	091号	沙资许	52	初渡	1938
1698	康熙三十七年	元禄十一年	061号	刘又谦	42	初渡	2014
1699	康熙三十八年	元禄十二年	019号	薛文观	57	元禄十一年61号船	2047

最初在长崎报告有关沙埕事项的是贞享二年（康熙二十四年，1685年）四月三日从长崎入港的10号厦门船，在该船的报告中是这样写的：

这次我船于二月二十八日在厦门出船，逐渐渡航，在叫作沙埕的地方，三月十八日与福州船相遇。船头叫黄钦士，他也是渡航到贵地，同日在沙埕与我船共渡洋中，当天互相（在海上）看不到。①

这里提到10号厦门船在贞享二年（康熙二十四年，1685年）三月十八日停泊于沙埕。虽然并未解释沙埕到底是什么样的地方，但我们可以通过同样停泊在沙埕的福州船的报告，对沙埕的情况作更为详细的了解。这艘福州船就是四月二十一日由长崎入港的12号福州船。

我们由福州出船，三月中旬，在叫沙埕的停船处，有厦门船一艘，都是前来贵地（长崎）的。之后从当地同日出船，大约半天之内，互相看不到，为先期入港的十号厦门船。②

如上，福州船出船时间为贞享二年（康熙二十四年，1685年）三月中旬。前文厦门船的报告提到由厦门出发往长崎进行贸易的10号厦门船，同样于三月十八日在沙埕停泊。这次停泊为短期停泊，当日，福州船和厦门船便出帆前往长崎。由此可以看出，沙埕作为停泊港为人所知。

此外，以沙埕作为出发港的船只，是贞享四年（康熙二十六年，1687年）七月二十七日由长崎入港的110号沙埕船。在报告中这样写道：

---

① 《华夷变态》上册，东洋文库，1958年，第464页。
② 《华夷变态》上册，东洋文库，1958年，第468页。

  沙埕,是福州之内次要港口,所以自然也就只有一艘或二艘船由此出发。属于边远之地,只有我们的船,恐怕后面没有船出没。其地处偏僻,各处太平无事,一如前处。①

沙埕被称作福州的"胁之凑"。

贞享四年(康熙二十六年,1687年)八月十七日由长崎入港的第118号沙埕船于六月二十五日出船:

  从福州之近所沙埕,六月二十五日出船。②

贞享四年(康熙二十六年,1687年)九月七日,119号沙埕船由长崎入港:

  因沙埕地处偏远,所以未曾听说(得到)诸方消息。③

将沙埕称作"边土",即边鄙之地。

元禄八年(康熙三十四年,1695年)正月二十六日,13号沙埕船由长崎入港:

  (我)不知道其他各省出发的船的情况。④

元禄八年(康熙三十四年,1695年)七月四日33号沙埕船也由长崎入港:

  (我)不知道其他各省出发的船的情况。⑤

如上,沙埕不如其他港出名。

元禄九年(康熙三十五年,1696年)六月二十八日由长崎入港的36号沙埕船:

  我船由沙埕出发,地处偏远,尤其当年遇到干旱,粮食紧缺,由福建守护上奏朝廷,可以运送米谷。⑥

---

① 《华夷变态》上册,东洋文库,1958年,第790页。
② 《华夷变态》上册,东洋文库,1958年,第804页。
③ 《华夷变态》上册,东洋文库,1958年,第805~806页。
④ 《华夷变态》中册,东洋文库,1958年,第1715页。
⑤ 《华夷变态》中册,东洋文库,1958年,第1739页。
⑥ 《华夷变态》中册,东洋文库,1958年,第1789页。

元禄十年（康熙三十六年，1697年）五月二十五日 58 号沙埕船由长崎入港：

> 沙埕，没有与别处相交换的（货物），由沙埕出产的货物也几乎没有，因此商船往来缺少。①

如上，从沙埕本身的条件看，沙埕的物产比较少，因此商船的往来也不多。

三、有关福建省福宁府福鼎县沙埕的记载

（一）沙埕的地理位置

有关沙埕的基本记载，可参见《清史稿》卷七十《志》四十五《地理》十七《福建》中有这样的描述：

> 福宁府，冲，隶福州道，总兵驻。明，州，领县三。雍正十二年为府。割福建之寿宁来隶，增霞浦。乾隆四年，复析置福鼎，西南距省治五百四十五里，广三百二十四里，袤二百三里，北极高二十六度五十四分，京师偏东三度四十一分。领县五，霞浦冲、繁，倚西南霞浦山，县以此名……福鼎冲、繁，府东北二百十里，治桐山南麓。东，福鼎山，县以此名。东，福全；东南，茭阳；西，铁樟；南，太姥。东南际海，自浙江平阳迤西南为沙埕港，桐山溪出西北金尖山，屈东北，合金钗溪、茭溪、南溪，折南为乌溪、合透埕溪、贯岭溪，径城东而南，合龙山溪为夹城溪，又东南为关盘港，会三叉河、前岐溪、象溪，其西南会董江为白水江，又东南径金屿门入，又西屏风山，有福安塘、弹江入，又西黄崎山、箕筜溪入，又西北九曲港、王柄溪会才溪、蔗溪、跃鲤溪、秋溪入，又西峡门、硖门溪合濮阳溪入，又西至霞浦界，西南，樟柏洋溪入霞浦，管洋溪入浙江泰顺、沙埕、峡门、南关三镇。秦屿，参将驻，有巡司，潋城废司。

由此可见，沙埕与浙江的平阳相邻接，属于福建省福宁府福鼎县。此外，在《清史稿》卷一百三十八《志》一百一十三《兵》九《海防·福建海防》中：

---

① 《华夷变态》下册，东洋文库，1958 年，第 1905 页。

> 福建东南沿海凡二千余里,港澳凡三百六十余处,要口凡二十余处,额设水师二万七千七百余人,分三十一营,大小战船二百六十六艘。自清初以迄乾隆,削平郑氏、三定台湾,及嘉庆间靖海之役,福建用兵海上,较他省为多。岛屿星罗,处处与台、澎相控制,故海防布置,尤为繁密。其州郡滨海者,为福宁、福州、兴化、泉州、漳州五府,而台湾障其东方。五府防务,各有注重之处。福宁重在各港口,自北境之南关山、沙埕港口迤逦而西南,为乌岐港口、盐田港口、白马门口、金垂港口、飞鸾江口、东冲总口,海舶之轻利者,随处可。此福宁之防也。

可见,福宁府是福建省北部的海防要地,沙埕是福宁府的主要港口之一。清军和郑成功作战之时,沙埕曾是重要军事据点。①

郑氏一族投降清朝后,清朝在康熙二十四年(1685年)废除迁界令,颁布展海令。在此之前,清朝曾于康熙二十二年(1683年)十一月到康熙二十三年(1684年)五月派杜臻到福建和广东调查沿海港口的状况。在杜臻的记录《闽粤巡视纪略》卷五中,对沙埕的状况有这样的记载:

> 沙埕北邻浙省之蒲门所,澳内可泊南北风船三百余,浙省商贾,于此鳞集,互易所赍,两省一大都会也。倭寇尝窥伺之,旧于此设陆兵一营。

可见,沙埕位于福建沿海的最北端,北与浙江省的蒲门所相接。沙埕港内可以停泊三百艘以上的帆船,因此,曾是浙江商人汇集的交易地。

福建同安的陈伦炯在《海国闻见录》的"天下沿海形势录"中这样写道:

> 闽之海,内自沙埕、南镇、烽火、三沙、斗米、北茭、定海、五虎而至闽安,外自南关、大崙、小崙、间山、芙蓉、北竿塘、南竿塘、东永而至白犬,为福宁、福州外护左翼之藩篱;南自长乐之梅花、镇东、万安为右臂,外自磁澳而至草屿,中隔石牌洋,外环海坛大岛。闽安虽为闽省水口咽喉,海坛实为闽省右翼之扼要也。由福清之万安,南视平海,内虚海套,是为兴化;外有南日、湄洲,再外乌坵、海坛。所当留意者,东北有东永,东南有乌坵,犹浙之南屺、北屺、积谷、吊邦、韭山、东霍、衢山、江之马

---

① 《清史稿》卷二百二十四《列传》十一《郑成功传》,《清史稿》卷二百四十三《列传》三十《刘之源吴守进传》。

迹,尽山是也。

如上,沙埕是福建最北的港口,由沙埕经过沿海各地可到达闽江口的五虎门。

由沙埕和浙江省相接可以看出,福建省中南部和浙江省中南部沿海的温州、台州也有比较紧密的关联。这一点,由《重纂福建通志》卷八十七《海禁》可以看出。

> 福建治乱视乎漳、泉。漳、泉饥则盗贼众,此必然之势也。福建上府多山,而沿海郡邑田多咸而少收,故上仰粟于上府。南仰粤,北仰温、台,从来如此。漳、泉近粤,故专资粤粟。上府粟聚于洪塘,温、台粟聚于沙埕。福海民资以贩籴无阻者,此固然之事也。

沙埕具有由浙江省的温州和台州运输物资的地理优势。

(二)作为海港的沙埕

明代崇祯二年(宽永六年,1629年)四月十七日题本《兵科抄出浙江巡抚张延登题本》中有如下记载:

> 钦差提督军务巡抚浙江等处地方都察院右副都御史臣张延登,谨题为申严海禁、以清寇源、以固海防事。自去岁闽寇阑入浙中……该臣看得海寇之始,出于闽民通番之弊。通番获利十倍,人舍死趋之如鹜。其流之祸,遂至不可救药。闽、浙连海交界之处,名曰沙埕,以限南北功令,闽船不许过浙,浙船亦不许过闽。天启七年二月内,复该前抚臣潘汝桢题奉明旨内开,"浙、闽俱濒海邻倭,向屡奸民勾引,各厉禁船只,不许往来,以后还着各遵旧禁,严缉彼此境上流突,以绝地方奸利之民,勾倭生端。该部院知道,钦此"。该兵部移咨前来,钦遵在卷。日久玩愒,出入无禁。以致上年海寇大举入犯,臣遵旨申饬,不啻再三,甫得少宁。而闽之渔船忽报八十余只,深入浙地,习为奸利。履霜坚冰渐,岂可长乎。臣细访闽船之为害于浙者有二。一曰杉木船。福建延、汀、邵、建四府出产杉木,其地木商将木沿溪放至洪塘、南台、宁波等处发卖,外载杉木,内装丝绵,驾海出洋,每赁兴化府大海船只,价至八十余两,其取利不赀。一曰钓带鱼船。台之大陈山、昌之韭山、宁之普陀山等处出产带鱼,独闽之莆田、福清县人善钓。每至八九月,联船入钓,动经数百,蚁结蜂聚,正月方归,官军不敢问。此二项船皆与贼通。贼先匿大陈山

等处山中为巢穴,伪立头目,刊成印票,以船之大小为输银之多寡,或五十两,或三十两、二十两不等。货未发给票,谓之报水,货卖完纳银,谓之交票,毫厘不少,时日不爽,习以为常,恬不知怪。是此二项船者,实盗贼勾引之囮媒也。至浙人之自为害者曰划船,为最前钓鱼船,搭厂于山,系莩于海。内地奸民皆以大小划船,假冒乡绅旗号,装载酒米与渔船贸易,因而藏违禁硝磺等物以资贼,每获重利而归。穷洋竟同闹市,牢不可破。是划船者,又盗贼兵粮之赍借也。欲清海禁,非严禁夫三项船不可。或谓水竹埠旧有船税,禁船则商贾不通,税从何处。不知旧规两处商船俱卸沙埕倒换。货自南来者,如糖、靛、椒、藤诸物必易浙船以入;货自北去者,如桃、枣、药材诸物必易闽船以出。杉木船独不可责之易乎。明禁既行,但有由外洋竟至定海者,即以越禁重处。如此,则稽查既易,而税亦不乏绝矣。或又谓海上居民以渔为业,划船若禁,樵采何资。臣又访问大样划船,双桅十桨,便捷如飞,勾引最易。今须令海近县分有司,按船编号,止许两划小船近老岸行驶,朝出暮归,不许穷洋极岛。夫船小则不能重载,限日则不能远去。宦旗名色尽行禁革,亦公私两便之道也。划船之禁,臣得经行。其杉木船、钓船,臣亦咨行福建抚臣知会,但事干二省,一彼一此,须得明旨申饬,方成画一之规,可为长久之计耳……崇祯二年四月十七日,奉圣旨严防商渔船只,以清海禁,着浙闽该抚通行申敕,乔桓如议补用,该抚知道。①

沙埕位于福建和浙江相连接之地。在帆船时代,存在着对利用帆船实行跨省航行的限制。福建船不能进入浙江省沿海,同时,浙江船也被禁止进入福建沿海。因此,沙埕便成为两省交易的交界点。这一题本讲述这样一个故事:由南方也就是福建省南部以南而来的砂糖、蓝、胡椒及藤制品等在沙埕装载到浙江船上,由北方而来的桃、枣、药材等物品,也是在沙埕换装到福建船上,运输到沙埕以南的地区。

由这个题本也能看出沙埕位于沿海的有利位置,是浙江和福建的重要交易地。

在清代官吏的题本中,还能看到在清朝初年发布迁界令实行海禁的时代,沙埕曾作为往东洋也就是日本的渡航港。

---

① 《明清史料》乙编第七本,《兵科抄出浙江巡抚张延登题本》,617~619丁。

在《明清史料》已编第六本《刑部残题本》中，曾记录抓捕因违反海禁到达海外的人。他们"违禁航海，私通接济，大干法纪"①，也就是对违反禁令进行航海和秘密交易的人，视为大罪予以逮捕。当时的供述在这个题本中也有所记录：

> 据钱塘县申称，遵即拘取各犯到官研审。比王吉甫等各却狡口妄供。据王吉甫供，小的绍兴府会稽县人。顺治十七年三月初六日，小的同一个亲眷四日到兰溪，七日到处州，往平阳。三月二十日到福建沙埕买的这些货物，主人是凌起文。六月初二日，沙埕起身，贩货止有两个去的，路上遇着这些客人，俱要到浙江。同回来清水渡起船，到峡口蔡澳，至小坑，到乌岩，被镇守张总镇拿住。防兵要小的银子，不肯与他。将官就夹打，要小的招认做洋货，说到东洋就放了。②

根据浙江钱塘县的调查，对违法者的口供予以核实。其中一人叫王吉甫，为绍兴府会稽县人，于顺治十七年（万治三年，1660年）三月六日从浙江金华府的兰溪县出发，先到南面的处州，再由此经过东南沿海的温州到达平阳。据此，大概从平阳经过了位于沿海的沙埕，在沙埕停留两个多月，由沙埕乘船。

此外，该书还有张瑞的口供记载：

> 又据张瑞口供，路由平阳，一日一夜到沙埕。那里有主人家凌起文。小的原是福建人，住在杭城仁和义和地方，在北关门内住。小的出了草桥门，是今年三月二十二日出城。先于十八日报税，□至兰溪，到金华，到武义，到处州，至温州，到福建沙埕贩货。到清江渡雇脚夫至永康，过帆到乌岩，被张总镇拿的。将官夹打，要招到东洋的，小的并不曾到。③

张瑞也是从平阳出发，经过一昼夜到达沙埕。可以推断，他大概是利用了沿海的小船来沙埕的。平阳属于温州府，是浙江省沿海最南部的县。

> 又据翁采口供，福建福州人，旧年在嘉兴陈禹和家买毡条一百条、

---

① 《明清史料》已编第六本，《刑部残题本》555 丁里。
② 《明清史料》已编第六本，《刑部残题本》555 丁里。
③ 《明清史料》已编第六本，《刑部残题本》555 丁里~556 丁表。文中的"□"为缺字。

药材二担。今年正月初十日杭城起身,至沙埕去的船户叫王自成,一路上也有陆路,也有水路。沙埕主人□凌起文。若是洋货,如何敢在大路上走,况有□票,是清江渡来,船主姓顾。①

又据福建省福州人翁采供述,事件发生之前曾去浙江省嘉兴府购买"毡条一百条,药材二担",由浙江省省城杭州到达沙埕。

又据高大口供,小的广东人,旧年十一月在余杭周日兴家买的东西,到福建沙埕卖了。就买货从清江渡来沙埕,□人家周文山,是小船来的。②

广东人高大在浙江府余杭购买货物,到沙埕贩卖。

又据王一口供,福建人。小的今年正月初二日在苏州方益明家买布物,一路贩到平阳,下船到沙埕。主人凌起文与翁□□一个主人的□有五只小船。□清江渡雇夫挑上岸去,有六个人来,也是六个人□。有陈太、田狗皮。小的止有两包。这些俱不晓得。③

王一是福建人,在苏州购买布料等,经由平阳赴沙埕。

这些人几乎都将沙埕作为集散地或出发的起点。

《明清史料》丁编第三本《刑部等衙门尚书觉罗雅布□等残题本》中,有一些与沙埕有关的人名。

刑部等衙门尚书觉罗雅布□等,谨题为报明□获洋货事,刑科送□密封红本,该浙江总督赵国祚题前事内开。康熙元年三月三十日,据按察司署司事金事熊光裕详称,□得一名王吉甫,年三十一岁,绍兴府会稽人。状招,吉甫与已到官,福建人张瑞、翁采、王一、卢措、王旺、魏久,广东卢五秀、卢为参,处州人周太、吴耀,四川人王贵,杭州人李茂,湖州人杨君甫及在逃陈太、魏科,各不合不思海货严禁,冀图置买嗜利。于顺治十七年五月,至福建沙埕地方,置□各名下,已获海参、香蕈、紫梗、紫草、鲍鱼、沙鱼翅、黄连、□连、田狗皮、磨香料、木香、水獭、合子皮、

---

① 《明清史料》己编第六本,《刑部残题本》556丁表。
② 《明清史料》己编第六本,《刑部残题本》556丁表。
③ 《明清史料》己编第六本,《刑部残题本》556丁表。

铅、锡、蛤干、烟等物□。①

可见,浙江绍兴会稽人王吉甫,福建人张瑞、翁采、王一、卢措、王旺、魏久,广东人卢五秀、卢为参,浙江处州人周太、吴耀,四川人王贵,杭州人李茂和湖南人杨君甫,还包括逃亡中的陈太、魏科,共计十六名,于顺治十七年(万治三年、1660)五月在沙埕为获得高利而违法出海,获得海参、香蕈(香菇)、紫梗、紫草、鲍鱼、沙鱼翅等货物。他们的供述在前文提到的《刑部残题本》中有详细记载。

> 据王吉甫供,系绍兴府会稽县人。自去年十一月初九日,有绫十匹,从绍兴起身到蒿坝。十二日到嵊县,十五日到天台,十六日到大石河头,十八日从山里小路到海游下船。带有绍兴绫十匹,每匹卖银三两。同船共三十二人,今止有张瑞、杨君甫在此。小人止买海参二担、香蕈一挑,从□溪上岸是实。②

王吉甫,与前文题本相对应,他从绍兴经由内陆到达海游,然后将绍兴的绫绢全部卖出,获得三十两白银。海游属台州府宁海县。

> 张瑞口供,系福建漳州海澄县人。今住杭州仁和县义和二图地方北关门里住。原带有丝二百六十觔、白绫三十三匹、红绉纱四匹,出草桥门,由山里小路走到海游下船。同船共三十二人。今于五月二十日回到海游,不敢上岸,下到白溪上来。小人买有紫梗四挑半、海参五挑、鲍鱼五挑、香蕈一桶,又一包是实。③

张瑞出身于福建省漳州府海澄县,居住于杭州府,因贩卖杭州产的绢丝260觔(斤)及白绫绢等,到达海游。

> 翁采口供,系福建福州府闽县人。于旧年杭州买红毡一百条、药材二挑。本年正月间,从瑞安附船。船主王自成于初九日开船,□□到东洋长崎。除船主抽用外,剩银二百五十两,买香蕈六担半、海参半担,□连五十四觔作一篓一草□。五月回到沙埕,随将本船开到白溪。六月初二日起岸,要到杭州发卖是实。④

---

① 《明清史料》丁编第三本,《刑部等衙门尚书觉罗雅布□等残题本》258丁表。
② 《明清史料》丁编第三本,《刑部等衙门尚书觉罗雅布□等残题本》258丁里。
③ 《明清史料》丁编第三本,《刑部等衙门尚书觉罗雅布□等残题本》258丁里。
④ 《明清史料》丁编第三本,《刑部等衙门尚书觉罗雅布□等残题本》258丁里。

翁采是福建省福州府闽县人,在杭州购入"红毡一百条,药材二挑",于康熙元年(1662年)正月由瑞安乘船。瑞安属于温州府,位于平阳以北。他所乘船只的船主是王自成,从瑞安出发到达日本长崎。除了给船主的部分,翁采的所得为"剩银二百五十两,买香蕈六担半,海参半担,□连五十四觔作一篓一草□"。五月,返回沙埕,其后去杭州贩卖。

　　　　王一口供,系福建福州府福清县人,住南台后埠街。旧年三月买夏布在杭州发卖,买丝四十觔,往长崎卖银一百三十七两,买紫草二包、海参五担、木香二担、田狗皮二包,要到杭州卖。①

福建省福州府福清县人王一在杭州购入生丝 40 觔,在长崎贩卖后,获得 137 两白银,购买紫草、干海参等在杭州继续贩卖。同行的其他人还有陈太、高参、卢措、周太等。

　　　　又供,陈太闻有差捉惊逃,有田狗皮一包、海参三担半、沙鱼翅一担、鲍鱼一担半是实。②

　　　　高参口供:系广东广州府顺德县人,住苏州山□。旧年在杭州买绉纱五十四匹,正月初五日到平阳下船过□,买海参八担,今同王旺一齐上岸是实。③

　　　　卢措口供:系福建漳州府漳浦县人。原□平阳下船过东洋,买有沙鱼翅五担半、香蕈七担,同王旺在王自成船上随众到白溪上岸是实。④

　　　　周太口供:系处州府庆元县人,住本处。正月初五日,从温州到平阳县下海,带毡四十五条,系细毡,每条卖银一两八钱,买有香蕈二担半,同王旺在王自成船上随众人到白溪上岸是实。⑤

他们都是乘坐王自成的船到达日本的。

　　　　吴耀口供,系处州府庆元县人。去年八月到杭州,有白笋十担,买毡五十条。正月初五日到平阳下船,月尽到东洋。毡是细毛的,每一条

---

① 《明清史料》丁编第三本,《刑部等衙门尚书觉罗雅布□等残题本》258 丁里。
② 《明清史料》丁编第三本,《刑部等衙门尚书觉罗雅布□等残题本》258 丁里。
③ 《明清史料》丁编第三本,《刑部等衙门尚书觉罗雅布□等残题本》258 丁里。
④ 《明清史料》丁编第三本,《刑部等衙门尚书觉罗雅布□等残题本》258 丁里~259 丁表。
⑤ 《明清史料》丁编第三本,《刑部等衙门尚书觉罗雅布□等残题本》259 丁表。

卖银一两八钱,共得银九十两。在东洋买黄连五十二觔、海参二挑。五月初十日到沙埕。原船与王旺、翁采、王贵、王一同到白溪上岸是实。①

浙江处州府庆元县人吴耀,由杭州购入丝织品,到日本后,获利90两,并购买干海参返回沙埕。

王旺口供,系福建漳州府海澄县人,住苏州。买药材往温州。正月到瑞安上船。正月尽到长崎,卖银二百两。船主王自成,卖出银百两抽分二十两。至五月初十日到沙埕,仍就本船回到白溪上岸。小的有磨香料六十三觔、水獭、合子皮共二包,如今要到杭州卖是实。②

福建漳州府海澄县人王旺居住在苏州,他购入药材后到温州,然后从瑞安乘船到达长崎,获银200两。船主王自成得到其中的20两。5月10日返回沙埕。

魏久口供,系福建福州府闽县人,住本处。在杭州买药材,同王旺正月初五日到平阳下船。船主王自成就开船到长崎,卖银一百两,买海参二担半、紫草一担半。五月初十日到沙埕,就本船到白溪上岸。又供,内有不到魏科,上坡雇夫,闻有公□堵缉逃去,有海参四担、香蕈半挑重三十八斤、蛤乱三担半,共重二百七十三斤是实。③

魏久是福建福州府闽县人,在杭州购入药材,乘坐王自成的船到达长崎,卖出货物后得到白银百两,然后购入干海参和紫草等货物,返回沙埕。

王贵口供,系四川龙安府武平县人,住本处。贩贝母、川芎到苏州卖,折本。又买药材三担,同翁采共船,正月到干隔下船。开船,月尽到长崎。卖银十二两。今买香蕈二担半,同王旺到白溪上岸是实。④

王贵是"四川龙安府武平县人",龙安府位于成都以北,此处并非"武平县",应为"平武县"。王贵也是从苏州购入药材,与翁采同乘一艘船到达长崎,得银12两,购入香蕈后返回。

李茂口供,系杭州人。苏州南廒街原买轻绸一百四,到东洋卖银二

---

① 《明清史料》丁编第三本,《刑部等衙门尚书觉罗雅布□等残题本》259丁表。
② 《明清史料》丁编第三本,《刑部等衙门尚书觉罗雅布□等残题本》259丁表。
③ 《明清史料》丁编第三本,《刑部等衙门尚书觉罗雅布□等残题本》259丁表。
④ 《明清史料》丁编第三本,《刑部等衙门尚书觉罗雅布□等残题本》259丁表。

百一十两,买香蕈一担半、烟一担、黄连二担。去年十一月二十四日搭
船出去,今同王旺在王自成船上来至白溪上岸是实。①

杭州人李茂在苏州购入绸 100 匹到日本卖完后,得银 210 两,购入香蕈
等,搭乘王自成的船回国。

卢五秀口供,系广东广州府新会县人。同李茂去□□绉纱一百五
十匹,卖银五百□十两。②

广东广州府的卢五秀也得到白银 500 两。

以上这些人,在清朝迁界令的海禁下,依然由浙江沿海南部违法出海,
在福建的沙埕登陆。

沙埕离繁华之地较远,这一点可以从清代人物传记《国朝耆献类征初
编》卷二百八十七《新柱传》中看出:

乾隆五年……海船因设借停留,恐误潮汛。至滨海小口如白石司、
沙埕等处,城市遥远,无处易银,更属不便。③

沙埕离城市很远,因此白银流通非常不便。

四、小　结

为了探究江户前期沙埕船来航长崎的原因,尝试研究沙埕的地理位置
和经济环境,沙埕作为海港,具有优越的地理条件。但其最大的弱点是距离
背后腹地太远。沙埕的物产有"福宁沙埕为木植、丝绵所出"④,主要出产木
材和丝绵,对海外贸易尤其是对日贸易的商品产出并不充分。

现在,沙埕陆路上距福鼎市中心有四五公里,距宁德市 223 公里,距浙
江省温州 195 公里。但海路距温州有 81 海里,到福州也有 125 海里,距上
海 361 海里,如果通过海上航路去台湾基隆则有 142 海里。沙埕湾海湾细
长,宽度最窄处只有 370 米,最宽处 1758 米,海湾延伸到内陆的部分有 36

---

① 《明清史料》丁编第三本,《刑部等衙门尚书觉罗雅布□等残题本》259 丁表。
② 《明清史料》丁编第三本,《刑部等衙门尚书觉罗雅布□等残题本》259 丁表。
③ 《国朝耆献类征初编》13,江苏广陵古籍刻印社,1990 年,第 521~522 页。
④ 《福建通志》列传卷二《福建列传》卷三十二《黄梧、子芳度、兄子芳世、芳泰》。

公里,属于极为细长的地形。

这样的地理条件极大地限制了沙埕的经济发展,但这样的环境因现在道路网的逐渐完备而大大改观。同时,沙埕因丰富的渔业资源而作为渔港①受到注目。这些渔业事业和台湾也有着密切的关联。

【附记】 本文为平成十七年度(2005年)文部科学省·科学研究费·特定领域研究"围绕海港的地域社会——从"地域"看日中交流史"(海港をとりまく地域社会—「地域」からの日中交流史—)(研究负责人:广岛大学大学院冈元司)及平成十七年度(2005年)关西大学研修员研究成果的一部分。

(翻译、校对:杨蕾)

---

① 民国十一年(1922年)刊《福建通志》之《福建渔业志·沿海捕鱼区域》中有"福鼎县属沙埕,曰南镇……"的记载,沙埕是福鼎的代表性渔港。该书《鳞介种类》中也有福鼎县沿海主要鱼类的记载,如"石首鱼,俗称黄花鱼"、"带鱼,冬月至正二月最盛"等。此外,还有"海蜇";"鲂鱼,三、四、五月产于福鼎、宁德、福安……";"鳟鱼……福鼎产九、十、十一等月";"丁香鱼,三四月盛,俗呼丁香鲗";"鳀……六、七、八月盛产福鼎"等,可见福鼎鱼类种类之丰富。

第七章

清代帆船航运与金门船员

一、前　言

清代的中国帆船从17世纪开始直至19世纪后期,是东亚海域中最具有优秀航运能力的船舶。① 而其中航运能力首屈一指的福建帆船,它们以台湾海峡为主要的活动区域,其航路近往台湾本岛,国内远达北洋的黄海、渤海海域,往国外则远至日本,连东南亚海域都成了他们的舞台。②

关于福建帆船的活动海域,在明代已知其部分航线。根据《明史》卷三百二十三《列传》第二百十一《外国》四"鸡笼"中的记载:

> 鸡笼山在彭湖屿东北,故名北港,又名东番,去泉州甚迩。……其地北自鸡笼,南至浪峤,可一千余里。东自多罗满,西至王城,可九百余里。水道顺风,自鸡笼淡水至福州港口,五更可达。自台湾港至彭湖屿,四更可达。自彭湖至金门,七更可达。东北至日本,七十更可达。南至吕宋,六十更可达。盖海道不可以里计,舟人分一昼夜为十更,故以更计道里云。③

从福州的闽江口至台湾本岛最北部的鸡笼山,约五更的距离。五更是

---

① 松浦章著,卞凤奎译:《十七世纪以降的东亚沿海航运与中国帆船:沙船、鸟船为中心探讨》,《海洋文化学刊》第2期,台湾海洋大学,2006年,第5~23页;松浦章:《近世東アジア文化交渉と中国帆船》,《東アジア文化交渉研究》別册第1号,关西大学,2008年,第41~62页。

② 松浦章:《清代福建の海船業について》,《東洋史研究》第47卷第3号,1988年。

③ 《明史》,中华书局,1974年,第28册,第8377页。

船一昼夜航行距离十更的一半,是比较近的距离。从台湾本岛往澎湖岛有四更距离,从澎湖岛出发经台湾海峡,七更可达金门岛。鸡笼山到日本需七十更,到吕宋较近为六十更,在明代就已知这些情况。

到了清代,中国帆船的沿海航运和海外贸易更加繁盛。乾隆十九年(1754年)七月,广东官员在上奏的奏折中提到:

> 出洋贸易者,惟闽、广、江、浙、山东等五省之人,而其中闽省最多,广省次之。此等人类,皆挟资求利,素未为匪。①

做海上贸易的,均为福建、广东、江苏、浙江、山东等沿海地区的居民,其中以福建人居多,其次为广东人。他们是有资本和追求利益的人,与海盗等匪类绝对是不同的。像这样以海上贸易为主的人之中,福建人是最有实力和地位的。

本报告以活跃在福建帆船中的金门籍船员的事例为主,并进行一番考证。

二、金门与海洋

关于金门在地理和地政方面的状况,清代担任福建金门镇总兵官的游金辖,在乾隆二十一年(1756年)八月初七日上奏的奏折中是这样描述的:

> 伏思金门台镇,四面环海,外通番域,内连澎湖台,实属边海要区。②

金门岛四面环海,可通海外各国,又与澎湖、台湾相连,自是沿海的重要区域。因此,清政府在这里特设海防总兵官一职。

据《金门志》卷四《规制志》中的记载:

> 金门地虽褊小,然洋洋海表,足以控台、澎而藩内郡。明建石城,设一千户镇之。其时海口沙汕浮实,地势包藏,船可常泊。今则沙汕已

---

① 署理两广总督杨应琚、广东巡抚鹤年乾隆十九年(1754年)七月二十日奏折,《宫中档乾隆朝奏折》第8辑,台北故宫博物院,1982年,210页。
② 《宫中档乾隆朝奏折》第15辑,台北故宫博物院,1986年,第147页。

平,系舟不稳,故移文武镇营于后浦,非得已也。①

也就是说,金门的面积虽然不大,但因处于临海的战略要地,在明代已建有石城,并设一千户镇守此地。后来因海口沙汕的变化,不宜停靠船舶,才不得不将文武镇营设于大陆一侧的后浦。

据道光《厦门志》卢凤棽所撰的序文说:

> 泉之领县五,其烦而剧者,曰晋江、曰同安。厦门则又同安一隅耳。然四面环海,于金门为犄角,于漳郡为咽喉。故自提军五营而外,兴泉永道驻焉,厦防同知亦驻焉。

在清代,福建泉州所管辖的五个县中,被称为"烦而剧"的两个县,除了周边的晋江以外,就是同安了。而处在同安一隅的厦门,既与同一个行政区域内的金门岛互"为犄角",又是漳州区域的咽喉之地,可见两个地方在航运和军事上均占据着重要的地理位置。

这一点,在《金门志》卷五《兵防志》中也被强调指出:

> 金门一岛屹立外洋,与厦门镏五店桴鼓相应,声势联络,为漳、泉二府海口要地。东接台、澎,呼吸可通,其有系于东南沿海大局,正匪浅矣。②

金门不仅为漳州与泉州地区的海口要地,更是东南沿海的海防重镇。

根据《清史稿》卷三八十《列传》第一百六十七《程祖洛传》的记载,程祖洛在道光十五年(1835年)上奏的奏折中写道:

> 道光十五年,疏陈闽洋形势,以漳州之南澳、铜山为藩篱,泉之厦门、金门为门户,兴化之海坛为右翼,闽安为省会咽喉,福宁之铜山为后户。巡缉守御,全资寨城炮台。就最要者四十四处,由官民捐资修筑。③

在福建沿海区域,漳州的南澳和铜山相当于外墙。厦门和金门,对于泉州来说,则如同家宅的门户,因其地理位置的重要性,而成为防御的据点。

据《金门志》卷三《赋税考·船政篇》中记叙:

---

① 《金门志》,台湾历史文献丛刊,台湾省文献委员会,1993年,第49页。
② 《金门志》,台湾历史文献丛刊,台湾省文献委员会,1993年,第77页。
③ 《清史稿》第38册,中华书局,1977年,第11615页。

金门渡船及商、渔小船,系由马巷厅通判给领照牌。其出入口则由镏五店海关报验征税,而以金门县丞暨协镇中军派口胥盘验,商旅便之。自道光末年,镏五店海关派丁分驻金门后浦,稽查更为严密。近复另设海防局委员给领旗照,商船出入口费头绪更多。而厦门大关哨船复时时逻视,勒令贾舶归入正口。但金门不产米谷,恃外来船只之接济,民食艰难,至是弥甚。似宜酌立章程,以苏商民之交困也。①

金门岛的渡船、商船和渔船、小型船舶的通行证,均由马巷厅发行,船只出入的税收由闽海关辖下的镏五店分关征收,金门县丞和协镇中军则负责检查。(见图7-1)

图7-1 清代金门镇总兵署址

从清代《高宗实录》卷一百五十三"乾隆六年(1741年)十月乙卯(二十四日)"的记录:

> 刑部等部议准,福建巡抚王恕奏称,福州府福清县之平潭,泉州府同安县之金门、厦门,俱离县甚远,阻隔海洋,命案报验需时,请令就近赴报,分驻彼处之同知县丞即往相验。其系无别故,无庸覆质得,一面移行该县,一面通报立案。别有情节者,移县讯报。至该同知县丞和门

---

① 《金门志》,台湾历史文献丛刊,台湾生文献委员会,1993年,第46页。

向未设有仵作,应请各设一名,于该县存公银内约与工食。从之。①

可以了解到,同安县的金门和厦门因与县城相隔甚远,故容易导致行政管理上的问题。

据《高宗实录》卷七百六十"乾隆三十一年(1766)五月己巳朔"中的记录:

> 吏部议准,闽浙总督苏昌等奏称,泉州府同安县金门一岛,地亩日辟,民人辐辏。向设县丞微员,难资弹压。查驻泉州府安海地方通判,事务既简,且与驻石狮之西仓同知相距甚近,请以安海通判移驻金门,安海事务归并西仓同知兼理。又灌口地方,水陆交冲,原设巡检微员,难资弹压,请将金门县丞移驻灌口。②

虽然金门的土地只局限于岛屿上,但人口众多,存在着治安上的问题。

在《高宗实录》卷九百六十二"乾隆三十九年(1774年)七月庚申(九日)"的记录中:

> 闽浙总督钟音奏,泉州府属之同安县,系海边要区,共辖二百七十四堡,延袤三百七十余里。年来生齿浩繁,流寓日众,命盗几无虚日。而该县东界之翔风、民安、同禾三里共五十八堡,内有土名山后、内官、井头、柏头、洪厝、马家港等处,皆系沿海村镇,大姓聚居,每恃离城窎远,逞强不法。该县鞭长莫及,查察难周。查该县东南之金门地方,前以岛屿孤悬,兵民杂处,乾隆三十一年,以晋江县分驻之安海通判,奏准移驻金门。而该通判所管兵民交涉事件,仅有十堡,案牍寥寥,公事清简。同安县东界之翔风、民安、同禾三里,与金门仅隔海汊,一水可通,较该县切近。请将此三里之五十八堡,并原管之十堡,一切刑名钱谷事件,归通判管理,即移驻翔风等三里适中之马家港地方,并于金门镇抽拨千总一员、外委把总各一员,带兵四十名移驻弹压。下部议行。③

钟音的奏疏说得很清楚,同安县作为"海边要区",管辖着二百七十四堡,范围达三百七十余里。不仅人口众多,而且外来人口的数量也非常多。特别是东南部的金门岛,虽然只是个岛屿,但因兵士与民众杂居,恐生事端,

---

① 《清实录》一〇《高宗实录》二,中华书局,1985年,第1186页。
② 《清实录》一八《高宗实录》一〇,中华书局,1986年,第363页。
③ 《清实录》二〇《高宗实录》一二,中华书局,1986年,第2047页。

故于乾隆三十一年(1766年)将安海通判移至金门,以加强管理,从另一侧面也可见人口移动之频繁。

据《高宗实录》卷一千零九十一"乾隆四十四年(1779年)九月己亥(十八日)"的记录:

> 吏部议准,大学士管闽浙总督三宝奏称,泉州府金门地方,为厦门咽喉,孤悬海岛,兵民杂处。虽设重镇,别无文员,一切事件,均赴马家港通判衙门,中隔海洋七十里,跋涉维艰,鞭长莫及。请将同安县灌口县丞改设金门,专管该处十保事件,归马家港通判统辖,定为要缺,在外拣补。至罐口,亦系漳泉二府通衢,并请将晋江县属浦边地方,归并鸥鸹、雒阳两巡检分管,移浦边巡检一员改设罐口,仍隶同安,定为选缺,钤记均另行铸给。从之。①

由此看来,到了乾隆中期,金门的重要性丝毫没有改变。

《高宗实录》卷一千三百三十五"乾隆五十四年(1789)七月辛丑(十七)"有如下记载:

> 谕曰:"李芳园奏补授金门镇总兵谢恩一折,内称……金门为闽海要区,责任綦重,似此见识拘泥,恐不能胜总兵之任。李芳园着传旨申敕,令其加倍奋勉,毋得怠玩因循,致干咎戾。"②

金门岛既然被称为"闽海要区",在海防上自是必须严加关注之地,由此可知金门岛对于清朝的重要性。

根据1874年(同治十三年)至1876年(光绪二年)的海运资料中记录的,从基隆入港的金门帆船,或者从基隆出港的金门帆船的数量,便可得知清代末期台湾与金门的航运关系。

1874年(同治十三年)从基隆出港、入港的帆船数量:

从基隆入港的帆船,总计499艘之中,金门帆船12艘(2.4%)
从基隆出港的帆船,总计450艘之中,金门帆船24艘(5.3%)

1875年(光绪元年)从基隆出港、入港的帆船数量:

---

① 《清实录》二二《高宗实录》一四,中华书局,1986年,第651页。
② 《清实录》二五《高宗实录》一七,中华书局,1986年,第1087~1088页。

> 从基隆出港的帆船,总计690艘之中,金门帆船81艘(11.7%)

1876年(光绪二年)从基隆出港、入港的帆船数量:

> 从基隆入港的帆船,总计365艘之中,金门帆船1艘(0.3%)
>
> 从基隆出港的帆船,总计335艘之中,金门帆船52艘(15.5%)①

在此之中,1874年从基隆入港的金门帆船所承载的货物为"Salt",毋庸置疑这是金门产的海盐。另外,1874年从基隆出港至金门的24艘,1875年的81艘和1876年的52艘帆船中,所运货物均为"Coal Dust",由此可知,基隆产的煤灰、煤粉曾销往金门。虽然只是3年的船运纪录,但不难想象因燃料的需求,曾有大量的基隆产煤粉运往金门。

根据日本殖民时期台湾发行的《台湾日日新报》第190号,明治三十一年(光绪二十四年,1898年)12月20日《米船被劫》的新闻,可以得知台湾澎湖岛与金门的航运关系,以及运输船受海盗袭击的事件。

> 厦门某甲自澎湖采办白米六百余包,装南澳帆船。本拟载至金门贩卖,嗣闻泉州米价现大起色,遂改道前往。在平林洋面搁浅,旋被该处海贼各驾小船前来将米抢劫一空。帆船亦被劫去,惟舵人拿获海贼三人,并原船一艘,带至厦门,禀明提督、道台,严行讯办。

这是关于厦门的商船于台湾澎湖装载完米,前往金门途中听说泉州的米价高于金门,则转航前往泉州,途中遭受海贼袭击的记载。

根据《台湾日日新报》第356号,明治三十二年(光绪二十五年,1899年)7月11日《运载唐盐》的记载:

> 台地目下需用孔急,经由台北盐务组合,雇倩郑长盛行商船两艘,并领请证书,先到清国福建省金门岛大津,运载唐盐,以济目前之急。开新竹,向台北盐务组合,商运唐盐者为戴茂才,珠光唐盐。亦派船一艘,到惠安采买,嗣后如再,有踊跃趋公,想民搏自,不虞缺乏也。

可知,1899年夏天,台湾特别是台北的盐供给不足的原因,台北的台北盐务组合雇佣郑长盛行的两艘商船,往金门岛运载中国盐回台,以解盐供给

---

① 《清末台湾海关历年资料》Ⅱ,中央研究院台湾史研究所筹备处,1997年,第130、190、254页;松浦章著,卞凤奎译:《清代台湾海运发展史》,博扬文化事业,2002年,第21~22页。

不足一事。此外，中国盐是赴泉州的惠安县买购的。

虽然只是几则记事，但足以体现台湾和金门之间，密切的航运关系。

三、清代帆船航运与金门船员

当然，对于清朝来说，金门岛不仅在海防上，而且在统治方面也得到重视。从以下与金门有着密切关联的同安船员的事例来看，可以得知金门岛的住民是如何成为船员并出海工作的。

（一）同安县船员

清《高宗实录》卷四百一十七"乾隆十七年（1752年）六月癸丑（二十四日）"条中有如下记载：

> 据福建巡抚陈宏谋奏称，同安县船户林顺泰商船，于上年十一月内在洋遭风，失去篷桅，飘至琉球国宇天港地方。该番目遵依国王之令，代为修葺船只，资给口粮，俾得回棹。并称已报知国王，俟进贡时，自有文书声说等语。琉球远隔重洋，该国王等素称恭顺。今番目遵伊王令，将内地遭风商船，代为修葺，并资送回籍，诚款可嘉。着赏赐该国王蟒缎二匹、闪缎二匹、锦二匹、彩缎四匹、素缎四匹，以示嘉奖。其宇天港番目等，亦着该督抚优加赏赉，交与该国王查明颁给，俱俟贡使回国之便带往，该部先行文该国王知之。①

乾隆十六年（1751年）十一月，同安县的船户林顺泰的商船在海上遭难，漂流至琉球国的宇天港地区。② 福建巡抚陈弘谋于乾隆十七年（1752年）五月二十八日上奏的奏折中，提到关于这艘船的航行目的地：

> 同安县船户林顺泰商船，于上年五月内，装载苏木等货，自厦门出口，前往奉天贸易买货回厦。十月内，在洋遭风，失去篷桅，任风飘流至十一月十二日，飘至琉球国地面宇天港。③

---

① 《清实录》一四《高宗实录》六，中华书局，1986年，第463页。
② 中国第一历史档案馆编：《清代中琉关系档案五编》，中国档案出版社，2002年，第63页。
③ 《宫中档乾隆朝奏折》第3辑，台北故宫博物院，1982年，第211页。

根据这份奏折所述,这艘船在厦门装载苏木等货物,运至东北的奉天进行交易,十月回航时,漂流至琉球国。

从康熙三十九年(1701年)到同治元年(1862年)间,同样漂流到琉球国的中国商船,为数有60艘。① 其中被认定为同安籍的商船有10艘,其数量远远超过广东省潮州府澄海县的5艘,和漳州府龙溪县的4艘。② 由此看来,即使在福建商船中,同安籍商船的活动也是相当活跃的。

同安船不仅活跃于中国大陆的沿海,其活动区域甚至延伸至海外。根据《仁宗实录》卷一百八十五"嘉庆十二年(1807年)九月己亥朔,丁未(九日)"条记载:

> 敕谕暹罗国王郑华,嘉庆十二年九月,据两广总督吴熊光奏称,有船商金协顺、陈澄发,装载暹罗国货物来粤贸易,并请于起货后,装载粤省货物回赴暹罗。经地方官查明,金协顺系福建同安县人;陈澄发系广东澄海县人。敕传暹罗国贡使丕雅史滑厘询问,据称金协顺、陈澄发二船,委系由该国新造来粤,因该国民人不谙营运,是以多倩福潮船户代驾,并非冒捏,呈递译书禀结等情。天朝绥怀藩服,准令外域民人赴内地悬迁货物,惠逮远人,恩至渥也。惟是中外之限,申画厘然,设关讥禁,古有明训。我朝抚御诸邦,如朝鲜、越南、琉球等国,各以本地物产来中土贸易,皆系其本国民人附朝贡之便赍带前来,从未有中国之人代彼经纪者。今金协顺、陈澄发以闽广商民,代暹罗营运,即属违禁。中土良民,谨守法度,断不敢越制牟利。其私涉外域者,此中良莠不齐,设将贩运货物隐匿拖欠,致启讼端,亦于该国诸多未便。本应将金协顺等饬法治罪,念其船只系由该国制造,给令代驾,从前未经严立科条,此次且从宽免究,并施恩准其起货售兑,仍给照令其置货回帆。特降敕谕知该国王,宣明例禁,嗣后该国王如有自置货船,务用本国人管驾,专差官目,带领同来,以为信验,不得再交中国民人营运。若经此次敕禁之后,仍有私交内地商民冒托往来者,经关津官吏人等查出,除不准进口起货外,仍将该奸商治罪,该国王亦难辞违例之咎。柔远能迩,宽既往以示

---

① 松浦章:《十八~十九世纪における南西诸岛漂着中国帆船より见た清代航运业の一面》,《关西大学东西学术研究所纪要》第16辑,1983年,第17~75页。
② 松浦章:《十八~十九世纪における南西诸岛漂着中国帆船より见た清代航运业の一面》,《关西大学东西学术研究所纪要》第16辑,1983年,第68页。

含宏之义。宅中驭外,申明禁以严踰越之防。尔国王其凛遵毋忽。特谕。①

同安县的船商金协顺与广东澄海县的陈澄发,一同从暹罗国返航广州。他们假扮为暹罗国的朝贡船,企图从暹罗国把贸易品带回中国。此事被清朝政府视为违禁。借由此事可知,同安籍商船最远曾抵达暹罗国。

根据《宣宗实录》卷二百七十三"道光十五年(1835年)十月戊寅(二十三日)"的记载:

> 谕军机大臣等,前因有人奏,福建厦门、金门及惠安县滨海一带,有盗船三十余号,在洋肆劫。当有旨谕令程祖洛等查明是否曾武伙党,抑系另伙盗船,务即设法严拿。兹据奏称,厦门、金门,乃海中岛屿,为水师提镇驻箚之所,盗匪尚少。其对岸沿海之潘涂等乡,为同安县管辖,向有匪徒私造草乌船只,出洋伺劫。又惠安县滨海一带,民无恒产,穷即造船入海为盗,甚至私藏军火,私筑炮台,备御官兵。近经该道将等数次惩办,同安已略知畏惧,而惠安之顽风尚未能改等语。福建洋面,著名积盗曾武、陈沅等,皆系惠安县人,且历次拿办各犯,亦多系该县籍贯。可见该处穷民,习于为盗,若非将曾武等迅行拿获,从重惩治,则盗风一日不息,地方一日不靖,难保无零星匪徒假托名号,附和恐吓,日久滋蔓,酿成巨案。着程祖洛、魏元烺、陈化成、马济胜,分敕水陆文武严密巡逻,设法购线,跟踪躧缉,务俾盗首曾武等遁迹无所,期在必获,不准任其窜逸稽诛。至惠安县沿海地方,既为盗匪出没之区,尤应严敕所属员弁,随地随时认真堵缉,务使匪徒净尽,洋面肃清,方为不负委任。傥藉称宽猛,两无所施,稍存怠玩,以致养痈贻患,朕惟该督等是问。将此各谕令知之。②

福建沿海一带,有船只除正常的海上航行之外,也从事不正当活动。像记载中特别指出的,有三十余艘海盗船,活动于福建的厦门、金门和惠安县的滨海一带之事,可以得知同安县沿海的民众中,似乎有参与不正当活动之人。

以下是一些同安县出身的船员于清代时乘坐帆船出海而漂流至朝鲜的

---

① 《清实录三〇仁宗实录三》,中华书局,1986年7月,第433页。
② 《清实录》三七《宣宗实录》五,中华书局,1986年,第211~212页。

实例,被收录在《备边司誊录》中。这是朝鲜王朝时期,朝鲜官吏对漂流到该国的中国帆船上成员所做的询问记录。根据《备边司誊录》第二百零三册"纯祖十三年(嘉庆十八年,1813年)十二月二十三日"的条目里《全罗道灵光郡荏子岛三头里漂到大国人问情别单》[①]的记载:

问:你们都是哪里人氏?

答:俺们是福建省泉州府同安县、南安县及漳州府海澄县人氏。

问:你们漂荡大洋,备经危险,能免疾病,而无一淹死者耶?

答:俺们船户共三十六人,并客商载者十一人,合为四十七人,而幸免淹死。客商李助,自在锦州,染病沉重,去月十三日不幸身死,蒙贵国恩德,厚敛安葬于漂到地方。王澄为名者,自日前感冒风寒,而不至大段耳。

问:李助客死异域,不能返葬,闻甚矜怜。而王澄有病,想因水程辛苦,而不甚大段云,可幸耳。

答:客商之埋在异域,不是异事,而但与之同来,不得同归,是可恨也。

问:你们中或有李助之亲戚同来者耶?

答:李福是其同胞兄矣。

……

问:你们是汉人耶?满洲人耶?

答:俱是汉人。

问:你们姓甚名谁?年纪几何?

答:代驾:黄全,年四十。

舵工:杨开恭,年五十九。

水手:康赛,年三十九。

康妈,年四十四。

李福,年四十三。

蔡杭,年三十二。

李二,年四十六。

陈秵,年二十七。

---

① 《备边司誊录》第20册,第743~747页。

郑陛,年三十三。

林荫,年三十二。

许庆,年二十八。

洪提,年三十。

杨因,年二十八。

林晒,年三十三。

黄应,年二十八。

洪财,年四十三。

黄夏,年四十九。

林褒,年四十六。

吴猜,年三十三。

张冬,年三十三。

黄英,年三十八。

陈奇,年二十四。

王荣,年三十一。

黄淡,年四十七。

黄王,年二十。

许石,年三十三。

以上住同安县。

王庇,年四十三。

林玉盘,年三十八。

周察,年四十四。

王澄,年三十一。

林宏,年四十。

王腾,年三十四。

陈春,年三十二。

萧仁,年三十九。

以上住澄县。

陈施,年三十一。

王五,年三十八。

客商:蒋珪,年三十三。

蒋嘉,年五十三。

蒋亮,年二十一。

蒋惠,年四十二。

许文,年四十四。

许芑,年五十三。

许必,年三十一。

徐拱,年六十二。

徐登,年二十一。

蒋潜,年二十五。

死人:李助,年三十八。

以上住同安县。

问:你们何月日缘何事往何处?何月日漂到我境耶?

答:俺们本年四月初七日,自同安县往台湾府装载糖属。五月十五日,往江南省松江府上海县交易茶叶。七月初六日,又自上海县往奉天省西锦州交易后,贩载黄豆一千石、白米十二包、鹿肉饼八包、牛肋五包、木耳七包、远志十包、甘草十五包、丹参五包、赤芍药七包、瓜子三十包、柴胡四包、防风六包,要回本县。十月二十七日,发船至洋中。去月初三夜,猝遇西北大风,船几覆没,故收拾如干物件,跳下小船,得保躯命。初六日,漂到贵国地方。

……

问:你这船号云何?且有照票公文耶?

答:船号是福建省漳州府海澄县静字一千七百四十九号,票文则照票一张,计开票三张,商船票一张矣。

……

这艘船是嘉庆十八年(1813年)四月从同安县出港至台湾,装载砂糖后赴上海,于上海购买茶叶之后,前往东北沿海的西锦州,装载大豆类货物返航时漂流到朝鲜。船上有船员36名,客商11名。其中同安籍船员有26名,相当于36名船员中的70%,随行的11名客商俱系同安县人。此船的搭乘者总计47名,其中同安县出身的有37名,接近总人数的80%。

另外,根据《备边司誊录》第二百零三册"纯祖十三年(嘉庆十八年,1813年)十二月二十三日"的条目中收录的《全罗道灵光郡荏子镇在远岛漂到大国人问情别单》①，还有如下关于中国漂流船的记载：

问：你们漂荡之余，远路驱驰，又值天寒，能免疾恙否？

答：专靠贵国恩德，沿路供馈，优恤备至，既免饥寒，又无疾病，感戴如天。

问：你们是何省何府何县人耶？

答：俺们是福建省泉州府同安县、南安县、晋江县及漳州府龙溪县、海澄县人。

问：你们是民家么？旗下么？

答：俱是民家。

问：你们人共为几何？而漂泊时无一淹死者耶？

答：俺们五十人，并同载客商二十三人，合为七十三人，而幸赖天佑，无一淹死者。

问：你们姓甚名谁？年纪几何？

答：船主：黄宗礼，年二十。

舵主：黄章，年四十。

郑敬年四十七。

水手：黄续，年三十五。

黄倚，年三十八。

林和尚，年四十三。

王品，年四十五。

周宗泽，年三十。

黄腾云，年二十九。

蔡养，年二十六。

陈朝，年五十二。

吴献，年三十。

陈四教，年二十四。

曾缪，年四十七。

黄税，年五十三。

陈就仅，年三十。

---

① 《备边司誊录》20册，第747~750页。

黄润,年二十三。
吴志,年三十五。
连琛,年三十八。
王送,年二十七。
柯船,年四十九。
王利,年二十五。
郑水,年三十三。
陈玉水,年三十三。
陈贡,年二十七。
陈花,年二十四。
黄怀,年四十。
翁岭,年二十八。
叶珠,年二十二。
陈景老,年二十五。
翁管,年三十五。
蔡细,年四十三。
苏有雀,年二十七。
陈奈,年三十五。
张相,年二十三。
以上住同安县。
黄其早,年五十三。
黄光荫,年二十六。
王允,年五十七。
黄本,年三十六。
许泽,年二十一。
黄田,年三十七。
黄应连,年二十五。
以上住海澄县。
马川,年二十四。
谢哲,年三十五。
郭潘,年四十三。
黄虎,年三十八。

以上住龙溪县。

洪氏,年三十。住南安县。

王营,年二十二。

王杞,年三十。

黄靳,年五十。

以上住晋江。

客商:陈七,年二十九。

苏邦,年二十七。

苏空,年三十八。

苏传,年二十三。

苏爻,年二十六。

苏苞,年二十二。

苏廉,年三十八。

苏花,年二十一。

苏褒,年五十七。

许晚,年三十三。

许计,年二十六。

陈全,年三十二。

胡勃,年三十八。

王秤,年三十。

王虎,年二十八。

王虎,年二十八。

洪礼,年二十四。

刘吉,年二十一。

曾宝珠,年二十二。

陈成,年三十八。

陈赤,年三十六。

以上住同安县。

王打,年二十七。住晋江县。

李手,年三十一。住海澄县。

陈山,年三十九。住南安县。

问:陈七等二十三人,客于何处寄上你们船耶?

答:他们客在天津,要回本乡,借上俺们船耳。

问:你们何月日缘何事往何处?何月日遭风漂到于我境?

答:本年六月间,驾船往天津贸易。十一月初一日,要回福建。初三日,到锦州地方,忽遭狂风,帆折碇破。初十日,漂到贵国地方,上山图生,而大船与汲水小艇并破矣。

问:你们初三日遭风,初十日到泊我境,则其间八日,在于何处耶?

答:在大洋中东西漂流,初无止泊处耳。

问:你们载何物往天津?而贸何物回福建耶?

答:载砂糖、胡椒、苏木,到天津贸红枣回福建耳。

问:你们载来红枣及其余对象,船破时不至漂失耶?

答:红枣则漂失无余,银子九百余两、铜钱一千六百余两,亦失落水中耳。

问:你们现今持来银子及铜钱,合为几何?而外此无他卜物耶?

答:银子七千三百六十两,铜钱三百三十两,现今输来,而其余则四尊小金佛及如干随身衣服器皿耳。

问:银子、铜钱是何人之物耶?

答:俱是船主黄宗礼之物耶。

问:你们中多有同姓者,俱皆亲属耶?

答:黄姓则多有亲属,而其余则只同姓而已。

问:你们当初所乘船,是私船耶?官船耶?字号云何?

答:黄宗礼私船,而商字三百六十六号矣。

问:船票今皆带来耶?

答:有三张票文,而一张验单票连付计开票,一张执照票,一张船单票。

……

此船是赴天津贸易之后,返航福建时漂流到朝鲜半岛的。搭乘此船的有福建省泉州府同安县人35名,南安县人1名,晋江县人3名,漳州府龙溪县人4名,海澄县人7名,总计50名船员。客商23名中,同安县人20名,晋江县人1名,南安县人1名,海澄县人1名。这是艘搭载了73人的大型船只。50名乘员中,70%为同安县出身者,共计35名。

（二）金门船员

接下来将对清代帆船中金门籍船员的事例进行考证。关于清代帆船船员的原籍，所知并不详细，只能凭借当时各地对漂流船的询问记录加以了解，但记录本身并不完整。

以下将列举明确记录金门籍船员的事例。《备边司誊录》第二百零三册"纯祖十三年十二月二十三日"的条目（刊本第20册第740～743页）里，有关于嘉庆十八年（1813年）漂流到朝鲜半岛的福建商船的记录。同书的《全罗道扶安县格浦漂到大国人问情别单》①中，有关于嘉庆十八年（1813年）十一月五日，同安籍商船漂流到朝鲜半岛全罗道的格浦的记载。记载的内容如下：

问：你们住在何地方？而人共为几何？

答：俺们俱是福建省泉州府同安县金门、厦门居住，而人共二十二人。

问：你们漂荡大洋，备经危险，无一淹死者，而又复多日在路，冒寒驱驰，能免疾□否？

答：上船时本是二十二人，而出没风涛，幸免死亡。李光正为名人，在路染病，不甚大段。

问：你们何月何日缘何事往何处？何月日漂到我境？

答：本年五月二十八日往台湾装载糖属。八月十四日到天津卸下，又自天津贸载红黑枣、干葡萄、酸干、干小鱼、白米烧酒，要回福建。十一月初三日过清山头洋，猝遇西北大风，漂荡大洋，桅折舵破，自分必死，幸赖天佑，初五夜泊于贵境。

问：你们当初所乘船，是官船么？私船么？

答：元是黄万琴之私船，而本年二月以三千两银子买得于陈源合。漂到贵国之后，船只破碎，不可从水还归，故已为烧火矣。

问：船只虽已烧火，船票、照牌其皆带来耶？

答：有海澄县照牌一张，闽海关照牌一张，闽部牌二张，台湾府照票

---

① 《备边司誊录》第20册，第740～743页。

一张,执照一张,台分府护送小单一张,天津关正税单一张,验单一张,通永道计关一张,随身正腰牌二十张。

问:你们姓甚名谁?年纪几何?

答:管驾:黄万琴,年四十。

舵工:吕接,年五十三。

水手:黄赏,年五十三。

黄拱,年三十九。

吕锡,年三十九。

吕元,年二十六。

黄隆,年三十三。

叶回,年三十五。

李光正,年二十五。

黄举,年二十九。

黄振聚,年二十二。

以上住同安县金门。

蔡朝,年三十九。

王笑,年三十三。

王桃,年三十。

王佑,年四十二。

郑笞叶,年三十一。

杜双,年三十五。

李山,年二十七。

何达,年三十二。

李福,年四十八。

陈芜,年二十八。

薛尾,年三十二。

以上住同安县厦门。

问:你们票文中只载二十人名字,而今为二十二人,何也?

答:薛尾、黄振聚,以同乡之人,相逢于天津,与之同载,故不入于票文中。

问:你们是汉人耶?满州人耶?

答:俱是汉人。

问：你们回到本地之后，当有查问之节，而今此人数及年纪，间有票文中相左，果无所碍耶？

答：年纪之与票文少差，系是给牌人误书，如此小节，别无拘碍。

问：你们的船号，闽海关照票则书以天字二十三号，海澄县照牌则书以静字三百二十六号，是何故也？

答：序号第次不同，以各其地方船只多寡新旧，牌所以异也。

问：闽海关小票中，有金丰源等二十人姓名，而今无一人来者，何也？

答：金丰源等，俱以俺们同乡之人，票虽成出，而适因事故，不得同来矣。

问：台湾县照票中，应运澎湖左右营分兵米粟三千三百四十四石四斗，照数运赴澎仓交收等，因为此照给海澄县船户陈源合，即使领载兵米粟二百六十石，同粟样一封，运赴澎分宪仓交收云云。澎湖左右营是何地方？分兵米粟是何名色？而已为输纳耶？

答：澎湖，福建地也。左右营，守备衙门也。分兵米，左右营所纳米也。三千三百四十四石四斗中二百六十石，使俺们船运纳之票文，而此是冬季所纳者，故来时未及运纳矣。

问：你们地方既有官船，则以私船运输官米，何也？

答：运纳官米，毋论官、私船并载。而若以私船输运，则每石有船价银二分矣。

问：你船漂到时，船中所载货物为几何？

答：黑枣一百石、红枣一千八百石、干葡萄二十五包、酸干六箱、白米三十石、小鱼干六包、烧酒二十缸，而船破时几尽漂失。余存之物，太半水浸，腐败无用，而蒙贵国恩德，折银以来矣。

问：酸干是何果子？黑枣是枣之色黑者耶？

答：酸干是梅实之晒干者，黑枣是枣之浸蜜者。

问：你们现今驮来卜物，何物也？

答：五位金佛及随身衣服器皿，如干银钱耳。

问：佛像是何佛耶？

答：一位天上圣母娘，三位玄天上帝，三位都是圣母之将，而本是供养船上，祈蒙庇佑者也。

问：你的正税单中，书以红枣六百四十石、黑枣八十七石，而今你等所供,何不相符耶?

答:欲为小纳税银,故减其装载之数矣。

问:一只船公文,多至十数张,何也?

答:出入各港,东西卖买,故多出公文,以便凭检。

问:闽海关、台湾府、海澄县,俱是何地方?

答:俱是福建所管同安县邻邑也。

问:天津清山头是何地方?

答:天津是直隶省天津府天津县也,清山头是山东省地方。

问:自同安县至清山头洋,水旱路各几里?

答:旱路五千里,水路稍近,七八百里。

问:自同安县至福建省,水旱路各几里?

答:水旱路俱六百余里。

问:自同安县至北京,水旱路各几里?

答:旱路六千余里,水路五千余里。

问:同安县有几位官员,而姓名为谁?

答:有提督、知县、教谕、典史等官,而姓名则遐方,船户何以认得。

问:你这票文中或有割半者,是何故也?

答:一半留官,一半自带,以为后日凭验耳。

问:福建省地方,今年收成何如?

答:俺们今天五月离家,尚未还归,不知也。

问:你们今从旱路回乡,而前路绝远,天气甚寒,为之闷念。

答:俺们万死余生,幸泊贵境,得寻生路,已极万幸。而优恤衣食,差员护送,自此可得回乡,贵国恩德,天高地厚,此生难报,只自感泣而惟愿速归也。

此船搭乘的是,居住在福建省泉州府同安县金门和厦门的二十二人。他们可能是从同安出航,嘉庆十八年(1813年)五月赴台湾装载砂糖,之后从台湾北上,于八月十四日在天津入港卸货。之后在天津购入红黑枣、葡萄干、酸干、小鱼干、白米烧酒等等。本打算返回福建,但十一月初三日,于清山头洋遭遇突如其来的暴风,因而漂流至朝鲜半岛。

四、小　结

　　综上所述，清代福建沿海的海上贸易活动极为活跃。其背景见于同治十年（1871年）重刊的道光《重纂福建通志》卷一百四十《国朝宦绩》的《陈宏谋传》中的记录。陈宏谋在乾隆十九年（1754年）的奏疏中提到："闽省地狭民稠，所产不敷食用，半藉海船贸易，资生如实。"福建省土地狭小，人口密集，单凭土地收入无法维持生活，因此半数以上的人依靠船只从事贸易。另外，根据同书卷五十二《国朝蠲赈》中关于总督程祖洛及福建巡抚魏元烺奏请的记载：

> 漳州府属之龙溪、漳浦、平和、海澄、诏安五邑，泉州府属之晋江、南安、惠安、同安四邑，地土瘠薄，堪种禾稻者十之四五，其余尽属沙碛，止堪种植杂粮、地瓜而已。即晴雨时十分收成，亦不敷本地半年之食用。幸两府人民有三等：上等者，以贩洋为事业；下等者，以出海采捕、驾船、挑脚为生计；惟中等者，力农度日。故各属不患米贵，只患无米。

　　福建省东南沿海的漳州府和泉州府的人口，远远超过耕地所需的生产力，因此剩余人口只能出海为生。当时的人分为三个阶层：上层的人从事海上贸易；下层的人则以捕鱼为生，或者当船员谋求生计；中层的人均从事农业。由此，有资本的人纷纷赴海外进行贸易，这时就需要船只。蓝鼎元的《鹿洲初集》卷三《论南洋事宜书》中关于造船费用的记载如下："内地造一洋船，大者七八千金，小者二三千金，能卖价值几何？商家一船造起，便为致富之业，欲世世传之子孙。……洋船所载货物，一担之位，收船租银四五两，一担位之米，所值几何？"造一艘外洋航行船，需7000～8000两。即使造小型船也需2000～3000两。假设一担的运费为4～5两，那么资本的回收并非困难之事。

（翻译：蔡雅云　　校对：杨蕾）

第八章

清代帆船与海外移民

一、前　言

　　福建省自古以来,就被认为是"福建僻在海隅,人满财乏,惟恃贩洋"①。福建虽位于海角一隅,但却人口众多且生活贫困,因此往海外寻求贸易被视为是谋求生活财源之最佳良策,也被视为是养活过多人口的最好方法。类似的想法也同样可在20世纪初窥见。19世纪末于福州刊行的报纸《闽报》第493号(光绪二十八年十一月初四日,明治三十五年十二月三日,1902年12月3日)的头条新闻《福州米似升贵》里写道:

　　　　闽省,西北背山,东南面海,足为耕种田地,约仅三分之一。

　　根据上面的引文,福建省西北倚靠大山,东南部分又面临大海,而能成为耕地的土地很缺乏,可耕地只占全省土地面积的三分之一。
　　农工商部右侍郎杨士琦于光绪三十四年(明治四十一年,1908年)二月十六日的奏折《考察南洋华侨商业情形》里写道:

　　　　飞猎滨群岛大小千余,以小吕宋为最巨,其地西连闽、粤,北枕台、澎,距香港、厦门均不过二千余里,土产以烟、糖、麻、米为大宗,转售营销,皆操自华人之手贸易,则闽商最盛,粤商次之。②

　　根据上面的引文,为了与吕宋进行贸易,华人前往该岛交易吕宋岛上所

---

①　同治《福建通志》卷八十七《海禁》,有"福建僻在海隅,人满财乏,惟恃贩洋"的记载。
②　中国第一历史档案馆编:《清代中国与东南亚各国关系档案史料汇编》第1册,国际文化出版公司,1998年,第151页。

产的烟草、砂糖、麻、米。这些华人中又以福建人占最大的势力,广东人为其次。此外关于新加坡,杨士琦写道:

> 新加坡幅员甚小,农产亦稀,自英人开埠后,免税以广招徕,由此商舶云集,百货汇输,遂为海南第一巨埠,华侨二十余万人。①

根据上面的引文,可知20多万华人也来到了新加坡寻求贸易。由于英国人为了自由贸易,促使新加坡开港,成为南洋的巨大港口。

福建省因为地理状况造成许多华人流向海外,而关于代表福建的港湾厦门,19世纪末的台湾报纸《台湾新报》第448号(明治三十一年三月十二日,1898年3月12日)的《来自厦门的海外渡海者》里写道:

> 若加上搭乘中国帆船渡海来到本岛(台湾)或香港地区的人们,十年内至少有数百万名广东人从厦门出港。今假设从厦门每年平均有七万人出外讨活的话,其中的五万人渡海到其他地方,那在厦门每年至少有两万人会成为海外移民。……在厦门有被称作从来客头的人专门照顾海外移民,他们又被称为 Immigrant broker②,是以招揽客人为其职业。此外,专门招待处理海外移民的客栈有吕宋客栈及新加坡客栈二种,吕宋客栈,专门招待来往马荷罗地区的渡海者;新加坡客栈则专门招待来往新加坡、安南(今越南)、ピナン(按:今马来西亚)、泰国等海峡地区的渡海者。……③

根据上面的引文,可知厦门成为渡航海外的重要窗口,出现专门照应这些移民们的业者,甚至有专门招待移民的客栈,例如吕宋客栈或新加坡客栈等。

于是本章想要探讨,虽有为数众多的华人渡航出海,但以福建人为首的华人究竟是如何使用当时的交通工具——中国帆船渡航出海,并顺利完成移民的?

---

① 中国第一历史档案馆编:《清代中国与东南亚各国关系档案史料汇编》第1册,国际文化出版公司,1998年,第152页。
② Immigrant broker:移民周旋业者。
③ 《杂报》,《台湾新报》第448号(明治三十一年三月十二日,1898年3月12日)第2页。

二、漂洋过海的华人

中国的海外移民自古以来广为人知,历代的正史里也可看到以下事例。《宋史》卷四百八十七《列传》第二百四十六《外国》三《高丽传》里写道:

> 王城有华人数百,多闽人因贾舶至者。

根据上面的引文,有数百名华人居住在高丽的都城里。而这些人被认为大多数都是从福建省坐船来此经商的中国商人。

《宋史》卷四百八十九《列传》第二百四十八《外国》五《阇婆传》里写道:

> 中国贾人至者,待以宾馆。

根据此引文,可知中国人来到阇婆(译按:爪哇),并在宾馆受到招待。《明史》卷三百二十三《列传》第二百十一《外国》四《吕宋传》里写道:

> 吕宋居南海中,去漳州甚近……先是,闽人以其地近且饶富,商贩者至数万人,往往久居不返,至长子孙。

根据此引文可知,华人从福建漳州渡过海洋来到的吕宋,是一丰饶之地。数万名华人为了商业贸易居住在吕宋,就这样居住在当地而就此不返乡,并在当地孕育自己子孙的华人也为数众多。

《明史》卷三百二十三《列传》第二百十一《外国》四《文郎马神》里写道:

> 文郎马神,以木为城,其半倚山。……初用蕉叶为食器,后与华人市,渐用瓷器。尤好瓷瓮,画龙其外,死则贮瓮中以葬。其俗恶淫,奸者论死。华人与女通,辄削其发,以女配之,永不听归。

根据上面的引文可知,在文郎马神(按:印度尼西亚加里曼丹),土著们用芭蕉叶子当作食器,但自从华人来到此地后,他们开始用瓷器当食器,风俗习惯也渐渐有了转变。

《明史》卷三百二十四《列传》第二百一十二《外国》五《占城》里写道:

> 王,琐里人,崇释教。……置华人胆辄居上,故尤贵之。

根据上面的引文可知,在占城(按:越南南部)他们的国王崇拜佛教,而华人也同样受到当地人的崇敬。

《明史》卷三百二十四《列传》第二百一十二《外国》五《真腊》里写道:

> 番人杀唐人罪死,唐人杀番人则罚金,无金则鬻身赎罪。唐人者,诸番呼华人之称也,凡海外诸国尽然。

根据上面的引文,在真腊(按:柬埔寨),若是发生了当地人杀害华人的事件,当地人会被处以死刑;但是华人杀害了当地人,则只需以金钱来赎罪。由此可知华人在当地受重视的程度。他们呼华人为"唐人"。

《明史》卷三百二十四《列传》第二百一十二《外国》五《泰国》里也写道:

> 其国,周千里,风俗劲悍,习于水战。……王,琐里人。官分十等。自王至庶民,有事皆决于其妇。其妇人志量,实出男子上。妇私华人,则夫置酒同饮,恬不为怪,曰:"我妇美,而为华人所悦也。"崇信释教,男女多为僧尼,亦居庵寺,持斋受戒。衣服颇类中国。

根据上面的引文可知,华人在泰国社会是受人重视的。

《明史》卷三百二十四《列传》第二百一十二《外国》五《爪哇》里写道:

> 其国近占城,二十昼夜可至。……人有三种,华人流寓者,服食鲜华,他国贾人居久者,亦尚雅洁。

根据上面的引文可知,即使是在距离中国有20昼夜距离的爪哇,华人也相当受爪哇人重视。

《明史》卷三百二十五《列传》第二百一十三《外国》六《浡泥》里写道:

> 国统十四洲,在旧港之西,自占城四十日可至。初属爪哇,后属暹罗,改名大泥。华人多流寓其地。嘉靖末,闽、粤海寇遗孽逋逃至此,积二千余人。

根据上面引文可知,许多华人移住到大泥(按:文莱)。

《明史》卷三百二十五《列传》第二百一十三《外国》六《苏门答剌》里写道:

> 其国俗颇淳,出言柔媚……货舶至,贸易称平。地本瘠,无麦有禾,禾一岁二稔。四方商贾辐辏。华人往者,以地远价高,获利倍他国。

根据上面的引文可知,华人也来到苏门答剌(按:印度尼西亚)。该地虽距离中国相当遥远,但却因为与中国的贸易获得相当大的利益。

《明史》卷三百二十五《列传》第二百一十三《外国》六《苏禄》里写道:

> 其国,于古无所考。……土人以珠与华人市易,大者利数十倍。商

舶将返,辄留数人为质,冀其再来。其旁近国名高药,出玳瑁。

根据上面的引文可知,为了取得在苏禄(按:在菲律宾)才能获得的珍珠,而渡海来到苏禄的华人人数相当多。

《明史》卷三百二十五《列传》第二百一十三《外国》六《柔佛》里写道:

> 柔佛,近彭亨,一名乌丁礁林。……华人贩他国者,多就之贸易,时或邀至其国。

根据上面的引文可知,华人也来到柔佛(按:在马来西亚)寻求贸易。

《明史》卷三百二十五《列传》第二百一十三《外国》六《丁机宜》(译按:在爪哇)里也写道:

> 丁机宜,爪哇属国也,幅员甚狭,仅千余家。……华人往商,交易甚平。

根据上面的引文可知,华人为了贸易而渡海来此定居。

《清史稿》卷一百六十《志》一百三十五《邦交》八《墨西哥》里也写道:

> (光绪)二十八年,伍廷芳据粤商,咨外务部,谓,自上年中墨订约后,华人由香港搭船赴墨者日多。惟华人由香港附轮,先须假道美国旧金山埠,方能赴墨,殊非便商之道,因美正禁止华工入境故也。

根据上面的引文可知,光绪二十五年(1899年)清朝与墨西哥之间缔结的中墨通商条约[①]后,光绪二十八年(1902年)渡过太平洋来到墨西哥做生意的华人人数变多,他们大部分是从香港坐汽船先到美国旧金山,之后再到达墨西哥。

从以上正史上流传下来的纪录可得知,大部分华人在帆船时代里,搭乘帆船飘扬到海外诸国,去寻找他们心目中的新天地。

三、清代帆船与海外移民

在本节,笔者想要探讨在华人大量频繁前往海外的清朝,华人如何运用清朝帆船前往他们的海外新天地。

---

① 《清朝条约全集》第二卷,黑龙江人民出版社,1999年,第1090～1097页。

乾隆《钦定大清会典则例》卷一百一十四《兵部·海禁》的《出入海洋之禁》里写道：

> （康熙）五十六年，覆准商船准在沿海省分及东洋贸易外，其南洋之吕宋、噶喇巴等处不许前往，皆在南澳等地方，稽察截住，令广东水师各营盘缉，违者治罪。其外国夹板船，照旧准其贸易，地方官严加防范，不许生事。

根据上面的引文可知，康熙五十六年（1717年），商船的海上航行遭到严格限制，中国大陆沿海与日本的贸易虽然被允许，但却被禁止前往吕宋和噶喇巴。此外，关于渡海也并非毫无条件：

> 覆准渡海人民，必由地方官给照，守口官弁察验放行。若无照偷渡者，严行禁止。如有巡哨船私带偷渡者，将该管专辖官议处。

根据上面的引文，想渡海之人必须拿到地方官所发予的渡海证明"照"，在港湾接受守备管理官员的盘查后，才能前往海外。

《兵部处分则例》卷之十二《关禁·无票出口》里写道：

> 无照民人偷渡过台湾
>
> 内地民人，往台湾者，该地方官给与照票，由厦门盘验出口。其无照偷渡者，严行禁止。……

根据上面的引文可知，从中国大陆漂洋过海来到台湾的人们，必须先获得出国者故乡的地方官所颁发的渡航证明书"照票"，在厦门通过检查后才能顺利出海。而没有渡航证明书的人会遭受到严格的处罚。

雍正四年（1726年）九月初二日浙闽总督高其倬的奏折里写道：

> 如偷渡一节，大为台湾隐忧，而短摆之船，及自备哨船二种，实为偷渡之津梁。①

根据上面的引文可知，想要前往台湾的中国民众有两种方法，一是搭乘大型船"短摆"，二是搭乘哨船。此外还有以下方法：

> 盖自台湾至厦门，自厦门至台湾，俱必到澎湖，此实台、厦之咽喉。凡一切往来人货，自台湾至澎湖，可用杉板小船，自厦门至大担门外，亦

---

① 《宫中档雍正朝奏折》第6辑，台北故宫博物院，1978年，第524页。

可用杉板小船。惟自澎湖至大担门外，此中间一段，洋面水宽浪大，杉板船不敢行走，必用大船方能渡过。向有泉、漳一带，奸刁船户，借称往澎湖贸易，驾驶赶罾大船，名曰短摆。既不到台湾挂号，又不到厦门挂号，终年逗遛澎湖，往来于大担门外。有厦门不法店家、客头，包揽广东及福建无照偷渡之人，用杉板小船，载出大担门外，送上短摆大船，渡到澎湖。又用杉板小船装载，不入鹿耳门，以避巡查。径至台湾北路之笨港、鹿仔港一带小港幽僻无人之处上岸，散入台地。此种短摆，从前原任督满保俱经严禁。①

想要搭船偷渡到台湾，必须要经过的就是澎湖岛。澎湖岛被认为是台湾与厦门间的"咽喉"，想要从台湾到澎湖的人或货物，到澎湖为止，要乘坐一种叫作"杉板"的小船。而从厦门到大担门外也是要使用"杉板小船"，若想从澎湖岛到大担门外，必须要经过波涛汹涌的台湾海峡，若此时还使用杉板船的话，必然无法通行，必须要使用大型船。于是泉州或漳州一带的刁钻船户就假称要前往澎湖贸易使用大型船航行。这种大型船称为"短摆"。大型船短摆是不在台湾也不在厦门办理停靠登记的船，它一整年都逗留在澎湖岛，并来往于大担门外与台湾之间。厦门有许多帮助偷渡的违法店家或客头，他们专门帮助福建人和广东人偷渡。他们先使用杉板小船将偷渡客运往大担门外，再用短摆大船将他们载送到澎湖。一抵达澎湖岛，偷渡客再换上杉板小船，故意不在盘查严格的鹿耳门登陆，而选在人烟稀少的台湾北部笨港或鹿仔港等小港靠岸，进入台湾本岛内部。

事实上，真的有使用上述方法的船：

> 雍正三年，船户林合兴等一十九船，乘巡抚毛文铨初到情形未谙，借称澎湖人民需船装运咸鱼、粮米，具呈请行，澎湖协副将董芳，亦称便民，为之具详，毛文铨批司，道议详开禁。泉州海防同知冯临亦随详请，有方永兴等十三船，亦一体准行。不知澎湖鱼、米，若到台湾买卖，原有杉板小船络绎装运，不须大船。若云此大船往澎湖贸易，澎湖一带皆系不毛之山，无一出产，本地既无可贩，而此等船只，终年未曾一到台湾，一到厦门及一到漳泉二处外地。又无所贩，不过为偷渡之人作接手

---

① 《宫中档雍正朝奏折》第 6 辑，台北故宫博物院，1978 年，第 524～525 页。

耳。况林合兴等内中多有从前曾被查拿，案尚未结，实非善类不但子。①

雍正三年(1725年)，船户林合兴等19艘船利用福建巡抚毛文铨刚上任还对当地状况不甚熟悉，假冒要将咸干鱼、米谷输送到澎湖岛而趁机出海了。此外，方永兴等13艘船也做了同样的行动。他们专门帮助想偷渡到台湾的不法之徒。

往台湾的偷渡船已被扣留。广东总督郝玉麟雍正八年(1730年)九月二十八日的奏折里写道：

> 八月十五日夜，有闽船叶豁等男妇一百二十余名口，因欲偷渡台湾，遇风飘至碣石镇属地方，撞石击碎，尔时登岸，男妇经该镇把总余振巡海盘获，押交海丰县，收审其营房炮台。②

根据上面的引文，有福建船只漂流至位于广东省东部沿海的惠州府之陆丰县治下的碣石湾附近海域。这艘船里有包括叶豁在内的120名男女一起乘船，他们搭乘的正是要偷渡往台湾的船。

雍正八年(1730年)十一月十五日管理福建海关事务郎中准泰在奏折里写道：

> 本月十一日有暹罗船一只，乘风飘至兴化府属之湄州地方挽泊，查据该彝商柯汉称，祖籍原系福建漳浦县人，并则副、舵、水人等，俱系内地闽粤江浙等处人民，住暹年久，共带有番人六名，从暹罗载苏木、象牙等货，欲往宁波贸易，因遭风至闽，今船只搁漏，就厦贸易，修葺船只，置货回国等情。③

由上面的引文可看出，从泰国出海前往宁波贸易的船只遇上海难，漂流至福建省兴化府湄州岛。尽管这艘船是泰国船，乘船者中却仅有六名外国人，他们应该是泰国人，而剩下的乘客非泰国人，几乎都是华人。他们是来自福建、广东或江浙地区的人们。船商柯汉并供称其祖籍为福建漳浦。准泰的奏折里还写道：

---

① 《宫中档雍正朝奏折》第6辑，台北故宫博物院，1978年，第525页。
② 《宫中档雍正朝奏折》第17辑，台北故宫博物院，1979年，第39页。
③ 《宫中档雍正朝奏折》第17辑，台北故宫博物院，1979年，第193页。

> 八月十一日,又有暹罗商船户陈景常,载苏木等货,遭风收厦门贸易。十五日,又有安南船户蔡伍盛,载白糖等货,亦遭风收入厦门贸易,查此二船户,并舵、水人等,均系内地人民,住在外彝,并无番人在船,其船梁头尺寸,与内地商船相同各等情。①

根据上面引文,八月十一日及十五日泰国商船、安南(按:在越南)商船遭遇海难,临时停靠厦门港寻求贸易往来。这些船上的船员里无任何外国人,而全为华人,船只外形本身也不像外国船,反而样式与普通的中国船只毫无二致。

雍正九年(1731年)三月十五日福建厦门水师提督许良彬的奏折里写道:

> 查石祥瑞一船,系牙行陈柔远保载,于本年二月二十二日,经在厦文武挂验,无弊出口,欲往吕宋贸易,藉候风停寄烈屿洋面,候载此铁明视砚出口之后,可免盘验,希图夹带。……查其船中,除原验舵梢货客之外,尚揽载无照客人一百二十七名,俱交兴泉道,讯供通报……②

根据上面引文,二月二十二日从厦门往吕宋(按:在菲律宾)寻求贸易往来的石祥瑞船遇风停留在烈屿洋面,接受当地官兵盘查,被发现除了船员以外无携带渡航证明书的乘客居然有127名。

福建观风整俗使刘师恕于雍正九年(1731年)六月二十二日的奏折里写道:

> 于石祥瑞船内,搜获无照客民一百二十余名,亦交地方官收审未结,臣访闻外洋暹罗、吕宋、噶喇吧等处,闽广人民,在彼居住者甚多,有于彼处婚娶成家者,有领彼资本为之贸易,往来彼国者,且有受彼地方官职者。今石祥瑞一船,已搜出一百余人,则平时之偷渡者,尝复不少。又闻暹罗贡船到广,每借募补水手为名,多带闽广人民回国。……嗣后,洋船必俟客民水手货物名项齐备之后,方准呈请点验,提标中军参将厦门同知,务必亲身会同,逐一详查。③

---

① 《宫中档雍正朝奏折》第17辑,台北故宫博物院,1979年,第194页。
② 《宫中档雍正朝奏折》第17辑,台北故宫博物院,1979年,第789页。
③ 《宫中档雍正朝奏折》第18辑,台北故宫博物院,1979年,第360页。

根据上面引文,在刘师恕调查让 120 名偷渡者上船的石祥瑞船的过程里,可了解到海外移民的形态。偷渡往泰国、吕宋或是噶喇吧(按:雅加达)的福建或广东人,有的在海外结婚并拥有家族,也有人是借助海外资本做贸易,还有人在海外拥有一官半职,由此可见,我们可通过这些调查掌握华人在海外的居住形态。搭乘石祥瑞船的人们是将来可能成为海外华人的一群人。此外,也有人跟这些搭乘商船偷渡到海外的人们不同,他们是自己先当上外国商船的船员,再往海外发展的。举例说明的话,从泰国往中国的朝贡船每次进港至广州时,一定会招募人手不足的低阶船员。而应征的人往往是福建人或广州人,这些人就以泰国人的身份顺利出国了。

还有其他类似石祥瑞船的船只。福建总督郝玉麟于雍正十一年(1733年)四月初五的奏折里写道:

> 上年十二月十四日,据南澳镇呈报,有商船户姚锦春一船,前往吕宋贸易,配舵、水二十四名,又配货客二十名,另有无照偷渡客民一百五十七名,经云澳汛外委把总杨光标等盘获等语。……臣密访得吕宋地方,系西洋干丝腊泊船之所,自厦门至彼水程七十二更,漳泉二府人民,向在该处贸易者甚多,现在住居者,约有一二万人,地极繁盛,人多殷富。内地载往货物,俱系干丝腊番舶,运载番银至此交易。彼地番人,住居吕宋者,不过二三千人,内地百姓人势众多……①

根据上面的引文,位于隶属福建省与广东省管辖的南澳岛,传出防卫官扣留商船的消息。这艘商船是企图与吕宋进行贸易的商船,船员有 24 名,货物的主人有 20 名,而未持有渡航证明书的偷渡客却有 157 名。加起来,共有 225 名人员搭乘这艘船。157 名偷渡的人想要前往的吕宋正处于西班牙的统治下,吕宋与厦门有 72 更水程的距离,漳州或泉州的人们通常是为了贸易前往吕宋,住在当地的华人据说有一万至二万人。菲律宾的土地丰饶,华人若将从中国带来的商品运至吕宋的话,西班牙人也会将他们从新大陆带来的白银和华人做交易。当地的西班牙人只有 2000~3000 人左右。

企图偷渡前往吕宋的人相当多,他们为了搭乘上商船,"船户揽载商货上船,遂暗招无照偷渡客民,每人索银五六两不等。漳泉人民多谙驾驶之技,船户又利其相帮,即以混入水手之内,经由汛口稽查,或通同贿放,或在

---

① 《宫中档雍正朝奏折》第 21 辑,台北故宫博物院,1979 年,第 353 页。

外洋上船,因而偷渡者多。"①

如上所示,想偷渡的人必须支付乘船费用一个人银 5 两至 6 两。即使只收 5 两的费用,一艘船 157 个人的话就有 785 两的收入。若收 6 两的话,就有将近 1000 两的收入。这些帮助偷渡客偷渡的船户将这些偷渡客们混入船员当中登船,以躲过在汛口的盘查,或者是拿钱贿赂官吏,或在外洋上船再一起坐上大船,前往目的地。

不只是吕宋,离中国大陆很近的台湾对于中国民众来说,也同样被认为是新天地,偷渡前往台湾的人也为数众多。郝玉麟于同年(1733 年)四月初五日,在与上面不同的奏折里写道:

> 窃查台湾地方,田土肥饶,居民富庶,闽粤流寓人民,不啻数十万众,而冒险偷渡者,例禁虽严,终难禁绝。有种奸民,名充客头,招揽愚民,贪其多利,偷渡过台,或涉历险,或黑夜放洋,经拿获者十之一,到台者十之二三。其没于孤岛沙洲、葬于鱼腹者十之四五。②

根据上面的引文,台湾因为土地肥沃,而住在当地的人们也都经济状况良好,福建或广东的流民争先恐后前往台湾,其人数远远超过数十万人。尽管清政府下达严格的禁令,偷渡客依然偷渡至台湾。而偷渡的人也并非平稳的渡过海峡,中途就被扣留的人有十分之一,能真正渡海到台湾的只有十分之二三,剩下的人在孤岛或沙洲上结束其生命,在海上遭遇海难的人也为数不少。

根据雍正六年(1728 年)八月初十日福建总督高其倬的奏折,长期滞留在海外想回国的人们也搭乘清朝的帆船回国。

> 查福建飘洋船只,仰蒙皇上隆恩,准令前往外洋贸易,随钦遵行,令厦门文武各员,将各飘洋商船人货,俱取地方官印结,及行家的保各结,严查明白。陆续于雍正五年十月以后,六年三月以前,共船二十一只,由厦门出口前往。今于本年六月末旬,至七月内,据署泉州海防同知印务张嗣昌前后共报,商船户魏胜兴、林万春、谢合兴、陈永盛、高升、魏长兴、甘弘源、陈得胜、许隆兴、苏永兴、陈国泰、杨若心共一十二船,俱已回厦,共计载回米一万一千八百石余,系燕窝、海参、苏木、牛皮各货。

---

① 《宫中档雍正朝奏折》第 21 辑,台北故宫博物院,1979 年,第 354 页。
② 《宫中档雍正朝奏折》第 21 辑,台北故宫博物院,1979 年,第 355 页。

原人俱各照数回厦。内高升船内,有原去客人康万、王之赐二人,因货账讨不起,暂留住咬瑠吧讨账,俟来年搭船回籍。又魏胜兴船内,载回原留住咬瑠吧人黄龙等五人,内林哲一名在船病故。林万春船内,载回原留住咬瑠吧人郭堂等四人。谢合兴船内,载回原留住咬瑠吧人陈伯等三名。高升船内,载回原留住咬瑠吧人郭加等十八人,女眷一口,小男孩二口,小女孩一口。甘宏源船内,载回原留住咬瑠吧人李从一名。陈得胜船内,载回原留住安南人陈茂兴等三名。各等因到臣,臣随飞敕该管文武各员,逐一严查亲验船内回厦之人,是否原去之人数目,有无欠少,并所带有无违禁货物,其带回之人详细讯供,系何年留住外地,系何县人,何处居住,家中有无父母妻子,详行查讯,具报去后。兹据署泉州海防同知印务张嗣昌,查讯今已经报到者,据讯问魏胜兴船内带回之黄龙供,系龙溪县人,在西门内居住,年六十二岁,有妻、两个儿子,在咬瑠吧十七年了,系在彼卖茶生理。据朱猜供,年五十二岁,系龙溪县人,在南门外居住,有妻,有一子,十九岁了,在咬瑠吧十八年了,在彼种田。据韩聘供,年六十二岁,系龙溪县人,在北门保居住,有妻有一子,在咬瑠吧十八年了,在彼种园。陈厚供,年六十一岁,系龙溪县人,在二十七都长州乡居住,有妻,有一子一孙,在咬瑠吧住十五年了,在彼卖草等因。并详将载回留住外洋各民人,交各地方官,查明安插前来。①

如上所示,厦门的文武官员调查雍正五年(1727年)十月到雍正六年(1728年)三月之间的海外贸易船,发现有21艘船从厦门出海前往海外。根据署泉州海防同知印务张嗣昌调查的雍正六年(1728年)六月下旬至七月之间的归港纪录报告书,魏胜兴、林万春、谢合兴、陈永盛、高升、魏长兴、甘弘源、陈得胜、许隆兴、苏永兴、陈国泰、杨若心等12名商船户搭乘他们自己的船于厦门归港。这些船带了海外产米12800多石,还携带了燕窝、海参、苏木、牛皮等货物。而除了这些货物之外,这些船还装载了以下人物:

高升船内,有原去客人康万、王之赐二人,因货账讨不起,暂留住咬瑠吧讨账,俟来年搭船回籍。

魏胜兴船内,载回原留住咬瑠吧人黄龙等五人,内林哲一名,在船病故。

---

① 《宫中档雍正朝奏折》第11辑,台北故宫博物院,1978年,第70～72页。

>林万春船内,载回原留住咬瑠吧人郭堂等四人。
>
>谢合兴船内,载回原留住咬瑠吧人陈伯等三名。高升船内,载回原留住咬瑠吧人郭加等十八人,女眷一口,小男孩二口,小女孩一口。
>
>甘宏源船内,载回原留住咬瑠吧人李从一名。
>
>陈得胜船内,载回原留住安南人陈茂兴等三名。

这些人是去海外拜访亲戚,再搭船回厦门港。关于这些人的来历,署泉州海防同知印务张嗣昌再追加深入调查后了解到以下事项:

>黄龙供,系龙溪县人,在西门内居住,年六十二岁,有妻、两个儿子,在咬瑠吧十七年了,系在彼卖茶生理。

黄龙是漳州府龙溪县人,居住于县城西门内。今年62岁,与妻子与及小孩一起住在咬瑠吧(按:今爪哇)17年,在爪哇作贩卖茶叶的生意。

>朱猜供,年五十二岁,系龙溪县人,在南门外居住,有妻,有一子,十九岁了,在咬瑠吧十八年了,在彼种田。

朱猜则今年52岁,与黄龙同为龙溪县人,居住于县城的南门外,与妻子及19岁的小孩一起归返故乡。他住在咬瑠吧长达18年,从事农耕的工作。

>韩聘供,年六十二岁,系龙溪县人,在北门保居往,有妻,有一子,在咬瑠吧十八年了,在彼种园。

韩聘,62岁,龙溪县人,居住于县城北门保。有妻子及一个小孩,居住在咬瑠吧长达18年,从事关于农场的工作。

>陈厚供,年六十一岁,系龙溪县人,在二十七都长州乡居住,有妻,有一子一孙,在咬瑠吧住十五年了,在彼卖草等因。

陈厚,61岁,龙溪县人,居住在该县二十七都长州乡。带着妻子及儿子、孙子住在咬瑠吧15年,于当地从事贩卖烟草的工作。

如上所示,有住在海外长达数十年的华人归返其故乡。而从清朝官吏的报告书,我们也能了解到他们在中国本来的居住地,在海外居住的国家,在海外停留的时间及在海外的职业,甚至是其家族成员。

雍正十一年(1733年)九月二十六日福建总督郝玉麟的奏折里写道:

>谨奏为奸民私载番人潜入内地事,窃照闽省人民,贸易外国吕宋地方,及偷渡在彼久住者甚多。该地番夷,资财丰裕,往来熟识,难免引诱

之弊,亟当防微杜渐。经臣于洋船酌添水手,严禁偷渡案内,备将情形奏闻。钦奉……嗣据张天骏禀称,有久住吕宋福宁州民,带有吕宋夷人二名,出租船番钱一百五十圆,船主出有保状,与彼处夷主,其番人带有四甲箱番钱,约计五千金,在大担门外,雇小船乘夜到漳州福河厂蔡家村内投住,欲在漳泉招人归伊天主教等语。①

根据上面引文,渡海前往海外的华人,在回国时有发生问题的状况。福建省人为了从事贸易,偷渡到海外吕宋等地,就此居住在当地的人也为数众多。居住在吕宋的福宁州民张天骏于归国时,带了两位吕宋人一起归国,并因此从菲律宾人身上得到乘船费番钱150圆。那两个吕宋人共携带"约计五千金"。为了要让他们两人秘密顺利潜入中国,张天骏于大担门外备置小船,并趁黑偷偷上陆,让两位吕宋人住在漳州福河厂的蔡家村内,借此向漳州人或泉州人宣传天主教。

雍正十一年十二月二十六日(1734年1月30日)福建总督郝玉麟与福建巡抚赵国麟的奏折里写道:

> 窃照闽省依山滨海,地少人稠,沿海居民,多有贩洋为业,往来外域,经营趁息,以赡家口,更有因亲属,向在番邦贸易,遂只身私渡往觅生理,以致逗留者,前经臣玉麟访闻漳泉等处民人在噶喇吧、吕宋者更多,不可不立法稽查。②

如上所示,福建省山多,且因为海洋逼近陆地,因此耕地少,然而却偏偏居住人口众多,很多人为此想出海,借由从事与外国的贸易来养家糊口,有时因此就在海外定居的人也为数众多,特别是漳州或泉州的人们多居住在噶喇吧或吕宋。

这些人的具体事迹可由下述的奏折窥之一二:

> 据漳州镇道府县详报,查获陈魏、杨营等犯,携带妻妾仆婢,并行李等物,于大担门外,暗雇小船,装载回家。经漳州府讯,据陈魏供称,犯生回在广东贸易,于康熙五十三年买有茶叶货物在广搭船往噶喇吧,五十五年娶了妻室杨氏,原是福建人,本年犯生,回至广东,买了瓷器等

---

① 《宫中档雍正朝奏折》第22辑,台北故宫博物院,1979年,第165~166页。
② 《宫中档雍正朝奏折》第22辑,台北故宫博物院,1979年,第473页。

货,复往吧国,卖完了货。又布匹稍有利息,原去的船,已回棹了,随于五十六年本禁了洋,船只稀少,回来不得,并不是甘心久住番邦。①

在漳州,刚归国的陈魏及杨营等人携带家族及行李,于漳州的大担门外,趁黑偷偷地搭乘小型船,想上岸回乡时,被官兵发现遭到扣留。

根据这个陈魏的供词,他于康熙五十三年(1714年)在广东装载茶叶等货物往噶喇吧(今雅加达)从事贸易。康熙五十五年(1716年)娶福建人杨氏为妻,又搭船回广东装载瓷器等货物,回印度尼西亚做贸易,并因为从事贩卖布料等的贸易而获得大笔利益。康熙五十六年(1717年)海禁越趋严格,来噶喇吧的船只也因而减少,使得他苦无返乡机会,只好长期定居在噶喇吧。

被扣留的另外一个人杨营供称:

> 据杨营供称,小的原在同安县做生理,雍正六年正月,在广东将本银三百两买了些茶叶、瓷器,搭船到噶喇吧,娶了妻室郭氏,是中国人,原要随船回来,小的因染了病,至八年五月里,仍回广东买了货。于九年正月,又往吧国,这几次出洋,纳税照票,都是船主代为料理的,小的有个哥子杨课,原在吧国娶嫂子,生下两个侄儿,上年哥子不在了。小的娶的妻室,生了两个儿子、一个女儿,年纪尚小。又买了一个乳妈、三个番仆,俱系番官记定身价买的。连嫂子、侄儿,共十一口。②

根据上面的引文,杨营本是同安县人、雍正六年(1728年)于广东携带银两300两,购买茶业、瓷器前往噶喇吧做贸易。娶了中国人郭氏为妻。雍正八年(1730年)五月回广东采买贸易商品,并于雍正九年(1731年)一月前往噶喇吧。

四、小 结

福建省山多,且因为海洋逼近陆地,因此耕地少,然而却偏偏居住人口众多,很多人为此想出海,借由从事与外国的贸易来养家糊口。

福建省定居在海外的人很多,特别是漳州或泉州的人们多居住在印度

---

① 《宫中档雍正朝奏折》,第22辑,台北故宫博物院,1979年,第474页。
② 《宫中档雍正朝奏折》,第22辑,台北故宫博物院,1979年,第474~475页。

尼西亚的雅加达或菲律宾的吕宋。这些人里面，有人是住在海外并于当地结婚生子，且拥有子孙；也有人是在海外向人借本金从事贸易；也有人在海外谋得一官半职。华人在海外的居住形态相当具有多样性。

  隶属福建省与广东省管辖的南澳岛防卫官扣留的帆船是企图前往吕宋从事贸易的商船。船员有24名，货物的主人有20名，而未持有渡航证明书的偷渡客却有157名。偷渡客想前往的吕宋正处于西班牙的统治下，距离厦门有72更的水程，若不搭乘清朝的帆船，是无法抵达吕宋的。尽管如此，漳州或泉州人为了前往吕宋贸易，还是冒险搭乘了商船。此外，居住在吕宋的西班牙人只有2000～3000人，而住在当地的华人据说多达10000～20000人。华人将从中国带来的货物运送至菲律宾的话，西班牙人会将他们从新大陆带来的银两与华人做交易。而且，吕宋被认为丰饶之地，对华人来说无疑是片新天地，于是华人就以这些新天地为目标，搭乘清朝帆船漂洋过海。

（翻译、校对：杨蕾）

第九章

日据时期台湾与福建的帆船航运

一、前　言

清代自嘉庆、道光年间以降有"一府二鹿三艋舺"的说法,指的是面向台湾海峡的台南、作为台湾府城的中部海港鹿港、以及台湾北部淡水河流域之艋舺,这三港与福建和广东、浙江沿海交往密切,蓬勃发展。通过这些重要港口所发展出的台湾经济,主要依靠与大陆沿海地域进行的贸易。[①]

但是1894年甲午中日战争的结果,清朝政府将台湾割让给日本,从此,台湾与福建省的关系,从昔日的国内关系转变为国际关系。其中变化最显著的是福建与台湾之间的海上交通。福建以及台湾的社会如何接受这种变化?关于此问题可以从承担海峡两岸交通往来的帆船航运为视点来考察。

二、台湾海峡的帆船航运

乾隆初年所刊行的黄叔敬《台海使槎录》卷二《商贩》中有如下之记载:

> 海船多漳、泉商贾,贸易于漳州,则载丝线、漳纱、翦绒、纸料、烟、布、草席、砖瓦、小杉料、鼎铛、雨伞、柑、柚、青果、橘饼、柿饼。泉州则载瓷器、纸张。兴化则载杉板、砖瓦。福州则载大小杉料、干笋、香菇。建宁则载茶。回时载米、麦、菽、豆、黑白糖饧、番薯、鹿肉售于厦门诸海口。或载糖、靛、鱼翅至上海,小艇拨运姑苏行市。船回则载布匹、纱

---

① 松浦章著,卞凤奎译:《清代台湾海运史》,台北博扬文化事业,2002年。

缎、枲绵、凉暖帽子、牛油、金腿、包酒、惠泉酒。至浙江则载绫罗、绵绸、绉纱、湖帕、绒线。宁波则载棉花、草席。至山东贩卖粗细碗碟、杉枋、糖、纸、胡椒、苏木。回日则载白蜡、紫草、药材、茧绸、麦、豆、盐、肉、红枣、核桃、柿饼。关东贩卖乌茶、黄茶、绸缎、布匹、碗、纸、糖、面、胡椒、苏木。回日则载药材、瓜子、松子、榛子、海参、银鱼、蛏干。海壖弹丸，商旅辐辏，器物流通，实有资于内地。①

文中指出台湾与大陆沿海的贸易地是漳州、泉州、兴化、福州、建宁、上海、苏州、浙江、宁波，还有华北的山东和东北地区。

江南宜兴人吴德旋在道光壬辰（道光十二年，1832年）五月序《东槎纪略》中写道：

> 台湾海外一郡耳，悬绝万里，而糖米之货利天下。帆樯所至，南尽粤闽两浙，东过江南、山东，北抵天津，以极沈阳。旬月之间，可达也。

如记述中指出从台湾至北方海域或是南方之海域，都装载米谷和砂糖等货物航行。

关于从台湾输出之产品，如前述《台海使槎录》卷二《商贩》中所见，输出之沿海地域可分为福建省地区、江南与山东地区，以及关东地区这三个区域。福建地区主要是米和其他谷物类，江南地区与山东地区是看不到谷物类的。关东地区是乌茶、黄茶。这三个地区都会出现的货物是砂糖。

嘉庆元年（1796年）七月初八日，方维甸的奏折中对福建省的船户黄振等有如下的报告内容：

> 闽省商船七只到津，各带有台湾运送厦门等兵米谷石。②

报告有福建省商船七只，装载了自台湾运至厦门的军需米谷。

> 黄振等七名同供，小的等是漳、泉两府船户，向来商船到台湾装货，每船例带官谷，到厦门厅等处交卸。③

指出船员是福建省漳州和泉州两府的船户，他们要装载货物往台湾航行。

---

① 《台海使槎录》，台湾历史文献丛刊，台湾银行，1957年，第47～48页。
② 《宫中档嘉庆朝奏折》第2辑（二），台北故宫博物院，第268页。
③ 《宫中档嘉庆朝奏折》第2辑（二），台北故宫博物院，第268页。

自台湾航行至大陆沿海时,航向何处港口呢?道光《彰化县志》卷九《风俗志·商贾》中载:

> 远贾以舟楫载米、粟、糖、油行,郊商皆内地殷户之人,出资遣伙来鹿港。正对渡于蚶江、深沪、獭窟、崇武者,曰泉郊。斜对渡于厦门,曰厦郊。间有糖船直透天津、上海等处者,未及郡治、北郊之多。

说明台湾西岸中部的彰化县鹿港,往对岸福建省泉州附近从事专门贸易的称为泉郊,往厦门专门从事贸易的称为厦郊,这些商人拥有的帆船能将砂糖输往天津、上海等地。

在乾隆四十七年(1782)十月初五日,福建、浙江总督陈辉祖等的奏折中说道:

> 台湾远隔重洋,孤悬海外,而彰化县鹿仔港口,民户繁,行铺稠密,向系商贾云集之处,地方紧要。①

这段记载指出,鹿港聚集众多的商店,是商人集结之所在,由是之故,官宪应严加注意。

再者,有关与鹿港相对的福建省泉州,乾隆四十七年(1782)十月十二日广西巡抚朱椿的奏折中记载:

> 泉州为省东门户,而沿海之口岸如安海、永宁、法石、蚶江等口,均系商、渔船只往来收泊之所,与台湾片帆可达,尤为紧要。②

指出福建东部泉州府的一些沿海港口,如安海、永宁等都被视为比较容易渡航至台湾的港口。

在《苗栗县志》卷七《风俗考》中有如下记载:

> 商人择地所宜,佣船装贩,近则福州、漳、泉、厦门,远则宁波、上海、乍浦、天津以广东,凡港路可通,争相贸易。……有郊户焉,或仆船,或自置船,赴福州、江、浙,曰北郊。赴泉州者,曰泉郊,亦称顶郊。赴厦门者,曰厦郊。……其船往天津、锦州、盖州,又曰大北。上海、宁波,曰小北。

---

① 《宫中档乾隆朝奏折》第53辑,台北故宫博物院,1984年,第265页。
② 《宫中档乾隆朝奏折》第53辑,台北故宫博物院,1984年,第364页。

从台湾来看,福建省是极重要的目的地,航线可延伸至浙江省的宁波、乍浦,江苏省的上海,华北的天津,辽宁省的锦州和盖州等,到南方则可航行至广东。依所赴地域不同而有别称,即北郊、泉郊、顶郊、厦郊、大北、小北等称谓。

道光《厦门志》卷五《船政略》的商船,最先接触关于横洋船之记载:

> 横洋船亦有自台湾载糖至天津贸易者,其船较大,谓之糖船,统谓之透北船。

说明横洋船从台湾航至天津等北方地区,主要用来运输砂糖。

乾隆三十四年(1769年),台湾府同知朱景英的《海东札记》卷二《记政纪》中记载:

> 凡有内地商船自厦门来鹿耳门者,责成台防厅分为小。横洋船则以梁头在一丈四尺者为大,一丈二尺者为中,一丈者为小。

文中指出横洋船的船腹约4.5米者为大型船、3.8米者为中型、3.2米者为小型。

当然在北方的天津也有帆船入港的案例,例如嘉庆三年(1798年)十二月初二日,董椿的奏折中可见到这样的案例:

> 伏查天津关税课,全赖闽、粤海船来津贸易为大宗,历年进口海船一百数十只并一百只上下。[1]

从福建和广东方面航至天津的海船,贸易数量很大。如前文所述,这些帆船装载砂糖等货物。

在台湾从事航运业者,其活动之领域亦有远至东北沿海者。福州的陈开夫,在他族人所撰的《颖川陈氏族谱》中记有:

> 讳麟书,一名肇干……少游台郡……既以家贫,操贾业,巨舶往返辽东,积资巨万。[2]

航行于台湾和福建的帆船,亦成为传达讯息之工具。昔日福建浙江总督李侍尧,从台湾返航时搭乘船舶,收集各种情报。这份情报被称为"台回

---

[1] 《宫中档嘉庆朝奏折》第7辑,台北故宫博物院,第95页。
[2] 《闽台关系族谱数据选编》,福建人民出版社,1984年,第446~447页。

船户信息",我们可在李侍尧的奏折中见到船户姓名,谨胪列如下:

> 船户金绵远自鹿港回蚶江。
> (乾隆五十二年十一月初五日奏折)①
> 船户钱泰来自鹿仔港回至厦门。
> 蚶江之船户林任兴。
> (以上乾隆五十二年十二月初三日奏折)②
> 船户杨兴利自鹿港回蚶江。
> 船户陈得时自鹿耳门回至厦门。
> (以上乾隆五十三年二月初十日奏折)③

从以上五只船舶的案例,可知台湾南部鹿耳门以及中部的鹿港,与福建的厦门和泉州的蚶江相连结,这是说明两岸经济关系密切既显著又具体的案例。

特别是,该地域航运兴盛之理由,其中之一是航海距离。闽浙总督李侍尧在乾隆五十二年(1787年)四月初八的奏折中,关于《水运条例》规定的相关经费,有如下的陈述:

> 运粮水脚、顺水,每石每站三分六厘。逆水,每石每站七分等语。④

另外,是适用于台湾海峡方面的"内河顺水"案例:

> 抵内河顺水之价,自厦门至鹿耳门十二站,蚶江至鹿仔港九站,闽安口至北淡水八站,概以每石每站三分六厘给价。⑤

如上,台湾与对岸的福建省之间的航海距离,位于闽江河口附近的闽安口与台湾北部的北淡水最近,台湾中部的鹿港与泉州府下的蚶江则居次,其次是厦门与台南的鹿耳门,此三个航路是福建与台湾较近的海上通路。

根据以上的叙述可清楚看出,清代台湾的港口与对岸的福建之间的航运关系,是相当紧密的。

---

① 《宫中档乾隆朝奏折》第66辑,台北故宫博物院,1987年,第164页。
② 《宫中档乾隆朝奏折》第66辑,台北故宫博物院,1987年,第542页。
③ 《宫中档乾隆朝奏折》第67辑,台北故宫博物院,1987年,第269、270页。
④ 《宫中档乾隆朝奏折》第63辑,台北故宫博物院,1987年,第839页。
⑤ 《宫中档乾隆朝奏折》第66辑,台北故宫博物院,1987年,第840页。

三、日据时期台湾与福建的帆船航运

清代台湾与大陆沿海之间的航运关系,到了台湾被日本占领时期发生了变化。

《台湾新报》第 90 号(明治二十九年,光绪二十二年,1896 年,12 月 19 日)中有"台湾与厦门的关系",以厦门的日本领事馆领事之报告为基础,有如下记载:

> 位于现在台北县地方,其贸易事业上自我划分为漳州、泉州人民住居之区域,据称艋舺以内为漳界,大稻埕以外为泉界,作为相互割据之形势。

从记载得知,在台北从事贸易业以淡水河岸的艋舺和大稻埕划分为福建漳州人地区和泉州人地区。其贸易方法是:

> 入津当港(厦门)的航洋篷船(支那人经常以民船命其名,以和西洋形船做区别。以下全以篷船记述),其运输额,一年约二十万担,亦即一万一千九百圆。而且此等篷船有分四种类,以支那的名称是第一祥芝北、第二大北、第三小北、第四驳仔称之。根据调查的结果,此等装载数额当中,据悉使用情况是:77%是一般的货物以及少数的船客,在该港以及台南之间运送;5%是在该港以及澎湖岛;8%是该港与宁波、上海、芝罘以及天津;5%是该港以及漳州;另外是剩余者,即 5%是该港与南澳岛以及汕头之间。

> 该港与北支那各地方之间往来的篷船,其输出品常是装载砂糖及诸杂货,返航时装载的货物是棉花、支那酒、落花生油、谷物及豆饼等。此等的篷船,全是支那商行所有,但有时,其货物亦归其船长所有。

> 此航船航行一回约花费四个月时间,从北部的输入品其输送费是,支那酒一个需从洋银六钱至十钱,棉花从七十五钱至一元二十钱,油类八十钱至一元,谷物一包是五十钱,荳饼是二十钱至二十五钱。

该报道主要是叙述厦门的帆船航运状况。入港厦门的帆船有被称为祥芝北、大北、小北、驳仔的船舶。从这些船舶的装载量来看,77%是一般的货物和搭载数名船客,航行于厦门和台南之间。5%是厦门与澎湖岛之间,8%是厦门与宁波、上海、烟台和天津方面的航运,5%是厦门与近距离的漳州的航运,剩余的5%是厦门与南澳岛和汕头之间的航运。

关于厦门与台湾之间的航运关系,在《台湾新报》第93号(明治二十九年十二月二十日,1896年12月20日)的《台湾与厦门之间的关系(承前)》中有:

> 另外关于该港(厦门)支那商行方面,根据调查,篷船从该港最多通航交易的地方是台南安平,其次是布袋嘴、笨港、卟仔脚。另外,从泉州府晋江县的深□、水□、上施及惠安县堵窟等地方开驶,所到之处是台中的竹垫、梧栖及台北的淡水为多数。此等篷船的构造,大者约千担,中者七八百担,小者四五百担,以此区分……

这篇报道指出从厦门往台湾航行的帆船,其航行地是台南的安平;从泉州府的晋江县和惠安县出发,其目的地是台中的诸港和台北淡水港。

《台湾新报》第217号(明治三十年,光绪二十三年,1897年,6月1日)的《台湾、厦门、泉州戎克贸易》中可见到以下的报道:

> 台湾与在福建沿岸的戎克船贸易,台湾归于我帝国版图以前相比较时,据称从台湾输出的货物,至今日减少了十分之七。另外,从福建的输出货物大约减少一半。这是在厦门被称为泉郊者,完全是在台南地方做生意的商人之意见决定,并非是外行人的妄评。在厦门以戎克船与台湾从事贸易的商人,仅是泉郊而已,更且,台中、台北沿岸的贸易是在泉州府专由从泉州沿岸通航,与厦门几乎无直接的关系。另外,厦门与台南以及其附近的贸易盛衰,做以下之比较。

台湾割让以前

戎克船四十四艘,每只一年最多十二回,次数少时亦有八九回往返厦门。

豆粕输入至厦门,一年约一百万个左右。

在厦门台湾米市价一包是二圆。

豆粕一千个九十圆台。

麻每担三圆左右。

苎每担上品十四五圆,下品十二圆。

樣子每担上品四圆台,下品三圆。

台湾割让与以后

戎克船二十二三艘,每夏一年多者六回,少者也有四回,从厦门往返。

豆粕输入厦门在去年是五十万个左右,今年预估有三十余万个。

在厦门,台湾米市价一包四圆。

豆粕一千个,一百五六十圆。

麻每担四圆台。

苎每担高价二十圆左右,低价是十七圆。

樣子每担高者七圆台,低者五圆台。

内容大略如前所记。另外,新货品从厦门往台湾输出之货物是鸡、小猪、鸭卵、米、红柑、麦酒、卷烟草等。近来从台湾输入厦门渐次减少各种的农产物,是米、豆粕、连蕉、橙子、西螺、柑等。再者,台湾北部与泉州间之间的贸易,是泉州府六类郊中的梧栖郊与淡水郊的组合商业团体。亦即如左所示。从梧栖郊往泉州输出货物是米、豆粕、麻、苎、落花生、落花生油、蕃薯签。

从淡水往泉州输出之货物是青靛、羌黄、樟脑等。

从泉州向梧栖输入的货物是鞋、罗布、瓷器、德化碗、阿片、石油、面粉、烟丝,以上四品是从厦门往泉州回漕的货物。

从泉州向淡水输入的货物是罗布、鞋、纸料、铁器、面。

以上的货物在输出方面减少七分,输入方面也有遽减一半的情形。根据调查得知其原因是,可完全归咎于战后土匪出没频繁,造成沿海一带治安不稳定。绝不会因汽船贸易之关系而有绝对的压倒性的优势。由是之故,台湾整治后,且商民的去就决定之后,必定回复往日旧观之日,由于戎克船的运费不稳定,一旦降低后,在泉州沿岸的货物输出入的费用将会节省,倘若这对如从厦门开港有较大之利益点来看,台清间的戎克船贸易,将来会有愈来愈盛大的同时,也应会逐渐减少。毕竟倘若今日戎克船贸易的挫衰,归因于短暂的经济恐慌,此应绝对是前途难料。泉州也如厦门一般有商业组团体六类郊,前面陈述的梧栖郊、淡水郊以外,尚有四郊。如下所示。

宁波郊

从宁波输入泉州的货物是绸缎、绵花、药材、油、绍兴酒、北布。

从泉州输入宁波的货物是糖、瓷器、鞋、灯扚、刀、斧凿仔。

福州郊

从福州输入泉州的货物是柑、杉木、柴火、烟草、纸、米、笋、阿片。

从泉州输往福州之货物是糖、瓷器、通草、神柚、茶饼。

匹头郊(又名厦郊)

从厦门输入泉州的货物是米、阿片、绸缎、布匹、面粉、石油、药材、豆饼、干味、海味、麦、自来火、藤。

从泉州往厦门输入的货物是龙眼、落花生、锡箔、纸、粉浆、卢日鱼、楠木板、砂糖渍。

德化郊(又名纸郊)

从德化往泉州输入的货物是纸料、碗、笋。

从泉州往德化输入的货物是米、干味、海味、布匹。

关于泉州六类郊,他日尚有余力,应可做更精细的记述。以上仅是概略列举。

从报道可知,台湾在成为日本的殖民地前,关于台湾与大陆沿海的航运,特别是厦门与台南之间的相关航运,有帆船44艘,每只一年多者有十二次航海,少者有八九次航海。但是,台湾成为日本殖民地后,帆船剧减为二十二三只,各船的航海航次剧减为每夏最多6回航海,少者仅有4回。

1895年至1897年,属于鹿港郊商许氏所有的金丰顺船航行于福建泉州和台湾鹿港之间,其航行轨迹可作为帆船在台湾海峡往来的具体案例。①

表9-1 1895—1897年鹿港郊商许氏的金丰顺船的航运轨迹

西历	干支	月	日	福建		台湾
1895	乙未	七	二十九	泉州	→	
		八	六			鹿港
			八	泉州	←	
		十	十八	泉州	←	
		十一	三	泉州	←	
			十七	泉州	→	
		十二	一	泉州	←	
1896	丙申	一	十五	泉州	←	

① 林玉茹、刘序枫编:《鹿港郊商许志湖家与大陆的贸易文书(1895—1897)》,中央研究院台湾史研究所,2006年。

续表

西历	干支	月	日	福建		台湾
		三	四	泉州	←	
			十一	泉州	→	⑦
		五	十一	泉州	←	⑧
		六	二十		←	鹿港⑨
		七	十九	泉州	→	⑩
			二十八		→	鹿港⑪
		九	三	梅林	←	
		十一	十四		←	鹿港
			二十八	泉州	←	
1897	丁酉	四	十六	泉州	→	
		六	十		←	鹿港
		七	十九	泉州		
		十一	十七		→	鹿港

注:月日是指旧历。符号之含意如下所示。

泉州→:泉州出航　泉州←:泉州到达

鹿港→:鹿港到达　鹿港←:鹿港到达

~⑪:金丰顺船的航海次数

资料来源:林玉茹、刘序枫编:《鹿港郊商许志湖家与大陆的贸易文书(1895—1897)》,中央研究院台湾史研究所,2006年,第51页。

表9-1是根据鹿港郊商许氏所拥有金丰顺船的航运情况绘制的,可以非常清楚地看出台湾在日本支配前后的一年,即从乙未七月二十九日至丙申七月二十八日期间,有11次航海记录。与先前《台湾日日新报》所记载一年有12次航海的记述是一致。但是,台湾被日本统治后,可知其航海次数旋即减少。

《台湾日日新报》第19号(明治三十一年,光绪二十四年,1898年,5月9日)的《商务鼎盛》文中有:

> 台北淡水口与清国对岸通航贸易,其汽船可通者,仅有厦门、香港两所有定期轮船来往。余如福州、三沙、石峒、泉州、古浮、祥芝、蚶江以

及浙江之宁波、镇海、温州、台州,北直之天津、牛庄、营口、锦州等处商埠,其运通货物皆用篷船,故近来台北商业颇有蒸蒸日上之势。据船商言,刻下篷船来往者,共有一千余艇,北清政府时其数维倍,考其源因,则由台地物品□昂,商人运输大获厚利。故日益繁盛,迩闻该船商欲设船头行组合,以资商务扩张,现已商议定妥想不日即应举行云。

这篇报道指出1898年时,台湾的淡水与大陆之间进行通航贸易,和厦门、香港有定期轮船航班往返。但是帆船贸易依然繁盛,北至东北沿海的牛庄、营口、锦州,华北的天津,浙江的宁波、温州、台州,福建福州、泉州等,这些港口之间仍然有帆船往来。甚至从事航运的帆船可达1000只以上。

《台湾新报》第483号(明治三十一年,光绪二十四年,1898年,4月22日),以"鹿港出米"为标题的报道:

鹿港米运,输出清国泉州者,舳舻相接,而得利颇厚。遂争相恐后从事运输,米价为之翔贵。近鹿港泉州郊,自会议条约,每日只得运输一船,以示限制云。

这篇报道记载了从鹿港往泉州运输台湾大米的船舶相当多,并到了需要限制入港的程度。

再者,根据《台湾日日新报》第22号(明治三十一年,光绪二十四年,1898年,5月31日)以"远商载德"为标题的报道:

清国对岸船只,其与我台湾贸易者往来如织,每月支那船入港,约以百计,但近来福建、广东等处海寇,充斥盗贼,洋面劫掠,商旅咸切戒心,而清国官场各事废弛。

指出沿海地区每月有100余只中国船,来航至台湾贸易。

日本外务省外交史料馆藏《台湾及福州沿海回航之民船取缔杂件》[①]收录了厦门日本领事馆上野一等领事的报告。他在明治三十年(光绪二十三年,1897年)七月二十六日,向外务次官小村寿太郎的陈报书中报告了《处理通航于台湾及厦门附近地方的中国形篷船案件》。上野领事的报告简略叙述如下:

近年通航于台湾和厦门附近的中式篷船,亦即称为民船者,日本人

---

① 日本外务省外交史料馆藏,号码:3.6.3.47。

称为"戎克船"者,虽无充分之证据被认为是日本船籍,但却揭举日本国旗。往厦门和附近的口岸进港,对于中国的地方官而言,可说是已成为日本国船。关于前揭之船只,厦门领事馆正积极的注意中,假设如有伪称国籍者会进行取缔。过去,在台湾与南中国沿海所航行的中式篷船,北从浙江省温州,南达到广东省一带之地方,达到极多数量。但台湾成为日本领有后,中国籍船也因此可说是日本国籍船。推测可能是为了逃避中国地方官的检查。由是之故有严格取缔之必要。对于日后中日的外交问题之发展带来极大的危险性。因此以下内容希望唤起注意。

再者,根据上野领事的《陈报台湾臣民所有中国形篷船交通取缔之案件》:

> 台湾岛与中国南部沿海地区,昔日以来最多的是篷船(即戎克船)为交通,载运货物和旅客,专门以此等篷船为其事业。台湾成为日本领有以降,北是基隆、淡水,南是安平、打狗等四港为限,允许外国船只入港与出港。由是之故,台湾与清国两间篷船的航行状况不能如往昔般频繁。厦门附近地方的泉州府沿海一带的地方,与台中"一苇带水"之隔,交通上最是便利之地,但领台以降小船的往来几乎不再见到。

指出台湾在属于清朝领土的时代,台湾船、大陆船仅是办理国内的航运事务,但是台湾成为日本的殖民地后,衍生出帆船的船籍问题。台湾船必须取得日本政府之船籍。但是,也有未取得日本船籍,仍然在台湾与大陆之间从事航运活动的船舶。

对此,上野领事为解决前述问题,在《向后台湾臣民所有之篷船》中指出,对于来航至厦门的船只,必须接受出港税关严格的调查,必须具备船籍证书和外国通航证明。

我们还可以从新加坡(Singapore)刊行的报纸《叻报》第1724号(光绪十三年七月初一日,1887年8月19日)的报道中了解台湾与厦门之间的航运关系:

> 厦门茶信,自午节后茶市停滞,淡水茶叶虽源源而来,无如各行茶师每早泡茶香样,而茶价亦不能超涨,本地安溪茶售价亦不能旺,恐本年茶商又免有亏折之虞也。

以上报道指出,在厦门的茶叶市场,不是仅有当地安溪产的茶叶,所交易的茶也有从台湾淡水运送而来的。台湾与厦门之间并无大型汽船航行，而是依靠被称为戎克船的帆船，从淡水往厦门运送茶叶。两地之间受到帆船航运之影响关系非常紧密。

四、小　结

　　福建省与台湾的关系，从历史地理方面来看是非常紧密的。特别是在清代后期，因为清朝与外国缔结《天津条约》，1860年淡水对外开港后，英国首先以外国势力的身份进入台湾，台湾生产的茶叶利用帆船，从淡水运到对岸的厦门和广东的汕头，经由厦门和汕头或是香港，向海外输出。

　　甲午中日战争之后，日本于1895年开始统治台湾，中国沿海地区与台湾之间的贸易关系日益淡薄。日本对台湾的基隆等港进行了新的港湾建设、配套设施整备，大型汽船也有了可以停靠的埠头。由是之故，台湾产品利用大型汽船由台湾港湾可以直接输出海外，台湾产品经由中国沿海地区再转向世界市场的流通网络遭到了破坏，两岸之间的航运关系日渐疏远。其典型的事实，在本文所引用的《台湾日日新报》和日本领事报告中，均有如实的记载。

　　台湾特产当中，台湾产乌龙茶输出量之变化是其对外输出发生变化的最典型案例。可看出该产业在日据以前和日据以降的不同。根据1909年领事报告，从淡水输往厦门的乌龙茶产量，1906年（明治三十九年）是11070500磅，1907年时是2524200磅，到了1908年，剧减至45850磅[①]，其产业激减的最大原因是基隆港建港之后，可利用大型汽船直接往海外输出，而不需要经由中国大陆出口。这是两岸贸易关系发生变化的最典型的案例。

（翻译：卞凤奎　　校对：杨蕾）

---

　　① 松浦章著，卞凤奎译：《日治时期台湾海运发展史》，台北博扬文化事业，2004年，第91～124页。

第十章

清朝上海钱庄的破产与日治时代台湾经济

一、前　言

　　从 1895 年开始的半个世纪,台湾成为日本的殖民地。在此之前的清代,台湾作为福建省的一部分,受福建省的管辖。到了清末,基于海防重要性的加大,台湾从福建省分离,1887 年(光绪十三年)台湾省设立。清朝任命刘铭传为台湾巡抚,台湾的开发便急速地发展起来。数年后的 1894 年,甲午战争爆发,凭借《马关条约》的规定,台湾成为日本的殖民地,受日本管辖。虽然接受日本的统治,但台湾并没有一举转型为日本型社会,反而和中国大陆之间形成了更为密切和多样化的关系——由之前的国内关系变成了国际关系,并带来各方面的变化。

　　清末,曾经在中国社会中充当银行业业务并发挥过重要作用的钱庄发生了巨大变化。清朝灭亡前的 1910 年,上海的钱庄出现了破产,1910 年(宣统二年)7 月下旬上海经济界因此受到极大的震动。《上海钱庄史料》对此做了如下描述:

> 　　上海发生橡皮公司股票投机引起钱庄倒闭风潮。本日(7 月 22 日,六月十六日)倒闭者有正元、北康、谦余三钱庄,市面大震。嗣后又有森源、元斗、会大、协大等数数家钱庄倒闭,其他受牵累而停闭者,尚不计其数。①

---

① 中国人民银行上海市分行编:《上海钱庄史料》,上海人民出版社,1961 年,第 74～75 页。

以橡胶公司的股票危机为导火索,经济危机席卷了作为上海金融业根基的钱庄。由于正元、北康、谦余三个钱庄倒闭,上海金融市场受到极大打击。继而森源、元斗、会大、协大等数家钱庄又相继倒闭,此外,更有不计其数的钱庄相继破产。

如前所述,大陆与台湾保持着密切的关系。上海经济界的大震动势必影响当时日本统治下的台湾。本章将以报纸报道、海关报告等资料考察上海钱庄破产对台湾经济界的影响。

二、1910年上海钱庄的破产

据1927年7月《台湾时报》的报道《上海钱庄业调查》:

> 我国与各国尚未通商,尚不知银行为何物……我国的理财机构有被称为银行的新式机构、被称为钱庄或银号的旧式机构。……钱庄制度为中国特有,其他世界各国没有与此种类似的制度,其组织甚为简单,但在市场上的潜在势力却非常强大。……上海是钱庄业的中心,该港开港之初,已经有此行业的踪迹,也就是在商业界占有极大的势力。因此,如果出现钱庄关门或者破产的情况,商业界必受到极大影响。一九〇九年,橡胶市场大恐慌到来,继而波及钱庄业甚多,商业界也因此受到巨大影响。①

对于清代的中国,上海是金融业中心,作为金融业的一种而存在的钱庄发展并兴盛。由于橡胶股票危机的影响,1909年②上海遭遇金融大恐慌,钱庄业遭受了强烈打击。

接下来考察一下上海钱庄业的状况。

《申报》第2428号(1880年1月31日,光绪五年十二月二十日)有"综述本年上海市面"的报道,描述了因1842年《南京条约》签订而开港的上海,其经济界的大致情形:

> 上海一境,分为南北两市。南市则向来所有,而北市则自通商以后所新辟者也。就南市而论,以沙船号家,与夫豆业□业为生意之大宗,

---

① 《支那及南洋情报》,《台湾时报》,1917年,第6~7页。
② 这里的1909年应为1910年。

近年本不甚盛……就北市而论,以丝茶为大宗,而丝茶两业,近年以来愈趋愈下……①

上海有南市和北市。南市自古以来因沙船航运业而繁荣,②与此相对,北市则靠丝和茶贸易而兴盛。《申报》第3506号(1883年2月1日,光绪八年十二月二十四日)《论钱庄放账》中这样写道:

盖百业皆藉钱庄以流通……夫百业以买卖货物为生意,钱庄以放钱收息为生意,其道一也。放银而择其资本充经营。③

上海的钱庄曾经靠货币流通而掌控经济。可以说,掌握北市经济的是钱庄业。上海的钱庄在1872年(同治十一年)迎来发展高潮。据《申报》(1873年2月8日,同治十二年正月十一日)《论上海北市生息》一文载:

溯查去年上洋之生意,而知各钱庄无不获利也。获利之至多者,或一万余,或七八千,至少亦不下三五千。是以今年钱庄林立,新开张者已有十三家之多。且闻尚有数家,亦将择期开张焉。夫钱庄生意之佳否,全视各客号之兴衰也。去年之钱庄既如此賺利,则各客号生息之好可不问而知矣。④

1872年(同治十一年)上海的钱庄业各店曾经获得过极大利益。既有最多获利一万余利益的钱庄,也有获利少则七八千利益的钱庄,最低也能获得三五千。甚至还有十三家新的钱庄开业。

由此可以说,把握上海经济命脉的就是钱庄。《申报》第558号(1874年2月25日,同治十三年正月初九日)《论上海银票事》中载:

贸易之道,所贵者信与义耳,信在则人方有可凭,义在则人方有所恃。若使无信无义,其将何据以为贸易之道哉。上海贸易场中之常例,钱庄所用票,既经照对之后,银当归于后,得银票之人,而先用此票者,即置之不再问,盖认票不复认人,此一定之理也。⑤

---

① 《申报》第16册,上海书店影印本,1983年,第121页。
② 松浦章:《清代上海沙船航運業史の研究》,关西大学出版,2004年。
③ 《申报》第22册,上海书店影印本,1983年,第171页。
④ 《申报》第2册,上海书店影印本,1983年,第109页。
⑤ 《申报》第4册,上海书店影印本,1983年2月,第165页。

由上述报道看出,对贸易者来说,最基本的便是信和义。上海钱庄正是秉承这两点而取得经济利益的。钱庄所发行的银票是在上海进行贸易必不可少的要件。

也曾出现过钱庄经济因信用动摇,引发危机的情形。《宣统二年通商各关华洋贸易总册》中所见《宣统二年通商各口华洋贸易情形总论》中有如下记载:

> 窃查本年贸易情形,关系最重者,即在橡皮公司之股票。上年冬季,商民人等,□经尝试,不意本年六月结账,一败涂地,其始不过挪动正经贸易之款,继而元气大伤。钱庄失其信用,以致各项贸易受害匪浅,不然否极泰来,容有恢复之望。细核该股份之涨价,计延六七个月之久,上海股票公所名簿上,该公司又加三十五□□资本银二千万两,且由上海兑款。至伦敦购买该股份者,为数亦甚巨,至失败之时,上海及他埠著名钱庄牵连倒闭者,亦不乏矣。论上海庄票,素为上海贸易之利器。本年因此失信,商务阻滞,不得已官商出而维持,挪公款借外债,以冀复原,兼之闽土,商人家因来源日减,亦如上年之争相购积现银……银根到处吃紧,懋迁者受其亏折,亦时有所闻。①

这里所说的"橡皮"指的是橡胶。由于橡胶公司在股票问题上出现问题,继而给上海钱庄以巨大打击。

对于橡胶的利用和普及情况,在这里做简单介绍。据1912年10月29日的《神户新闻》"神户与护谟"报道:

> 护谟(橡胶)的用途日益增多,虽然不知道将来如何应用,但是其需要的确在最近十年内突然发达起来。距现在十年前,也就是明治三十三年左右,我国输入的护谟有生护谟、板护谟、管、竿等,只有十五万圆左右,到四十三年度,根据农商务省的调查,生护谟斤量,百十九万三千百四十斤,价格,金三百〇四万二仟三百九十六圆,也就是达到十年前的二十倍。

可见,橡胶是20世纪初期开始实用化,并更多地被利用的。

---

① 《贸易情形总论》,《中华民国海关华洋贸易总册》,国史馆史料处,1910年,1982年6月重印》,第1页。

《造橡皮书》①卷一《论原料》第一章《绪言》中这样写道：

> 橡皮之西名曰路播，又名印度路播。初本用以名西印度出产之一种，去铅笔痕迹材料，英国化学家布利司脱里于十八世纪得有橡皮发明家之荣誉，改造之橡皮，仍有作去铅笔迹用者。然时下之商业上用途，则尤重要者也。

橡胶为英语的 rubber，本来为西印度所产，被用作制作擦去铅笔痕迹的橡皮。英国化学家 Joseph Priestley（1733—1804）于 18 世纪对其进行改造。虽仍有人做橡皮擦使用，但用于商业则更为重要。

20 世纪初的上海，这个新的橡胶公司破产后给上海的金融业以直接的打击。《申报》第 13457 号（1910 年 7 月 26 日，宣统二年六月二十日）中《本埠新闻》之"北市钱业恐慌"载：

> 英租界天津路正元、谦余二钱庄，十五日因周转不灵停止进出，十六日兆康庄继之。沪道蔡观察闻耗后立饬至捕房，昨解公堂研讯。何供正元庄系邱石翰、邱竹云、陈亦卿三人合股开设，所欠之款，实系被人拖累……查核又闻森源庄亦于十六日受其影响暂行收帐，十七日元丰庄继之，十八日会大、协大、晋大三庄又继之。市面紧急，恐慌殊甚，现蔡观察已与商会诸君筹维持之策。十八晚即偕总理周金箴观察，乘坐专车赴宁，面禀江督电部挽救，归途尚须谒见苏抚，商议办法。②

位于上海英租界天津路的正元钱庄和谦余钱庄，于 7 月 22 日停止营业。23 日，兆康钱庄倒闭，24 日会大钱庄、协大钱庄、晋大钱庄三家也相继倒闭。

其后，钱庄不断破产的情况也被《申报》报道出来。《申报》第 13458 号（1910 年 7 月 27 日，宣统二年六月二十一日）《本埠新闻》的"北市钱业恐慌续志"中载：

> 北市正元、兆康、谦余、森源、元丰、会大、晋大等七钱庄，因周转不灵暂行收帐，昨由捕房将正元庄股东陈逸卿，谦余庄经理戚雅芳、胡寄园，兆康庄经理魏宝贤，一并传至公共公廨。③

---

① 上海图书馆所藏《造橡皮书》，民国时期抄本，图书编号：线普 500159。
② 《申报》第 107 册，上海书店影印本，1986 年，第 425 页。
③ 《申报》第 107 册，上海书店影印本，1986 年，第 442 页。

正元、兆康、谦余、森源、元丰、会大、晋大七家钱庄纷纷倒闭。

《申报》第 13460 号(1910 年 7 月 29 日,宣统二年六月二十三日)《本部新闻》的"会商维持钱市办法"中云:

> 沪道蔡观察,因北市正元、兆康、谦余等各钱庄亏倒,后银根紧迫,市面震动,曾与商会总理周观察赴宁,禀明江督奏奉电旨,筹商维持之志。①

由于北市钱庄倒闭,给上海商业带来巨大震动,在这种情况下,商会总理赴南京与江苏总督就事态进行商议。

同日的《申报》还有"钱庄掉票之害人"载:

> 英租界福州路盘记栈主袁汝良近被天津路正元、谦余等钱庄、正元等倒闭后牵累甚多,袁情急万分,递于前晚,潜吞生烟(或云安神药水),夜半毒发,呻吟床席。②

可见,位于英租界福州路的盘记也受到正元和谦余等钱庄的倒闭影响。《申报》第 13462 号(1910 年 7 月 31 日,宣统二年六月二十五日)《本埠新闻》的"正元庄倒闭近闻":

> 北市正元庄亏倒后,该庄股东陈逸卿,经理何兆政、陆葆润已奉沪道蔡观察礼廨提获,收押在案。③

北市的正元钱庄破产以后,与该钱庄有关的股东和经理等人也被缉拿。《申报》第 13464 号(1910 年 8 月 2 日,宣统二年六月二十七日)《本埠新闻》的"挽救市面之苦心"中:

> 江督张制军前因上海北市钱庄倒闭多家,银根紧迫,市面震动,曾奏准息借银三百五十万两维持市面,兹闻该债款系向上海外国银行九家分借。④

可见,因上海北市钱庄的倒闭,上海经济界出现混乱,为了维持市面,两江总督还向上海的外国银行进行经济求助,借银 350 万两以稳定上海经济。

---

① 《申报》第 107 册,上海书店影印本,1986 年,第 475 页。
② 《申报》第 107 册,上海书店影印本,1986 年,第 475 页。
③ 《申报》第 107 册,上海书店影印本,1986 年,第 507 页。
④ 《申报》第 107 册,上海书店影印本,1986 年,第 539 页。

《申报》第 13464 号（1910 年 8 月 2 日，宣统二年六月二十七日）的《本埠新闻》"研讯正元庄股东之眷属"云：

> 北市正元、谦余、兆康等各钱庄亏倒后……亏倒有三百五十余万之巨，沪地市面震动，中外各商均受影响……①

由此可以判断，上海钱庄倒闭造成的损失有 350 万两，上海市场的中国和外国商人受到影响。

《申报》第 13542 号（1910 年 10 月 19 日，宣统二年九月十七日）的《本埠新闻》"维持市面巨款业将到"中云：

> 新任沪道刘襄孙观察……谓沪地银根紧迫，市面恐慌，业由本部奏准于北京大清银行内挪银一百万两解沪，维持市面，此项现银到沪……②

这则新闻报道了为了救市，计划从北京大清银行往上海输送 100 万两现银。

《申报》第 13544 号（1910 年 10 月 21 日，宣统二年九月十九日）的"官商集议维持沪市情形"的报道中云：

> 昨日，江督张安帅邀集……暨各业董事，筹议维持沪市办法，当由众绅商谳议补救市面，以筹得现银为要着。兹拟向汇丰银行借银二百万，商借商还，请官为之担保。又发行债票三百万（内提若干还折华人执正元等三家庄票之款），另外请江督筹借五百万，此款或由部指或借洋债，共合成一千万两，或交大清、交通两行，会同商会专做押款……③

作为安定上海经济混乱的手段，绅商筹议向汇丰银行借款 200 万两，并发行 300 万两的证券，同时，再申请由江苏总督调配 500 万两，合计 1000 万两。

《申报》第 13544 号（1910 年 10 月 21 日，宣统二年九月十九日）《本埠新闻》"源丰润号上商务总会节略补录（为暂停收付事）"云：

> 本年沪市货物滞销，金融阻碍。六月以来，钱庄纷纷倒闭，银根牵

---

① 《申报》第 107 册，上海书店影印本，1986 年，第 539 页。
② 《申报》第 108 册，上海书店影印本，1986 年，第 777 页。
③ 《申报》第 108 册，上海书店影印本，1986 年，第 803 页。

制,市面为难,商号放款骤难收回,存款克期照付。各埠联枝汇票尤为纷纷齐集,蒙上海道宪拨发维持借款,又检齐产业期票等,值银三百三十余万两,陆续呈送道署,蒙拨借拨生息公款,维持三月之久。现下银根,尤为紧急,商号正在竭力设法周转,甬号突然被封消息散播速于置邮各埠,震惊商号,闻耗只得通电各号,即日暂停收付,分别清理,相应呈请贵会,备案谨略。①

自7月上海钱庄破产以来,上海市面比较混乱,商号们放款都很难收回,但存款到期仍然必须按时支付。上海道宪也开始筹款救市。同时通知各商号暂停业务。

《申报》第13546号(1910年10月23日,宣统二年九月二十二日)"米行亏负挺闭"这样报道:

> 沪南豆市街裕源米行,亏负各钱庄往来银两及同业贷款,约计二万余金,前日由某某等庄派人将该行执事沈桂生押往。

可见,上海市场上中小商店也出现了倒闭现象。南市的裕源米行借款合计2万余金而遭到押解。

《申报》第13548号(1910年10月25日,宣统二年九月二十三日)的报道"票商请追钱庄欠款之督批"云:

> 江督张制军批上海票商合盛元等禀云,正元、兆康、谦余倒欠该票商等款目,既经控道救追究,竟有无追出之款。现禀所称,蔡道面告该商等,有已收银二十余万两,移交后任分派之语,是否属实事。②

江苏总督和在上海的山西票号合盛元③商议上海钱庄的欠款问题。

三、上海钱庄破产对台湾经济的影响

台湾在日本占领之前,其金融业不是十分发达。在道光十六年(1836

---

① 《申报》第108册,上海书店影印本,1986年,第809页。
② 《申报》第108册,上海书店影印本,1986年,第874页。
③ 松浦章:《清国山西合盛元银行神户支店》,《关西大学博物馆纪要》创刊号,1995年。

年)英国的利物浦(Liverpool)产业保险公司在台湾设立代理店之前,金融机构的数量几近于零。《南京条约》和《天津条约》缔结后,安平、淡水等港口对外开港,保险业逐渐发展起来,可以说这是台湾金融事业的萌芽期。到光绪十七年(1891年)刘铭传任台湾巡抚时,才发生了较大的变化。与金融行业密切相关的银会,进行外币兑换的汇兑馆,以茶商为主要服务对象的金融机构妈振馆,以及外国银行等纷纷出现。①

支持清代台湾经济的是对岸的厦门港的经济。《台湾日日新报》第3837号(1911年1月26日)《厦门贸易现势(上)》的报道"与台湾的关系"中这样写道:

> 以厦门为中继贸易的台湾商品中,最多的是乌龙茶。曾经经由该港的数量达到一年六百万两,占输出入贸易额的三分之一。台湾入日本以来,变为由基隆直接输出,现在,为了供给同港商人在南洋的清国务工者,该港商人向台湾的输入额一年中减少至六十七万两。其中非常重要的一个原因是台湾改隶的影响甚大。就现在厦门贸易的现状看,输出入总额为年平均二十万海关两,约为上海的二十分之一,约为汉口的二分之一,约为广东、天津的四分之一,约为汕头、牛庄、芝罘的二分之一,大约和福州不分伯仲。其中输出一千八百万两,除去再输出约五百万两,纯输出为一千三百万两,输入仅仅二百万两,逐渐衰落。②

台湾以厦门作为贸易中转地,与世界经济相连接。因此对台湾来说,厦门的地位非常重要。厦门往世界输出的台湾商品中,有台湾产的乌龙茶。台湾产乌龙茶作为中转商品曾经是厦门出口商品的支柱之一。维持这些经济往来的,就是厦门的金融机构,因此,厦门有很多金融机构的存在。台湾游记《鲲瀛日记》中"壬子年(咸丰二年,1852年)正月初三日至初十日"中这样写道:

> 晚十时归寓,与商会诸君畅谈厦门商况。闻银行、票局、钱庄四十五家,洋郊九家、北郊二十三家、匹郊十四家、广郊二十七家、土郊二十二家、茶郊十七家、药郊二十五家、纸郊二十四家、税典五家,此巨商也。

---

① 台北市文献委员会编纂:《台北市志》卷五《财政志金融编》,台北市政府,1991年,第2~3页。

② 《台湾日日新报》第39册,五南图书出版公司,1994年,第223页。

作为1852年支持厦门经济基础的金融机构，银行、票局、钱庄等共有45家之多。通过这些金融机构，厦门和台湾的经济关系得以持续发展。由于沿海贸易的原因，上海钱庄的破产也波及厦门钱庄。厦门钱庄破产出现的经济危机也影响到乌龙茶的中继贸易，继而直接打击了台湾的茶商，进而影响到台湾经济的顺利发展。

这样的经济构造如实地反映出贸易关系。在《通商汇纂》明治四十二年（1909年）第56号中反映了这样的问题。其中，明治四十二年九月一日《在厦门帝国领事馆报告》中的《厦门台湾间往来货物最近的状况》一文中这样记载：

> 台湾距离厦门约百余海里（厦门至淡水一百九十海里，厦门至安平一百四十九海里）。现在在台湾居住的台湾人，基本都是明末以来从厦门移居过去的，他们在台湾从事农、畜牧业及土地资源的开发，随着当时两地通交的日益频繁，厦门向台湾输出加工品，台湾向厦门输出其天然物产，遂而形成了两岸互相依赖、密不可分的关系。当时台湾的输出物产并非直接从台湾出口，而是一度先运送到厦门后再集中转运他国。由于从台湾输出的货物数量总量繁多，厦门甚至被称作了台湾贸易出口输出的转运港。但是，这样的现象在我日本帝国占领台湾后立即终结了。台湾在我日本国的专心经营下日益发达，物产产量日益增多，为了方便出口，我日本国进行了港口改建，并将昔日出口欧美市场的台湾物产直接从基隆港输出。自从开通了北美的直航航线后，包装运费以及运货时间都得到了大幅缩减，因此现在途径厦门港的货物仅仅是昔日的十分之一。另外，由于台湾岛大米产量丰富，岛内消费不完的大米不仅可以出口厦门，还可以出口我日本国内地。
>
> 在我国的施政措施的影响下，包括采取了征收进口税等原因后，厦门对台湾的贸易日益陷入困境，不如往昔。现在厦门与台湾之间的交通由大阪商船会社仅有的三只商船运营，这三只商船途径厦门，往来于香港与台湾之间。因为往来两地的货物基本均依靠大阪商船会社的船只运送，另外根据本调查中所显示的货物与数量，可以看出该社轮船当时所运输的货物就是当时两地间的所有进出口贸易品。但是，值得一提的是，由于厦门与台湾之间的距离甚短，因此往昔游走在两地间的唯一交通工具戎克船现在仍在使用。虽然该船的货物承载量小，但是十有八九属于走私。此船究竟运送了多少货物，可以参照以下例子。现

今台湾人口三百万人，他们日常所使用的陶器均为福建省德化及漳州地区的产品，但是陶器却从未出现在汽船输入品的名单上。另外，硫黄是清国禁止输入的货品，尽管输入非常困难，但是在沿海一带确有不少秘密走私的迹象。因此，经过关税手续的输出入品，年额仅仅只有五十担左右。

如上，清朝时代的台湾与对岸的厦门在经济上通过帆船密切连接。但日本统治台湾以后，台湾的港口建设发展起来，台湾不再经由厦门，而是利用大型轮船直接向海外输入台湾产品。但很多日常用品还是经由厦门进行贸易。

厦门也因为上海钱庄的破产受到影响，这在《厦门日报》第791号，1910年（宣统二年）8月28日的《本埠新闻》中有所体现：

德万昌钱庄忽倒巨款　庙后街同泰楼、德万昌大钱庄，乃汕头曾君所开，家资数十万……此次因购买橡皮股份及洋药，亏空巨款，以致倒罢。汕头电报来厦，各银行均往德万昌搬取存款。

厦门庙后街的同泰楼、德万昌大钱庄为汕头的曾氏所开创，由于参与了之前提到的橡胶公司的股份投资，而走向破产。

《厦门日报》第794号（1910年10月5日）《中外要闻》中的"汕头银庄倒欠钜口汇录"之"汕头商会请拨官款维持市面要电"中这样写道：

汕头怡和（银号）倒闭后，德万昌继之，市面情形极为危岌。……月初，本埠头怡和银号倒欠巨款，市面摇动，当经会商潮州府陈守并各绅商设法维持清理债务，人心稍安。

广东省东北部的港口汕头怡和银号和德万昌银号破产，影响厦门市面，导致市面摇动。

《厦门日报》第799号（1910年10月12日）《本埠新闻》中云：

源丰润亦至倒罢　源丰润汇兑庄，各省暨南洋等埠均开有分号。商业之发达既久，商家之信用亦多。闻此次上海总号因购树乳股份，亏折甚巨，银根不能流转，以致倒罢。累及厦门分号亦于昨日停闭矣。

源丰润钱庄在各地都有分店，甚至东南亚也有分店。其金融信用非常高，但由于上海本店受到橡胶投资危机影响而蒙受巨大损失，遂波及各地的分店。厦门的分店被迫关闭。

《厦门日报》第806号(1910年10月20日)《各省新闻》中云：

> 大银号搁浅之善后法　杭州源丰润银号，因沪市恐慌，机关不灵，突然宣布搁浅，十七处分号同时停市，全国震动。

源丰润是在中国各地都有分号的金融机构，由于上海本店的破产导致很多分店同时停业。

台湾对岸的福州也受到上海钱庄破产的影响。《闽报》第1493号(1910年10月15日)

《省会要闻》的"源丰润倒闭之原因"中这样写道：

> 此次源丰润兑局倒闭原因，云系土药停囤所牵动，致银根吃紧，无从枢转。是以本省中停街汇源钱庄亦受其影响。噫，该兑局为中国最大金银之机关，尚至倒闭，则以下钱铺可想而知矣。

另据《闽报》第1496号(1910年10月22日)"三山杂记"云：

> 自上海兑局源丰润失败后，闽中商界被其牵动，连日纷传某钱庄滚支，某钱庄候支，谣诼繁兴。商业上大有岌岌之势，不知当道理财者曾有思患预防之策否。

这些都表明由于源丰润的倒闭，福建省的金融机构也受到冲击。福州的钱庄也逐渐爆发倒闭危机。

但上海钱庄的经济危机并没有过大地影响到当时的台湾经济。这一点可以参见《台湾日日新报》第3748号(1910年10月22日)《清国钱庄的破产》一文报道：

> 上海的源丰润、元牲、元吉等各钱庄的破产，在金融上引起极大恐慌，同时，其结果波及到福州、厦门、汕头、广东等，也波及到北京，厦门台湾出张所也意外地卷入漩涡中，挤兑要求暴涨。尽管如此，银行也尽量的满足了储户的要求，将存款支付给他们……若银行能借此建立起比曾经更多的信任，应该被称之为侥幸了吧。这样惶恐不幸的事情也可以说是因为清国造成的。各钱庄的倒闭和上海道台蔡乃煌因橡胶事业的失败被免职，且遭拘禁有关。但像源丰润这样的一直以来都在宁波富豪经营下，在主要港口拥有十七家分店，以多种票据经营业务的机构，支付停止的金额颇多，甚至三个钱庄加起来多达一千五百万两，二十多家店铺因此受到波及，从外国银行的支取业务也被拒绝。一般工

商业者手中的票据不能流通,金融界陷入困境,无数工厂及三十万各行业职工停业。如果职工实际失业,商业上乃至治安上都受到极大影响。上海商务总会于是召开临时总会,向军机处、度支部、农小工部及两江总督、巡抚等送达电报。为了救济眼下的恐慌,请求从大清银行、交通银行向总督借五百万两。本岛的茶商及其他商人受到以上影响不大。①

因此,上海钱庄的倒闭没有对台湾经济造成直接的较大的影响。其原因之一是,在台湾,有近代金融机构台湾银行,其拥有巨大金融力量,使上海钱庄破产的影响减少到最低。但是,对台湾的茶商等中小商业者来说,还是多少受到一些影响的。

《台湾日日新报》第3781号(1910年11月30日)的报道"对岸金融业是否有转机"一文中比较客观地评价了上海等地的情况:

> 清朝的金融业者一直以来执行非常危险的金融方针,他们获得很多利益,却在近年连年的经济界危机造成的各地恐慌中失去声音,破产者层出不穷。在危机的持续中,他们也非常担心。某当业者这样说,必须改正态度,停止依靠靠旧时代方针的钱业,以坚实的步伐成为真正的金融业者。②

与清朝传统的金融机构相比,台湾拥有真正的银行业务,其开展始于光绪二十五年(1899年)台湾银行的设立。③ 有关其设立的情况,在《日本新闻》(1912年6月25日)"台湾银行——我国最初的殖民地银行在南支南洋的大发展"中有所记载。这个报道的第二部分"设立的目的"中对台湾银行设立的经过进行了介绍:

> 台湾银行因何而设立,正是我们想问的问题。台湾银行法制定于明治三十年三月公布第三十八号法律。关于该法制定的原因和创立的根本宗旨,曰:"台湾银行为台湾的金融机构,致力于工商业及公共事业资金的融通,开发台湾的富源,促进经济上的发达。以将商业范围扩展

---

① 《台湾日日新报》第38册,五南图书出版公司,1994年,第271页。
② 《台湾日日新报》第38册,五南图书出版公司,1994年,第525页。
③ 台北市文献委员会编纂:《台北市志》卷五《财政志金融编》,台北市政府,1991年,第5页。

到南清地方及南洋诸岛,成为诸国商业贸易机构,调节金融为目的。"作为我国最初的殖民银行的使命,在贸易关系上如上所尽言。台湾银行法制定于三十年,(台湾银行)创立于三十二年九月,以资本金五百万圆而开业。当时是儿玉总督,后藤民政长官的时代。

该报道的第五部分"领台以前"中,对清朝统治时代的台湾金融业做了如下描述:

> 如果叙述台湾金融机构的发达的话,分三个时期。日领台之前、日领台之后、日台湾银行创立之后。金融机构是伴随文明进步而来。甲午战争前的台湾完全没有可以称得上银行的机构,只有商馆管理金融,只有数十家。其中著名的首推北部的妈振馆、汇兑馆及洋行,经营兑换和借贷业务,是当时唯一的金融机构。特别是妈振馆,只是茶业者的机构。然后日本占领台湾后,营业范围缩小至萎缩。明治二十八年台湾总督府在台北设立日本中立银行,直接着手准备设立出张所,在台北、基隆、台南开设出张所。二十九年日本银行开设台北出张所,三十二年日本中立银行与三十四银行合并,改称三十四银行,同年逐渐开设台湾银行和台湾储蓄银行。

此外,与台湾银行货币政策有关的内容,可以参见《大阪朝日新闻》(1911年11月26日)的"关于台银的圆银政策"一文载:

> 我国尚在银本位时代时,曾向中国南部输出的一日元的银币就达到数千万圆,因其品相重量精准,因此在支那人之间取得了广泛的信用,与墨西哥银元、英国银元等同样如同法定货币般流通。在历来币制不完善,没有法定货币的支那,如果我们的银元能够广泛流通,定会使对清贸易更加便利,成为贸易增长的主要原因。台湾银行数年前开始尝试在南清各支店发行了圆银的支票,该银票由于信用颇大,使得银票的流通高达数十万圆。特别是在这次战乱的避难时,可以代替大量银的支那银票,也就是钱庄的庄票在一周内由于加急支取导致不便。为了应对台银的银票需求,以及圆银的需求,即使圆银已经在过去的三十七年间停止了铸造,但是为了能够从根本上掌握支那的制币权,政府亦赞成了同行柳生头取的提议,台银决定予以实施。因此当地的支店于近两日开始秘密购入银块,以委托于造币局藏之。政府将圆银秘藏,即使银额较少,但由于近来银市场价格的腾高,之后亦可用于例如根据清

国的时局发展,将所藏银卖出以支援出兵,或者补助台银的圆银政策。

可见,台湾银行不仅限于控制台湾的业务,还计划在经济危机时通过金融手段来染指中国。《台湾日日新闻》第3781号(1910年11月30日)"台银上海支店"中载:

> 台湾银行上海支店自前年开始计划,但是由于诸般事情开店没有立刻实现,如果大体确定明年度本岛台湾间的直通航路开始,台银和其有关,就马上开设支店。没有决定开设出张所还是支店,大部分赞成开设支店。作为本国人在上海的金融机构只有正金银行的支店,其经营方针遭到很多非难。和三井邮船等大资本者间的增开便利的话,以我辈徒手空拳,开拓命运,可能会有不少不满之声。那么,台银当局者开上海支店,就开展比正金(银行)小一些的业务,为小资本企业家的提供方便。①

台湾银行计划进军亚洲最大的经济据点上海,考虑开设支店,但是因为"诸般事情开店没有立刻实现",这里的诸般事情大概就是指上海钱庄经济的破产。

与此相关的内容,在记载台湾银行历史的《台湾银行四十年志》中,也写到台湾银行上海支店设立的事云:

> 上海不仅是中国贸易及金融的中心,在东洋也是世界化的大市场。我国与中部中国的贸易相当大,从本岛输出的砂糖也很多。因此,中国的兑换结算方面,有必要在上海设立店铺。于是屡次向政府申明此事,明治四十三年十二月,二宫理事到该地出差,着手准备此事。经过本行的努力,从当初朝野一部分反对,到现在基本认同。四十四年四月一日设立上海出张所,大正三年九月一日改为支店。②

台湾银行有进军上海的计划,屡次申请,出张所设立的时间为1912年4月,支店的设立时间为1914年9月。很可能受到1910年前后上海金融危机的影响。

《台湾日日新报》第3809号(1910年12月27日)"中部岁末金融"的"市

---

① 《台湾日日新报》第38册,五南图书出版公司,1994年,第525页。
② 名仓喜作编:《台湾银行四十年志》,1939年,第22页。

中商况"一文中写道：

> 没有受到紧迫金融形势的影响，在台中街开展联合大销售，在好景气的背景下，与上一年相比，出现更进一层的盛况。六万张抽奖券已经卖出七八成，本月十五日开始抽签，到二十五日抽签四万张。

可见，金融方面的影响也波及台中，但是年末之前，依然出现了消费经济的活跃。

四、小　结

19世纪末以后，随着世界市场的扩大，逐渐迎来了一地爆发危机会瞬间波及全世界的时代。与近年来的金融危机相同，美国出现的金融问题，给各国经济带来不可估量的深刻影响。即便一百年以前，在上海发生的金融问题也能波及周边的国家和地区，当时在日本支配下的台湾经济就受到影响。

上海的钱庄引发的清朝经济危机，波及日本统治时代的台湾经济。同时，由于台湾建立起近代金融组织，且逐步渗透于台湾经济内部，这次经济危机并没有带来实质性的经济打击。1910年7月，在上海的钱庄，如正元、谦余等，都因参与橡胶公司股份投资失败而走向破产，上海的金融界由此引发巨大震动。这些钱庄的破产不仅在上海，其影响扩大到沿海地区的福州、厦门、汕头、广东以及长江流域的经济中心汉口，还影响到北京。当时在日本统治下的台湾也不能逃脱经济恐慌的命运，这是因为台湾与清代中国统治下的经济机关有着非常紧密的联系。其结果就是台湾的茶商和中小商业者受到了上海经济震动的影响。

（翻译、校对：杨蕾）

第十一章

1910—1912年福州与台湾间的帆船航运

一、前 言

来到亚洲的葡萄牙人,惊叹于台湾的美景,将其称作 Ilha formosa,意为美丽之岛。这是台湾别称"福尔摩沙"(Formosa)一词的起源。[①] 西班牙人和英国人曾将台湾作为亚洲贸易的据点和寄港地,而最初将这种定位固定下来的是荷兰人。1624年(明天启四年),荷兰人在台南西部的安平设立要塞热兰遮城(Zeelandia,又称安平古堡),成为进出东亚海域的贸易根据地。在安平古堡设立两年前,也就是天启二年(1622年)六月,荷兰人已经涉足台湾海峡。

《明实录·熹宗实录》"天启三年正月乙卯(1623年2月23日)"条中有"红夷自六月入我澎湖,专人求市,辞尚恭顺"的记录,"红夷"在天启二年(1622年)六月来到澎湖岛,请求开市贸易,言辞恭敬。这里的"红夷"指的就是荷兰人,来航澎湖列岛的原因在《熹宗实录》"天启三年四月壬戌(1623年5月1日)"条中也有记载:

> 按红毛夷者,乃西南和兰国远夷,从来不通中国;惟闽商每岁给引贩大泥国及咬𠺕吧,该夷就彼地转贩。万历甲辰,有奸民潘秀贾大泥国,勾引以来,据彭湖求市。中国不许,第令仍旧于大泥贸易。……

福建商人每年从政府取得通商许可,远赴马来半岛东岸的大泥国(今泰

[①] James W. Davidson, *The Island of Formosa Past and Present*, 1903, rep. 1992, p. 10.

国北大年港)和爪哇进行贸易,在当地与没到过中国的荷兰人进行接触。万历三十二年(1604年)赴北大年港的中国海商潘秀引荷兰人与中国贸易,导致荷兰人来到澎湖岛,开始进入台湾。

荷兰人以台南的安平为据点与中国沿海和日本进行贸易活动的情况在《热兰遮城日志》中有详细记录。为了与占据台南的荷兰人进行贸易,大陆沿海尤其是福建的戎克船(junk,中国帆船)曾频繁来航:

1631年2月24日,从福建安海而来的戎克船携带若干商品来航台南。①

11月25日,厦门而来的戎克携带砂糖、明矾、布、生丝等来到台南。②

1635年1月10日,厦门而来的戎克携带米、黑砂糖、铁锅、粗制瓷器等来航。③

1636年4月5日,厦门来的戎克搭载170担砂糖及若干瓷器来到台南。④

同年5月26日、27日,厦门来的5只戎克,携带2500担砂糖和若干布类来到台南。⑤

6月12日,安海而来的2只戎克携带80担冰砂糖,厦门而来的1只戎克携带750担砂糖、200担冰砂糖、若干布类。⑥

这些中国商品由荷兰东印度公司的船再运往日本和欧洲。

与此相对,1636年7月1日,驶回厦门的1只戎克携带350担胡椒由台湾出发。⑦ 这些胡椒由荷兰东印度公司从东南亚地区运来安平,然后再对中国大陆进行出口。

以上这样的事例,在《热兰遮城日志》中还有很多。虽然台南是当时荷兰人和明朝对峙的根据地,但中国海商却以此为媒介频繁地开展了大陆沿

---

① 江树生译注《热兰遮城日志》第一册,台南市政府,2000年,第39页。
② 江树生译注《热兰遮城日志》第一册,台南市政府,2000年,第61页。
③ 江树生译注《热兰遮城日志》第一册,台南市政府,2000年,第196页。
④ 江树生译注《热兰遮城日志》第一册,台南市政府,2000年,第228页。
⑤ 江树生译注《热兰遮城日志》第一册,台南市政府,2000年,第240页。
⑥ 江树生译注《热兰遮城日志》第一册,台南市政府,2000年,第243页。
⑦ 江树生译注《热兰遮城日志》第一册,台南市政府,2000年,第246页。

海与台湾的贸易。

其后,从1661年开始,郑成功支配台湾约20年之久,被清朝平定之后,到19世纪末期,台湾共210多年在清朝的统治下。从1895年开始,接近半个世纪的时间被日本所统治。日本统治初期,与清朝统治时一样,台湾和大陆之间一直持续着频繁的帆船航运活动。[①] 其具体情况被记录在日本的领事报告[②]《通商汇纂》中。以下主要是1906年到1913年中国大陆福建省福州和台湾之间戎克船航运活动的相关记载。

二、《通商汇纂》所见福州、台湾间戎克船贸易资料

日本向中国派遣领事从明治五年(同治十一年,1872年)二月十日任命上海代领事品川忠道开始。[③] 向福建省派遣领事,是由明治五年九月四日福州领事井田让开始,明治七年(同治十三年、1874年)4月8日又任命福岛九成为厦门领事。[④] 其后,明治八年(光绪元年,1875年)10月31日已成为总领事的品川在明治十三年(光绪六年,1880年)9月13日被命令兼管厦门、淡水(台湾)、福州事务。[⑤] 其后又有一些变动,明治二十九年(光绪二十二年,1896年)三月二十九日厦门领事馆开馆,明治三十二年(光绪二十五年,1899年)福州领事馆成立,厦门领事馆福州分馆因此宣布闭馆。[⑥]

---

① 戴宝村:《台湾大陆间的戎克交通与贸易》,《台湾史研究暨史料发掘研讨会论文集》,高雄台湾史迹研究中心,1986年;陈国栋:《清代中叶(约1780—1860)台湾与大陆之间的帆船贸易——以船舶为中心的数量计》,《台湾史研究》第一卷第1期,1994年6月;松浦章著,卞凤奎译:《清代台湾海运发展史》,博扬文化事业有限公司,2002年,第13~24,34~95页。

② 角山荣编著:《日本領事報告の研究》,京都大学人文科学研究所研究报告,同文馆,1986年;角山荣:《「通商国家」日本の情報戦略 領事報告をよむ》,日本放送出版协会,1988年;角山荣:《解説領事報告資料》,第1—13页;角山荣、高島雅明监修:《マイクロフィルム版 領事報告資料収集目録》,雄松堂出版,1983年。

③ 角山荣编著:《日本領事報告の研究》,京都大学人文科学研究所研究报告,同文馆,1986年,第482页。

④ 角山荣编著:《日本領事報告の研究》,京都大学人文科学研究所研究报告,同文馆,1986年,第483、485页。

⑤ 角山荣编著:《日本領事報告の研究》,京都大学人文科学研究所研究报告,同文馆,1986年,第482页。

⑥ 角山荣编著:《日本領事報告の研究》,京都大学人文科学研究所研究报告,同文馆,1986年,第485、483页。

有关厦门领事馆和福州领事馆的管辖区域在明治三十三年（光绪二十六年，1900年）十二月二十七日的外务省五号令中，有"在清国厦门帝国领事馆管辖区域"云：

> 福建省中兴化府、泉州府、永春州、汀州府、漳州府、龙岩州；
> 广东省中潮州府、嘉应州、惠州府；
> 江西省中吉安府、南安府、赣州府、宁都州。①

可见，厦门领事馆管辖福建省东南部及广东省东北部、江西省中南部。"在清国福州帝国领事馆管辖区域"有曰：

> 福建省中福州府、延平府、建宁府、邵武府、福宁府。②

福州领事馆主要管辖福建省中北部地区。

从以上管辖区域可以看出厦门领事馆与福州领事馆相比，其区域更大，组织更全。

其后，明治四十二年（宣统元年，1909年）三月六日日本外务省一号令宣布对福建两大领事馆的管辖区域进行变更：

> 清国福州驻在帝国领事官管辖区域：福建省中福州府、延平府、建宁府、邵武府及福宁府。③

> 清国厦门驻在帝国领事官管辖区域：福建省中兴化府、泉州府、永春州、漳州府及龙岩州。④

可见，日本缩小了厦门领事馆的管辖区域，广东省东北部的汕头也建立了领事馆。

有关福建省的日本领事报告日渐增多是明治二十年（1887年）以后。明治二十年（1887年）以后，"在福州帝国领事馆"的报告中多见与福州茶叶

---

① 角山荣编著：《日本领事报告の研究》，京都大学人文科学研究所研究报告，同文馆，1986年，第508页。
② 角山荣编著：《日本领事报告の研究》，京都大学人文科学研究所研究报告，同文馆，1986年，第509页。
③ 角山荣编著：《日本领事报告の研究》，京都大学人文科学研究所研究报告，同文馆，1986年，第516～517页。
④ 角山荣编著：《日本领事报告の研究》，京都大学人文科学研究所研究报告，同文馆，1986年，第517页。

生产相关的内容。① 初期的报告在明治二十年（1887年）到明治二十二年（1889年）的《通商汇纂》中。② 明治二十三年（1890年）到明治二十四年（1891年）的报告在《官报》中。③ 明治二十七年（1894年）以后的报告汇集在《通商汇纂》中。

以下以一览表形式按照时间顺序，汇总与戎克船有关的记录。

《通商汇纂》中的戎克船记录（1906—1913）

1906年 明治三十九年 第25号	福州方面各种汽船航路状况		pp.41-45
1907年 明治四十一年 第3号	福州戎克贸易	三十五年至 三十九年	pp.15-21
1908年 明治四十二年 第56号	厦门台湾间往来货物最近状况		p.21
1910年 明治四十三年 第38号	台湾福州间戎克贸易	一、二、三月中	pp.18-23
1910年 明治四十三年 第46号	台湾福州间戎克贸易	四月中	pp.18-20
1910年 明治四十三年 第62号	台湾福州间戎克贸易	五、六、七月中	pp.28-32

---

① 角山荣、高岛雅明监修：《マイクロフィルム版　領事報告資料収集目録》，雄松堂出版，1983年，第51～52页。

② 角山荣、高岛雅明监修：《マイクロフィルム版　領事報告資料収集目録》，第51～52页。

③ 角山荣、高岛雅明监修：《マイクロフィルム版　領事報告資料収集目録》，第79页。

1911年 明治四十四年 第4号	台湾福州间戎克贸易	四十三年 八、九月中	pp. 63-66
1911年 明治四十四年 第37号	台湾福州间戎克贸易	四月中	pp. 14-15
1911年 明治四十四年 第40号	台湾福州间戎克贸易	五月中	pp. 26-28
1911年 明治四十四年 第47号	台湾福州间戎克贸易	六月中	pp. 31-32
1911年 明治四十四年 第53号	台湾福州间戎克贸易	七月中	p. 17
1911年 明治四十四年 第60号	台湾福州间戎克贸易	八月中	pp. 8-9
1911年 明治四十四年 第67号	台湾福州间戎克贸易	九月中	p. 38
1912年 明治四十五年 第2号	台湾福州间戎克贸易	十月中	pp. 38-39
1912年 明治四十五年 第10号	台湾福州间戎克贸易	十一月中	pp. 27-28
1912年 明治四十五年 第16号	台湾福州间本邦戎克贸易	明治四十四年 十二月及全年中	pp. 29-32
1912年 明治四十五年 第27号	台湾福州间本邦戎克贸易	一月中	pp. 14-15

1912年 明治四十五年 第33号	台湾福州间本邦戎克贸易	二月中	pp. 21-22
1912年 明治四十五年 第39号	台湾福州间本邦戎克贸易	三月中	pp. 46-47
1912年 大正元年 第6号	台湾福州间本邦戎克贸易	六月中	pp. 10-11
1912年 大正元年 第13号	台湾福州间四十四年贸易概况附木材输出额		pp. 11-12
1912年 大正元年 第13号	台湾福州间本邦戎克贸易	七月中	pp. 13-14
1912年 大正元年 第16号	福建省木材产出及输出状况	八月中	pp. 24-25
1912年 大正元年 第16号	台湾福州间戎克贸易	八月中	pp. 26-27
1912年 大正元年 第23号	福州到台湾木材输出额及两地间戎克贸易额	九月中	pp. 5-7
1912年 大正元年 第30号	福州台湾间木材取引及戎克贸易	十月中	pp. 12-14
1913年 大正二年 第16号	福州台湾间木材取引及戎克贸易	元年十一月至二年一月	pp. 7-10

三、《通商汇纂》所登载的"台湾福州间戎克贸易"的史料价值

明治三十九年(1906年)到大正二年(1913年)《通商汇纂》中刊登的"台湾福州间戎克贸易"的记录已经列举介绍。这个记录与之前《清末及日治初期台湾与福州之间的帆船贸易》中使用的英国领事报告一同,作为台湾与福建间帆船贸易相关具体记载,都是非常重要的资料。①

《通商汇纂》的相关记录都是与台湾、福州间的帆船贸易密切相关的珍贵资料,且内容非常具体。但这些记录还不能说明两地之间帆船航运活动的规模,弥补这个不足的是《日治时期台湾和中国大陆之间的帆船航运》②一文,其中有国史馆台湾文献馆所藏的帆船船籍登录记录。本来属于清朝台湾省籍的帆船,由于甲午战争,在1895年日本占领台湾之后,很多帆船登录为日本籍。最初的83只帆船中40%是在福建泉州府惠安县制造的,那么可以推断前面介绍的"台湾福州间戎克船贸易"中的戎克船大概多为福建泉州府惠安县、厦门等地区制造的帆船。这种台湾戎克船的规模,在《通商汇纂》明治四十五年(1912年)第16号"台湾福州间本邦戎克船贸易"的"明治四十四年全年中"部分,"出入港戎克船月割表"记载了由福州入港的台湾戎克船一年有83只,搭载货物合计3045吨,平均计算,1只船携带货物36.7吨。与此相对,福州到台湾的台湾戎克船合计也为83只,搭载合计2970吨,平均1只戎克船搭载35.9吨。可见,台湾戎克船的搭载能力约为35吨到40吨左右。《日治时期台湾和中国大陆之间的帆船航运》中所提到的取得日本船籍的台湾戎克船有83只(1898年12月到1899年2月间),其搭载量用日本方式"石数"来表示,换算成吨数的话,可以看到这些船中有搭载量为50吨左右的大型船,但大多为搭载能力20吨左右③。由以上分析可以推

---

① 参见松浦章:《清末及日治初期台湾与福州间的帆船贸易》,《台北文献》直字第147期,2004年,第49~91页。松浦章著,卞凤奎译:《日治时期台湾海运发展史》,博扬文化事业有限公司,2004年,第6~32页。

② 松浦章:《日治时期台湾和中国大陆之间的帆船航运》,《台北文献》直字第150期,2004年,第51~82页。

③ 松浦章:《日治時期台湾和中国大陆之间的帆船航运》,《台北文献》直字第150期,第9页。

断,明治四十五年(1912年)左右,由福州港出入的台湾戎克船,其搭载规模大致相当,并有若干大型船只。

日本统治台湾十多年后,大型的轮船已经在福州台湾间航行,但是为什么台湾戎克船依然在台湾海峡航行,往来于福州、台湾之间呢?这在明治四十五年(1912年)《通商汇纂》第16号中有这样的记载:"当地民众需要台湾产品如废铁、通草、碎牛角等零碎货物,向台湾输出品以当地重要商品木材、茶粕、纸等,而且台湾土著现在依然墨守旧习惯,其日用品多靠福建。"可见,福州方面希望获得台湾产品,同时台湾方面也需要福建的商品,这则报告指出了两地贸易的核心问题。从台湾用戎克船运送废铁、牛角、牛皮、藤制品、石炭等到福州,福州往台湾出口以杉板为主的木材制品,还有陶瓷器制品、纸类、纸伞等,这些都是和台湾人日用生活直接相关的产品。可以说,这样非常具体的内容都如实地记载于《通商汇纂》中的《台湾福州间本邦戎克船贸易》中。

在日本统治台湾之前的台湾人,从幼年开始习惯中国大陆产品支持下的生活,到了日治时代依然希望获得大陆产品。因此台湾戎克船依然航行于台湾海峡,从福州入港,并带回台湾人需求的大陆产品。可以说这是两地间戎克贸易在轮船时代依然存在的最重要原因。

前文提到,台湾曾输入大陆产的木材,这些木材最近的供给地便是对岸的福建。这一点在明治三十二年(光绪二十五年,1899年)3月10日的《台湾日日新报》第254号中,有一则名为"南材北炭"的报道写道:"台北城厢及淡水、基隆等处,内地商家居集最盛,而苦本岛屋宇洞暗,不通风气,殊为郁朦,现在各处建房屋,均照内地风气规式,希图敞亮,四面通气,以便乐,所需材木板料颇多,而台北山林本不产杉材,皆仰给于对岸福州者居多。但内地材木,宜于合用,只奈相隔太远,运费甚大,而价稍形昂贵,建筑家不免望洋之叹。"就台湾的气候而言,其居住形式最适合使用木材建造房屋,由于台湾本地产木材不能满足需求,所以有必要从木材产地福建进口。对于台湾来说,对岸的福州作为最近便的木材供给地不能被忽视。①

上文提到的《通商汇纂》登载了驻福州日本领事的报告"台湾福州间戎克贸易",如实地记载了福建和台湾的贸易情况,是非常珍贵的史料。有关

---

① 松浦章著,卞凤奎译:《日治时期台湾海运发展史》,博扬文化事业有限公司,2004年,第57~90页。

18世纪中叶福建和台湾航运关系的史料,可以参见福建省地方官的奏折,这些奏折也提供了非常重要的信息。①

乾隆十四年(1749年)十一月福州将军马尔拜的奏折中这样写道:

> ……伏查闽海关额设征税大口六处,上游则有福宁府属之宁德、福州府属之南台,下游则有兴化府属之涵江,泉州府属之泉州、厦门二口,并漳州府属之铜山。凡此六口,每处向委笔帖式防御等一员,总理事务。其进口之税,外省如广东、江浙绚缎、纱罗、布匹、棉花等货,并夷船番锡、胡椒、苏木、黑铅等货。本省如台湾之乌糖、火油、菜子,及沿海所产之鱼虾鲑酱等货。其出口之税,上游则木植、纸张、茶叶、笋干,下游则青靛、瓷器、明矾、荔枝、福橘等货。②

这里提到福建省上游也就是福建北部沿海的福宁府、福州府,下游为兴化府和泉州府。这些海港汇集了广东、江苏、浙江而来的纤维制品,以及由外国船只从南洋诸国运来的香木。此外,有属于福建省的台湾运来的"乌糖、火油、菜子,及沿海所产之鱼虾、鲑酱"等货物,特别是砂糖被当做最为重要的货物。

此外,还明确记载了福建省出口的货物中,从北部沿海出口的有木材、纸类、干笋,南部沿海出口的有青靛、瓷器、明矾、荔枝、福橘等。

乾隆十六年(1751年)九月二十八日,福建将军新柱的奏折中云:

> 闽省环山阻海,田少人多,所产米粮往往不敷民食,而漳、泉二府为尤甚。查漳、泉民食,向藉台湾商贩,源源接济。近年台郡偷渡之人日多,米价亦不能平减,是以青黄不接之时,漳、泉一带市价日昂……③

福建地少人多,向来进口台湾大米。乾隆十六年(1751年)左右由于台湾偷渡而来的人日渐增多,所以米价一直持续很高,到了青黄不接的时候,漳州、泉州一带米价高涨。

乾隆十七年(1752年)七月十七日福州将军新柱的奏折云:

> 今自五月下旬起至七月初旬止,据厦门税口委员彭誉禀报,台湾进

---

① 松浦章:《清代中国琉球贸易史の研究》,榕树书林,2003年。
② 中国第一历史档案馆所藏:《朱批奏折》财政类胶片,19—317。
③ 《宫中档乾隆朝奏折》第三辑,第815页。

口商船共三百一十只,运厦米二万五千四百石……①

新柱在乾隆十七年(1752年)七月的奏折中,提到厦门税口官员的报告,乾隆十七年(1752年)五月下旬到七月上旬,由台湾到厦门入港的海船多达310只,总共运来25400担大米。

乾隆十七年(1752年)十一月二十七日闽浙总督喀尔吉善的奏折云:

> 四月初间,台邑船户洪协华即在鹿仔港外被劫。五月望后,又有台邑船户徐得利在大甲溪口外被劫。其凤邑船户许得万、李长茂,台邑船户陈郑全三船,均于夏末秋初在北路洋面被劫……七月二十五日,在蓬山港口拿获广东潮阳县王万利红头船一只,又在武乐洋面拿获台湾县船户鲁源茂彭仔船一只,俱经解往彰化县究讯。又于七月三十日,在后龙洋面见有无字号泉州船一只,正在尾追蔡长吉商船……②

这是一则有关福建近海海盗横行的报告。乾隆十七年(1752年)四月到七月,沿海船舶受到海盗侵害,其中有四五月在台湾府治下的台湾县、凤山县的船只,还有七月广东省潮州府治下的船及台湾县、泉州府所属的船舶。从这则奏折还能看出航行于台湾海峡的船舶所属的府县。

可见,福建和台湾隔台湾海峡相望,由帆船活动带来的航运关系频繁,在这样的互动中,帆船是不可或缺的交通运输及交流手段。

1846年1月1日到6月30日6个月间的英国领事报告中,也有关于福州出入港的帆船记录。其中,福州与台湾间往来的帆船有7只。1月22日到5月24日由福州入港的有6只。这些帆船最小的100吨,最大的125吨,125吨的帆船占大部分。这个报告将台湾标记为Formosa,但是不能看出是从台湾的哪个港口驶来福州。台湾往福州的帆船全部搭载砂糖(Sugar)。福州往台湾的帆船只有1只,主要搭载大豆粕也就是豆饼,还有木材等。豆饼很可能是从中国东北运来的商品,③然后从福州再运到台湾。船名都用英文标记,"Kin"大约为汉字的"金",福建的船名多用"金"字。④

---

① 《宫中档乾隆朝奏折》第三辑,第399页。
② 《宫中档乾隆朝奏折》第四辑,第442页。
③ 松浦章:《清代上海沙船航运业史研究》,江苏人民出版社,2012年。(《清代上海沙船航運業史の研究》,关西大学出版部,2004年。)
④ 松浦章:《日本の臺灣統治初期の臺灣帆船について》,《史泉》,第101号,2005年,第1~19页。

表 11-2　1846 年 1—6 月福州港出入港的台湾戎克船统计

船名	出入港	月日	吨数	人员	航行地	搭载货物
Kin shiug fa	入港	1 月 22 日	125	19	Formosa	Sugar, hemp, hides, horns, &c.
Kin tih shing	入港	2 月 9 日	125	19	Formosa	Indigo, sugar, henmp, &c.
Kin kee le	入港	2 月 13 日	125	19	Formosa	Indigo, henmp, rice, &c.
Kwo yu hing	入港	4 月 24 日	125	19	Formosa	Indigo, sugar, hemp, sharks'fins
Kin paou shing	入港	5 月 20 日	100	14	Formosa	Indigo, sugar, rattans, shark's fins, etc.
Kin wan tae	入港	5 月 24 日	112	16	Formosa	Sugar, hemp, rudder, anchors, etc.
Chin kea fa	出港	6 月 10 日	125	19	Formosa	Oilcakes and timber

接下来论述日本统治台湾时代的台湾与福州间的帆船贸易。台湾在 1895 年以后,沦为日本统治之下,之后往台湾的帆船航运产生了怎样的变化呢？明治三十四年(光绪二十七年,1901 年)3 月 12 日的《台湾日日新报》第 855 号中有《内外实业》一篇报道,其中"本岛的戎克贸易"云：

> 帆船、支那形船中出入港数量显著减少的是支那形船,即戎克船。而且,这些支那形船主要出港地为泉州、厦门、福州、温州、宁波等。尽管厦门是自古与本岛(台湾)有密切关系的重要港口,但支那形船直接航行到本岛的情况不多,大都并非直航厦门,而是经由泉州府晋江县的深沪、蚶江、上施(祥芝)、永宁,及惠安县的崇武、獭窟等回航。并且除关税、厘金税之外还需交与厦门其他种种费用。简而言之,支那形船相较汽船运费高,且不如汽船运输迅速,不仅如此,还常会有因风波导致货物失落的危险。……①

来到台湾的帆船主要来自于对岸福建的泉州、厦门、福州,还有浙江的温州、宁波等地。

台湾被日本统治之后,出现了急速的人口增加,由于居住方面的扩充导致作为建筑材料的木材需求量大量增加。于是对岸的福建作为木材供给地

---

① 松浦章著,卞凤奎译：《清代台湾海运发展史》,博扬文化事业有限公司,2002 年,第 13～24 页。

受到更多关注,其具体情况也可以参见《台湾日日新报》的报道。

明治三十一年(光绪二十四年,1898年)十一月二十六日《台湾日日新报》第170号中有"帆船冲岸"的报道:

> 鸟赶者,清国帆船也,自福州运杉出帆欲往淡水港。因于月十九夜,即旧历十月初六夜,风雨疾骤,行至打边对面见灯台,误认为淡水,目望高□,遂回棹直入,不□见岸,知非力难强为,遂挂石□,时船棹经已损去,船内一人足胫被其砍破,而其余有三人皆付流水,……斯船出,其三十一人,而幸有二十八人……

这则报道记载了由于暴风雨,运送木材的帆船遭遇海难,并具体记载了被称为鸟赶的中国帆船,从福州往淡水港运送台湾很少产出的杉木。

《通商汇纂》明治三十九年(1906年)第25号登载了日期为明治三十九年三月二十七日的福州帝国领事馆的报告,其中"福州方面各种汽船航路概况"中写道:

> 自古以来戎克船往来繁盛之处,当属戎克,不经由厦门,而是通过其附近的泉州府进入当地。也的确有自台湾来,而前往福州的货物少数在泉州装载,由当地出发装载木材、纸等货物驶向台湾的情况,这仅视为例外状况。然而,由于台湾一度归于本邦范围内,以致经济上的关系发生了变化。据传尽管尔来戎克船往来逐渐减少,还有当地由戎克船运往台湾的木材、纸等货物的数量每年总计一年二十万元左右。

可见,帆船航运在福州和台湾的贸易中,承担了非常重要的运输作用。

《通商汇纂》明治四十一年(1908年)第3号"福州的戎克贸易 自三十五年至三十九年"中有如下记载:

> 台湾戎克在此地以台船为大家所知。其多数在泉州府及南台登录,可以装载二百担至五千担货物,此外,有些台湾籍戎克在外国旗下和外国海关有关联,当然不能出入非开港地,与常关没有关系。……台湾戎克将台湾石炭、蔴芋及小杂货输入当港,输出木材、纸、茶槽及小杂货。

在福州,台湾驶来的戎克船被称作"台船",其中多数在福建泉州、福州南台登录,它们是可以搭载200担到1500担货物的帆船。台湾驶来的帆船主要搭载台湾产的石炭、蔴芋及小杂货等,从福州入港,将福州的木材、纸、茶槽等货物运往台湾。

《通商汇纂》明治四十三年(宣统二年,1910年)第38号登载了日期为明治四十三年(1910年)五月六日的"在福州帝国领事馆报告",其中"台湾福州间戎克贸易(一、二、三月中)"中这样记载:"由台湾籍帆船向台运送的物资都为大宗,台湾广泛了解依赖对岸的这些日用物资的种类和价格,不仅体现出当港(福州)一港对于台湾的重要程度,在对一般的贸易业者提供参考上也是有间接益处的。"明治四十三年(1910年)一月到三月,由福州入港的台湾帆船"与福州间往来的戎克船约四十艘,关于在台湾取得船籍的戎克船除日本籍以外,本月并无船只往返同地。而且,这些船舶以从当港搭载货物向台湾输出为主要目的,台湾到当港输入的货物由戎克搭载的情况甚少。其输出货物主要为纸、陶器、木材、山茶粕、爆竹及其他杂货,本月输出总额达到约二十三万元以上"。这些帆船大多拥有日本籍[①],将福州出港的纸、陶器、木材、山茶粕、爆竹及各种杂货运往台湾。

《通商汇纂》明治四十五年(民国元年,1912年)第16号登载了日期为四十五年(1912年)一月十八日的"在福州帝国领事代理副领事土谷米藏报告",其中有"台湾福州间本邦戎克贸易(明治四十四年十二月及全年中)"的记录。明治四十四年(1911年),往来于台湾和福州间的帆船在福州港出入的总数为166只,总吨数为6015吨。其中,福州入港帆船83只,3045吨;出港83只,2970吨。明治四十三年(1910年),福州入港的台湾帆船为99只,4596吨,出港105只,4970吨。此外,福州到台湾的帆船,其最多的入港地为台湾北部的淡水港。这些台湾帆船运到福州的是废铁、通草等"零碎货物",福州运往台湾的为木材、纸类等,这些都是台湾人从清代以来就有需求的福建产日用品。

《通商汇纂》明治四十五年(民国元年,1912年)第16号的"台湾福州间本邦戎克贸易(明治四十四年十二月及全年中)"记录了明治四十三年(1910年)、明治四十四年(1911年)拥有日本船籍的戎克船由福州出港的只数,以及台湾来航的戎克船只数,按照出港地不同整理成下表。

---

① 松浦章:《日本の台湾统治初期の台湾帆船について》,《史泉》第101号,2005年,第1~19页。

表 11-3　1910—1911 年福州入港日本籍台湾戎克船只数

到达地	1910 年	1911 年
淡水	23	1
安平	11	17
基隆	0	1
打狗	12	16
旧港	7	6
鹿港	17	16
东石港	11	14
妈宫	0	0
涂葛窟	1	0
台南	10	5
台中	3	0
后垄	5	3
新竹	4	4
东港	1	0
合计	105	83

表 11-4　1910—1911 年福州出港日本籍台湾戎克船只数

到达地	1910 年	1911 年
淡水	23	14
安平	15	14
基隆	11	6
打狗	11	12
旧港	11	8
鹿港	6	7
东石港	5	8
妈宫	5	4
涂葛窟	3	5
台南	3	0

续表

到达地	1910年	1911年
后垄	3	3
新竹	1	2
东港	2	0
合计	99	83

以上是日本统治台湾时期，登记为日本籍的台湾戎克船进出福州的情况。中国船籍的戎克船也有很多往来于台湾和大陆之间，如果将这些数量也一并计算的话，那么统计出来的往来于台湾海峡的戎克船数量肯定更多。

四、小　结

如前文所述，《通商汇纂》虽然有1910年到1912年期间的零散记载，但缺乏完整的一年间的记录。即便如此，这些断续的记载对轮船出现后就被忽视的帆船航运来说仍然非常珍贵。我们在研究19世纪末、20世纪初上海沙船的时候，其航运情况可以借助当时的报纸搜集和整理，[①]与此相比，《通商汇纂》中登载的福州、台湾戎克船记录是日本驻福州领事的官方报告，从这一点上说其价值非常高。对于领事来说，对福州驶向台湾的帆船进行监视也是不能忽视的一面。自古以来福建（大陆）和台湾（海岛）有着密切的航运联系，甲午战争后，台湾成为日本的殖民地，两地之间的贸易情况受到领事的关注，才留下这些记载。对帆船航运研究来说，这样的官方记载非常少，虽然是断续的，但由于包括了确切的数字，且留下了详细的搭载货物目录，对于考察福建与台湾间物流来说，是极其宝贵的。

（翻译、校对：杨蕾）

---

① 松浦章：《清代上海沙船航运业史研究》，江苏人民出版社，2012年。（《清代上海沙船航運業史の研究》，关西大学出版部，2004年11月。）

结　论

清代华南帆船航运与经济交流的意义

18—19世纪中叶,有60只左右的中国帆船曾经漂流到琉球群岛。这些事例被记载在琉球国的外交文书《历代宝案》中,经整理如下表。

表12-1　漂流到琉球群岛的中国帆船琉

（据《历代宝案》）

序号	西历·年号	船籍	管理者	搭乘者	船员	乘客	船式	乘客比率 %
1	1700 康熙三十九年	福州府	船主	25				
2	1706 康熙四十五年	闽县	船户	24				
3	1718 康熙五十七年	兵船						
4	1732 雍正十年	宝山	船户	15			沙船	
5	1741 乾隆六年	同安	船户	21	20	1		4.8
6	1741 乾隆六年	兵船						
7	1749 乾隆十四年	同安	船户	35	24	11	双桅船	31.4
8	1749 乾隆十四年	同安	船户	20	20	0		
9	1749 乾隆十四年	常熟	船户	17	13	4		23.5
10	1749 乾隆十四年	闽县	船户	27	24	3	鸟船	11.1
11	1749 乾隆十四年	闽县	船户	28	25	3		12.0
12	1749 乾隆十四年	海澄	船户	18	17	1	鸟船	5.6
13	1749 乾隆十四年	海澄	船户	27	23	4		14.8

续表

序号	西历·年号	船籍	管理者	搭乘者	船员	乘客	船式	乘客比率 %
14	1749 乾隆十四年	莆田	船户	30	23	7		23.3
15	1749 乾隆十四年	崇明	船户	8	8	0		
16	1749 乾隆十四年	镇洋	船户	17	16	1	沙船	5.9
17	1749 乾隆十四年	通州	船户	14	12	2		14.3
18	1749 乾隆十四年	镇洋	船户	14	13	1	沙船	7.1
19	1749 乾隆十四年	镇洋	船户	28	28	0	沙船	
20	1749 乾隆十四年	常熟	船户	12	8	4		33.3
21	1749 乾隆十四年	晋江	船户	26	24	2		7.7
22	1749 乾隆十四年	同安	船工	37	24	13		35.7
23	1749 乾隆十四年	常熟	船户	12	10	2		16.7
24	1749 乾隆十四年	龙溪	船户	32	23	9	鸟船	28.1
25	1749 乾隆十四年	天津	船户	19	17	2		10.5
26	1749 乾隆十四年	镇洋	船户	10			沙船	
27	1749 乾隆十四年	宝山						
28	1751 乾隆十六年	同安						
29	1753 乾隆十八年	通州	船户	23	20	3		13.3
30	1760 乾隆二十五年	同安		26				
31	1760 乾隆二十五年	莆田						
32	1766 乾隆三十一年	龙溪	船户	23	23	0		
33	1769 乾隆三十四年	通州	船户	14	14	0		
34	1779 乾隆四十四年	闽县	船户	33	24	9		27.3
35	1786 乾隆五十一年	澄海	船户	38	33	5		13.2

续表

序号	西历·年号	船籍	管理者	搭乘者	船员	乘客	船式	乘客比率 %
36	1786 乾隆五十一年	龙溪	船户	26	24	2		7.7
37	1786 乾隆五十一年	龙溪	船户	26	24	2		7.7
38	1786 乾隆五十一年	龙溪						
39	1786 乾隆五十一年	元和	船户	25	20	5		20.0
40	1801 嘉庆六年	通州		10	10	0		
41	1801 嘉庆六年	同安	船主	32	24	8	双桅鸟船	25.0
42	1809 嘉庆十四年	通州	船主	20				
43	1809 嘉庆十四年	镇洋		17				
44	1815 嘉庆二十年	澄海	船主	58	36	22		37.9
45	1816 嘉庆二十一年	天津	舵工	20	17	3		17.6
46	1822 道光二年	海丰	船主	90	46	44		48.9
47	1825 道光五年	同安		32				
48	1825 道光五年	澄海	船主	22	15	7		31.8
49	1825 道光五年	同安	船户	38	29	9		23.7
50	1827 道光七年	元和	舵工	14	14	0		
51	1827 道光七年	崑山	舵工	20	20	0		
52	1831 道光十一年	饶平平		33				
53	1831 道光十一年	澄海	船主	23	18	5		21.7
54	1837 道光十七年	澄海	船户	50	40	10		20.0
55	1844 道光二十四年	同安	船主	3	3	0		
56	1846 道光二十六年	海州		8				
57	1855 咸丰五年	霞浦	船主	24	24	0		

续表

序号	西历·年号	船籍	管理者	搭乘者	船员	乘客	船式	乘客比率 %
58	1855 咸丰五年	崇明	船主	11	11	0		
59	1861 咸丰十一年	晋江	船主	51	50	1		2.0
60	1862 同治元年	黄县	舵工	17	16	1		5.9

资料来源：松浦章：《清代沿海帆船航運業史の研究》，关西大学出版部，2010年，第227~289页。

从表中可以看出，序号7~27的21只帆船是在山东半岛近海航行时遭遇海难的。这些都是与江南沙船有关的帆船。清末在上海刊行的报纸《字林沪报》第785号（1884年10月28日，光绪十年九月初十日）的报道《论沙船苦况大碍市面》中这样写道：

> 泰西未通以前，沪上贸易素称繁盛，居民亦多富饶。而其繁盛富饶之故，由于沙卫各船，贩运南北货物，往返数千里，咸转输于上海一隅。沙船盛而豆、米、油、麦、土布、南货各业皆盛，而沙船之转输贩运益日出不穷，是固相为维系者也。当其时，浦江帆樯相接，往来如梭，船之利于行者，岁每五六次，其不利于行者，亦三四次。

如上，鸦片战争以后，由于《南京条约》的签订，五口开放通商。开放港口之一的上海一直是海上航运的重要基地，其繁荣离不开沙船。各沙船以上海为基点，一年多次航行于中国沿海。① 其中的一部分遭遇海难漂流到琉球群岛。

这些漂流到琉球的中国帆船中，尤以乾隆十四年（1749年）十二月末数量最多。由于东北而来的大风，短期内多艘帆船遭遇海难漂流到琉球。近40次漂流事件中，绝大多数的中国帆船船籍属于福建省。不仅由于福建沿海和琉球群岛在地理位置上接近，更能看出，在南部沿海福建帆船的航行频率非常高。

从漂流记录可以考察江南帆船的航运活动，以下表②表示：

---

① 松浦章《清代上海沙船航運業史の研究》，关西大学出版部，2004年。
② 松浦章《清代沿海帆船航運業史の研究》，关西大学出版部，2010年，285页。

表 12-2　1784—1785 年苏州府元和县蒋隆顺船航运表

年号西历	出发地（月日）	到达地（月日）	船主	货物
乾隆四十九年（1784）	镇江（闰3月22日）	天津（4月30日）	镇江　黄氏	生姜
	天津 牛庄	牛庄（6月18日） 天津（8月5日）	天津　赫氏	粮米
	天津	山东黄县（10月15日）	黄县　石氏	香料
乾隆五十年（1785）	黄县 关东	关东（2月22日） 黄县（3月28日）	黄县　霍氏	粮米
	黄县 关东	关东（5月18日） 利津县（6月12日）		粮米
	利津县 关东	关东（7月26日） 天津（9月7日）		粮米
	天津 海丰县（11月）	海丰县（10月23日） 旅顺小平岛（寄港11月20日） 目的地：宁波	莆田县 游华利	枣

苏州元和县籍的帆船蒋隆顺船于乾隆四十九年（1784年）闰三月二十二日从镇江出发，往天津航行。镇江的黄氏雇用该船，贩运生姜去天津。在天津，赫氏又用此船运载粮米到东北的牛庄，六月十八日入港。从牛庄再到天津是八月五日，此时是何货物不得而知，由于空船很难在海上航行，因此搭载东北大豆等货的可能性较大。此外，在天津，山东黄县的石氏又用该船搭载了香料，运往黄县。来年春天，黄县的霍氏又利用该船前往关东地区，从关东到利县再回到关东，再启程去天津，共雇用该船长达八个月之久。在天津，福建的游华利继续雇用这艘船，搭载华北的枣，运往宁波。在前往宁波途中遭难漂流。

可见，江南帆船的航运活动所从事的并不是直接的交易，而是通过运载各地船商的货物，赚取运输费用。从这些帆船航运活动的细分化可以看出，当时的确存在着从事海上运输业的海商。

与此相对，华南地区的帆船航运中，福建沿海从北部开始有霞浦籍1艘、闽县籍4艘、莆田籍2艘、晋江籍2艘、同安籍10艘、海澄籍2艘、龙溪籍5艘,总共有26艘福建籍帆船。此外,加上广东潮州府澄海籍4艘,共30艘,共占半数以上。其中特别突出的是同安籍的帆船达到17%。由此也能看出华南地区,尤其是福建地区帆船航运活动的繁荣。

福建的帆船不仅到达北方的渤海沿岸,还到达海外的日本和东南亚地区。① 在华南地区,帆船航海频度最高的就是福建和台湾。其具体航运情况可以参见台湾鹿港港商许氏的金丰顺船的航海事例。

鹿港位于台湾西岸中部。鹿港商人许氏的金丰顺船,以鹿港为基点横渡台湾海峡,在台湾和泉州之间航行。当时是台湾被日本占领后的第一年,大约一年间(乙未七月二十九日到丙申七月二十八日)航行了11次。

在台湾刊行的报纸《台湾新报》第217号(明治三十年六月一日)刊登了题为"台湾、厦门、泉州戎克贸易"的文章:

> 台湾与福建沿海的戎克贸易,与台湾归他帝国版图以前相比较,从台湾输出的货物减少了十分之七……"台湾让与以前"戎克四十四艘,每只一年间多的时候航海十二回,九回从厦门往返。

往返于台湾和福建南部的厦门和泉州之间的中国式帆船被称为戎克,日本占领台湾之前,有时候帆船一年往返达12次,少的时候也有八九次。可见,像许氏金丰顺船那样一年航海11次的情况并不是很少见。

唐宋时期中国帆船的活动范围,不仅限于日本,还包括朝鲜半岛的高丽。这些航运活动不是一两次,而是一种持续性、一般性的活动。中国帆船出发港口与高丽之间的航海多达数次,可见,那时候就存在远洋航海的帆船。正因为这些帆船的存在,才有了日本的入唐僧、入宋僧横渡大海来到大陆的事例,也使得中国佛教传到日本成为可能。

由此可见,活动于东亚海域的中国帆船,其历史非常悠久,虽然在明朝实行海禁时有所停滞,但到了清代则大为改观。清代的中国帆船在中国大陆沿海,乃至日本、琉球等东亚各国都留下了历史的足迹。

金丰顺船航行于福建和台湾之间的台湾海峡,其航海活动记录如表12-3。

---

① 松浦章:《清代海外贸易史の研究》,朋友书店,2002年,第52~466页。松浦章:《清代帆船东亚航运与中国海商海盗研究》,上海辞书出版社,2009年,188~209页。

表 12-3 1895—1897 年台湾鹿港郊商许氏的金丰顺船航运表

西历年号	干支	月	日	福建	往返	台湾	
1895年 光绪二十一年 明治二十八年	乙未	7	29	泉州	→		①返
		8	06			鹿港	
			08	泉州	←		②往
		10	18	泉州	←		③往
		11	03	泉州	←		④往
			17	泉州	→		④返
		12	01	泉州	←		⑤往
1896年 光绪二十二年 明治二十九年	丙申	01	15	泉州	←		⑥往
		03	04	泉州	←		⑦往
			11	泉州	→		⑦返
		05	11	泉州	←		⑧往
		06	20		←	鹿港	⑨往
		07	19	泉州	→		⑩返
			28		→	鹿港	⑪复
		09	03	默林	←		
		11	14		←	鹿港	
			28	泉州	←		
1897年 光绪二十三年 明治三十年	丁酉	04	16	泉州	→		
		06	10			鹿港	
		07	19	泉州	→		
		11	17		→	鹿港	

注：月日为农历

泉州→：从泉州出港　泉州←：到达泉州
鹿港→：从鹿港出港　鹿港←：到达鹿港

资料来源：林玉茹、刘序枫编：《鹿港郊商许志湖家与大陆的贸易文书(1895—1897)》，"中央研究院"台湾史研究所，2006年，第51页。

（翻译、校对：杨蕾）

后　　记

　　松浦章先生近40年来潜心致力于东亚海域史研究,在中日两国出版等三十多部学术著作,是当代日本史学界研究中国海洋史的领军人物。在本书中,松浦章先生分两大部分对清代华南帆船贸易进行了论述,从海上交通的角度为我们展现了一幅清代华南经济交流与发展的生动图景。

　　本书的面世,得到厦门大学历史系王日根教授的鼎力相助,列入海上丝绸之路研究丛书出版。山东师范大学历史与发展学院的杨蕾老师在本书的翻译和校译中做了大量工作,台湾海洋大学海洋文化研究所的卞凤奎老师、台湾静宜大学外语学院的蔡雅芸老师、浙江财经大学经济学院的王力老师及浙江工商大学日本语言文化学院的2012级硕士研究生朱彩虹同学也分担了本书的翻译工作。厦门大学出版社薛鹏志、查品才先生,对本书的内容和编辑提出非常宝贵的修改意见和建议。在此,对各位专家和老师的辛苦付出一并表示感谢。

　　在国家重视海洋经济与发展、研究海洋历史与现实的大背景下,东亚海域交流史研究将会继续蓬勃发展下去。希望本书的出版作为考察和探索华南海洋史的一分子,能够进一步丰富海上丝绸之路研究。

译　者

2017年11月